ENCYCLOPÉDIE-RORET

CAOUTCHOUC

GUTTA-PERCHA, GOMME FACTICE

IMPERMÉABILISATION

TOME PREMIER

AVIS DE L'ÉDITEUR

Cette nouvelle édition renferme le peu qui a été conservé de la précédente, publiée en 1855, par M. PAULIN-DÉSORMEAUX, en un seul volume.

Le Manuel de M. MAIGNE a été rédigé d'après un plan tout à fait nouveau. C'est un travail original, qui ne doit pas être confondu avec une nouvelle édition du Manuel publié en 1855; il contient les découvertes les plus récentes, l'outillage industriel et les procédés de fabrication les plus en usage. Tous les sujets qui y sont traités sont exposés d'une manière succincte, qui a permis de donner à l'ouvrage le développement nécessaire, sans grossir inutilement les volumes, et tout en restant dans les limites du bon marché.

MANUELS-RORET

NOUVEAU MANUEL COMPLET

DU FABRICANT D'OBJETS

EN

CAOUTCHOUC

GUTTA-PERCHA, GOMME FACTICE

TOILE ET TAFFETAS CIRÉS

SUIVI

DE L'IMPERMÉABILISATION DES ÉTOFFES
PAPIERS, CUIRS, ETC.

PAR

M. MAIGNE

Ouvrage accompagné de planches.

TOME PREMIER

PARIS
LIBRAIRIE ENCYCLOPÉDIQUE DE RORET
12, RUE HAUTEFEUILLE, 12

1880

Tous droits réservés.

AVIS

Le mérite des ouvrages de l'**Encyclopédie-Roret** leur a valu les honneurs de la traduction, de l'imitation et de la contrefaçon. Pour distinguer ce volume, il porte la signature de l'Éditeur, qui se réserve le droit de le faire traduire dans toutes les langues, et de poursuivre, en vertu des lois, décrets et traités internationaux, toutes contrefaçons et toutes traductions faites au mépris de ses droits.

Le dépôt légal de ce Manuel a été fait dans le cours du mois de juin 1880, et toutes les formalités prescrites par les traités ont été remplies dans les divers États avec lesquels la France a conclu des conventions littéraires.

PREMIÈRE SECTION

MANUEL
DU FABRICANT
DE
CAOUTCHOUC

PREMIÈRE PARTIE

INTRODUCTION

HISTOIRE DU CAOUTCHOUC

Nature du Caoutchouc. — Son origine. — Son extraction. — Ses lieux de production. — Ses principales sortes commerciales. — Ses propriétés chimiques et physiques.

Une foule d'arbres, d'arbustes et de plantes herbacées fournissent des matières qui, s'écoulant à l'état liquide soit par les fentes ou fissures naturelles du tissu végétal, soit par des incisions faites à dessein, se concrètent ensuite au contact de l'air. Ces matières, originaires pour la plupart des contrées chaudes du globe, présentent une grande confusion, que les études chimiques ne sont pas encore parvenues à dissiper. Toutefois, la classification proposée par Sir Richard Owen, l'un des rapporteurs de la première exposition universelle de Londres, en 1851, et heureusement modifiée par M. Barral, membre du jury français de la seconde exposition universelle de la même ville, en 1862, est la plus simple que l'on ait proposée et celle, par conséquent, que nous adopterons.

Dans cette classification, on appelle :

Gommes, les exsudations solubles dans l'eau, mais insolubles dans l'alcool;

Résines, les exsudations insolubles dans l'eau, mais solubles dans l'éther, les huiles essentielles et l'alcool;

Gommes-résines, les exsudations intermédiaires entre les sortes précédentes, c'est-à-dire possédant tout à la fois les propriétés des gommes et des résines, et imparfaitement solubles soit dans l'eau soit dans l'alcool;

Caoutchoucs, les exsudations insolubles dans l'eau et, en même temps, adhésives et pourvues d'une certaine élasticité qui permet de leur faire prendre les formes les plus diverses par le procédé du moulage. Ces dernières, qui comprennent également la *gutta-percha*, sont les plus importantes au point de vue commercial et industriel. Ce sont également les seules dont nous ayons à nous occuper dans le présent ouvrage, et nous commencerons par les caoutchoucs, c'est-à-dire par celles qui ont été importées et travaillées les premières en Europe.

Le CAOUTCHOUC est peut-être la seule matière première de nature végétale qui, à notre époque, ait donné naissance à une branche industrielle considérable. Tous les pays chauds de l'ancien monde et du nouveau en produisent, plus particulièrement le Brésil, la Guyane, le Vénézuéla, le San-Salvador, le Mexique, le Costa-Rica, la Grenade, le Pérou, l'Equateur, le Nicaragua, le Honduras, le Guatemala, l'Inde, l'Indo-Chine, les îles Malaises, la grande île de Madagascar et les îles voisines, la côte orientale et la côte occidentale d'Afrique.

Il y a donc des caoutchoucs d'Amérique, d'Afrique, d'Asie et d'Océanie ; mais ils sont loin d'avoir tous la même importance commerciale, beaucoup même n'en ont aucune et sont à peine connus. Quelques-uns seulement doivent à leur abondance et à leurs propriétés caractéristiques d'avoir, de tout temps, attiré l'attention des hommes, et ce sont eux, en général, qui alimentent à peu près exclusivement l'industrie. Dans tous les cas, les caoutchoucs américains sont les premiers que les Européens aient connus.

L'histoire du caoutchouc d'Amérique remonte à l'époque même de la découverte de ce continent, c'est-à-dire aux dernières années du quinzième siècle. En effet, dans sa relation du second voyage de Christophe Colomb, l'historien Herrera dit en parlant des habitants de l'île d'Haïti : « Ils avaient encore d'autres amusements, notamment celui du jeu de paume, auquel est affecté un emplacement spécial. Ils se formaient en deux groupes opposés, et ils se renvoyaient les balles sans le secours d'une raquette, par une certaine impulsion de quelque partie de leur corps, qu'ils exécutaient avec beaucoup d'adresse et d'agilité. Les balles étaient faites de la *gomme* d'un arbre ; elles étaient très légères sous un grand volume, et rebondissant mieux que les balles à air de Castille. »

C'est dans la *Monarquia indiana*, ouvrage publié à Madrid, en 1615, par Jean de Torquemada, que se trouve la plus ancienne mention d'un des végétaux qui produisent le caoutchouc. Cet historien dit au sujet du Mexique :

« Il existe dans ce pays un arbre appelé *uléquahuilt* par les Indiens, et qui a pour eux une grande valeur. Cet arbre croît dans la région chaude. Sa hauteur est moyenne, ses feuilles sont rondes et de couleur cendre. Il fournit en abondance une sorte de liquide qui est blanc comme du lait, visqueux et gommeux, et qui constitue toute sa valeur.

« Pour se procurer le lait de l'Uléquahuilt, on applique un coup de hache sur le tronc de l'arbre, et l'on voit la liqueur couler immédiatement de l'incision comme le sang d'une blessure. Les indigènes la recueillent dans des calebasses rondes de différentes grandeurs. Dans ces vases, elle acquiert plus de consistance, et se prend en masses gommeuses auxquelles on donne la forme qui convient à l'usage qu'on veut en faire. On la fait ensuite bouillir avec de l'eau et, quand elle a subi cette préparation, on lui donne le nom d'*ulli*. Ceux qui n'ont point de calebasses se barbouillent le corps avec la matière liquide, à mesure qu'elle sort de l'arbre ; par la dessiccation, elle se convertit en une espèce de membrane qui se détache aisément, et dont l'épaisseur dépend de celle de la couche qu'on a jugé à propos de s'appliquer sur la peau. On donne à cette membrane encore molle, la forme voulue, puis on la fait bouillir comme ci-dessus.

« De la substance ulli, on retire, au moyen de la chaleur, une huile qui était jadis très estimée pour certains usages, et dont les Indiens actuels n'ont pas oublié les principales propriétés, notamment la vertu émolliente et lubrifiante ; ils s'en frottent les reins et la poitrine. Mélangée avec le cacao, cette huile forme un excellent breuvage. On l'emploie aussi pour faciliter l'ingestion des remèdes amers. Elle arrête encore les hémorrhagies, et, pour cet effet, on la prend à l'intérieur.

« Avec l'ulli, on confectionne des balles à jouer très recherchées autrefois à cause de leur élasticité. Souvent on se bornait à les lancer vivement contre le sol pour les voir se relever à une grande hauteur ; quelquefois on les dirigeait contre des joueurs, qui les recevaient sur leurs hanches ou sur leurs épaules, de telle sorte qu'elles retournaient à leur point de départ.

« Dans son état de concrétion, l'ulli forme des cuirasses à l'épreuve des flèches les plus acérées, ce qui s'explique par la mollesse de la matière, jointe à son extrême ténacité.

« Les rois et les nobles portaient habituellement des chaussures d'ulli. Un de leurs grands divertissements consistait à faire marcher leurs baladins avec une sorte de chaussure pareillement en ulli, mais d'une forme qui permettait de conserver difficilement l'équilibre ; la gaucherie des mouvements et les culbutes continuelles de ces pauvres gens excitaient la gaieté et les éclats de rire des spectateurs.

« Nos compatriotes (les Espagnols du Mexique) imprègnent d'ulli leurs manteaux, afin de les rendre imperméables à la pluie, car il est certain que cette matière résiste merveilleusement à l'eau, mais elle se fond au soleil. »

L'arbre dont les Mexicains et, à leur exemple, les conquérants espagnols utilisaient le suc laiteux n'était autre que le *Castilloa elastica* des botanistes, famille des Morées, qui croit au Mexique et dans toute l'Amérique centrale.

Bien que les écrivains espagnols aient été les premiers à parler du caoutchouc, ce n'est pas à eux cependant que l'industrie est redevable de cette substance, car tout ce qu'ils en dirent passa inaperçu; il est même probable qu'en dehors d'un fort petit nombre de leurs compatriotes, personne ne connut leurs récits.

Au voyageur français Charles-Marie de la Condamine appartient la gloire d'avoir véritablement signalé le caoutchouc à l'attention de l'Europe. En 1736, ce savant se rendit dans l'Amérique du Sud avec plusieurs autres membres de l'Académie des sciences de Paris, pour y mesurer un arc de méridien. Pendant que ses compagnons s'occupaient de réunir les matériaux qui devaient leur permettre d'accomplir leur mission, il parcourait le pays, en étudiait les productions, et recueillait tous les renseignements qu'il pensait pouvoir intéresser la science ou l'industrie de l'Europe. Un jour, il fit parvenir à ses confrères de l'Académie plusieurs « rouleaux d'une matière noirâtre et résineuse » que les Indiens retiraient, au moyen d'incisions, d'un arbre qui portait des noms différents selon les tribus, et que les naturels de la province de las Esmeraldas appelaient *hevé*. Comme l'arbre qui la pro-

duisait, cette matière avait plusieurs dénominations
et le mot *caoutchouc*, par lequel on la désignait à
Quito, appartenait à l'idiome des Indiens de la province de Maïnas et voulait dire *suc d'arbre*. Dans
la lettre qui accompagnait son envoi, M. de la Condamine disait que le caoutchouc servait à faire des
torches qui s'allumaient sans mèche, et brûlaient
avec une odeur un peu forte, mais nullement désagréable. C'était même à cet usage dont, dans ses
courses à travers les forêts du Nouveau-Monde, il
avait eu plusieurs fois l'occasion d'apprécier les
avantages, qu'il devait la connaissance de ce singulier produit.

Quinze ans après, c'est-à-dire en 1751, M. de la
Condamine envoya d'autres échantillons de caoutchouc à l'Académie des sciences, et il y joignit un
mémoire renfermant sur cette substance les nouveaux renseignements qu'un long séjour dans le pays
lui avait permis de recueillir. Il disait dans ce mémoire que le caoutchouc était utilisé par toutes les
peuplades de l'Amérique espagnole et par celles de
l'Amérique portugaise. On l'employait pour rendre
les étoffes imperméables à l'eau. Avec une toile ainsi
préparée, il avait fait confectionner une espèce de
surtout pour mettre un quart de cercle à l'abri des
pluies et de la neige, ce qui lui avait permis de laisser l'instrument en place pendant toute la durée des
opérations, tandis qu'auparavant il était obligé de le
démonter aussitôt que le temps devenait mauvais.
Comme le caoutchouc, lorsqu'il était fraîchement
cueilli, recevait, à l'aide de moules, les formes les plus
variées, on en faisait des bottes qu'il n'était pas facile
de déchirer, des jouets ayant la figure d'animaux, des
boules creuses ou pleines, ornées de dessins en relief

ou en creux, et une multitude d'autres objets d'utilité ou de simple agrément. Parmi ces objets, de la Condamine citait « des bols et des bouteilles » que l'on pouvait réduire en surfaces planes au moyen de la compression, et qui reprenaient leur forme primitive aussitôt qu'on les abandonnait à elles-mêmes. Il parlait encore de « petits appareils équivalents à des « pompes foulantes ou à des seringues, et qui « n'avaient pas besoin de pistons, » dont les Omaguas avaient appris la fabrication aux Portuguais du Para. « C'étaient des réservoirs comparables par « leur forme à des poires évidées, et à chacun des- « quels s'adaptait un tuyau étroit. Si, après les avoir « remplis d'eau, on les pressait avec la main, le « liquide jaillissait par le tuyau avec une force sur- « prenante. » A cause de cet emploi singulier, les colons portugais donnaient à l'arbre à caoutchouc le nom de *pao di xiringa,* arbre à seringue.

Dans la même séance où l'Académie entendit la lecture du mémoire de Charles-Marie de la Condamine, il lui fut communiqué une note sur le même sujet, d'un ingénieur français nommé Fresneau, qui avait passé plusieurs années à la Guyane. Cet ingénieur racontait qu'ayant vu à Para, dans un de ses voyages, plusieurs objets fabriqués en caoutchouc, l'idée lui était venue de connaître l'arbre qui fournissait cette matière. Les gens du pays avaient refusé de lui donner aucun renseignement à ce sujet : ils s'étaient bornés à lui céder des modèles en argile du fruit de l'arbre mystérieux. Enfin, de retour à la Guyane, il avait envoyé ces modèles à plusieurs personnes qui habitaient les forêts de l'intérieur, en leur demandant si elles connaissaient des arbres portant de pareils fruits. Des réponses affirmatives n'avaient pas tardé à lui arriver ; il s'était même procuré une certaine quantité de caoutchouc avec lequel il avait confectionné lui-même des bouteilles, des chaussures et divers autres objets.

L'abre découvert par Fresneau fut décrit, quatre ans après, par le botaniste Aublet, dans sa *Flore de la Guyane*. Ce savant l'appela *Hevea guyanensis*, nom qui a été remplacé depuis par celui de *Siphonia*, ou *Jatropha elastica*. On sait qu'il appartient à la famille des Euphorbiacées.

Malgré ce qu'en avaient dit de la Condamine et Fresneau, les propriétés et, par suite, les applications possibles du caoutchouc furent d'abord méconnues. Quelques chimistes essayèrent bien d'attirer l'attention sur lui, mais ils le connaissaient eux-mêmes fort imparfaitement; d'ailleurs, leurs travaux ne sortirent pas de l'enceinte des académies. Ajoutons que, pendant très longtemps, la masse du public ignora complètement la nature du caoutchouc. Comme il arrivait sous la forme d'espèces de poires creuses, le vulgaire ignorant le prenait pour un produit animal extrait des parties sexuelles des zèbres, des onagres, des chevaux, des ânes ou des mulets.

Le premier qui s'aperçut que le caoutchouc effaçait les marques faites sur le papier par les crayons de plombagine, dut se croire un grand inventeur. C'est à cet usage, qui était déjà répandu à Londres en 1770, et probablement ailleurs, que le caoutchouc doit son nom anglais d'*india-rubber* (effaceur indien), tandis que, dans les autres pays, notamment en France, on l'appelait *gomme élastique*. Un peu plus tard, on imagina de découper les poires de

1.

caoutchouc en bandelettes très étroites et de pelotonner ces bandelettes sur un bouchon arrondi. On obtenait ainsi des balles au mur d'un excellent service, que l'on recouvrait de laine filée, par dessus laquelle on ajustait assez généralement une enveloppe de drap ou de peau.

Si l'on ne chercha pas d'abord à faire des emplois industriels du caoutchouc, il ne faut pas l'attribuer uniquement à l'ignorance où l'on était de ses propriétés. Les quantités importées étaient trop peu considérables pour qu'on pût se livrer à des expérimentations suivies. Les choses changèrent de face au commencement de la Révolution. A cette époque, les arrivages devinrent assez importants pour rendre faciles les études des chimistes et des fabricants, et ils commencèrent, les uns et les autres, cette série de recherches qui, avec le temps, ont fait du travail du caoutchouc une des plus belles industries contemporaines.

En 1790, on parvint à ramollir le caoutchouc pour en confectionner des ligatures et des espèces de ressorts.

En 1791, un nommé Grassart fit des tubes en procédant comme on le fait aujourd'hui, c'est-à-dire en divisant le caoutchouc en lanières dont il soudait, par la compression, les deux surfaces fraîchement coupées et préalablement enroulées autour d'un cylindre de verre.

En 1792, Besson employa, le premier, les dissolutions de caoutchouc pour imperméabiliser les étoffes, application qui fut renouvelée par Johnson en 1797 et Champion en 1811.

Toutes ces tentatives, ainsi que plusieurs autres,

qu'il est utile de rappeler, restèrent à l'état d'essais infructueux. L'industrie du caoutchouc ne fut réellement fondée qu'à partir de 1820. A cette époque, Nadler, à Londres, trouva le moyen de découper le caoutchouc en lanières assez fines pour qu'on pût les tisser, en les mélangeant avec des fils de coton. Presque en même temps, l'écossais Mackintosh et l'anglais Thomas Hancock, parvinrent à dissoudre le caoutchouc d'une manière aussi prompte qu'économique, ce qui leur permit de l'appliquer à la fabrication des vêtements imperméables, et ils vendirent leurs procédés à Rattier et Guibal, qui les introduisirent en France. Enfin, dès 1828, la fabrication des appareils chirurgicaux était déjà très avancée.

En 1837, l'industrie du caoutchouc avait été exploitée de tant de manières qu'elle semblait avoir dit son dernier mot. Il n'en était rien cependant ; malgré les apparences contraires, elle n'avait pas encore dépassé ses débuts. Bien plus, pour la faire avancer, seulement même vivre, il était urgent de remédier à certains défauts que présente le caoutchouc, dans son état naturel, c'est-à-dire tel qu'on l'avait travaillé jusqu'alors. En effet, dans cet état, outre qu'il exhale une odeur désagréable, le caoutchouc perd son élasticité et se déchire par la traction, se contracte et se durcit par le froid, s'étend et se ramollit par le chaud. C'est pourquoi le bon usage des objets qui en étaient faits dépendait des variations de la température ; de là des irrégularités dans leur emploi, auxquelles on ne savait comment remédier.

Dans un premier moment d'engouement, on avait fait peu d'attention à ces inconvénients, mais la pratique avait fini par les rendre si évidents qu'il n'était plus possible de ne pas les apercevoir. L'industrie caoutchoutière semblait donc au moment de déchoir, lorsque la découverte de la *vulcanisation* par les américains Charles Goodyear et W. Hayward, en 1839, vint, non seulement la sauver, mais encore la faire entrer dans une voie de prospérité qui lui eût été interdite sans cela.

On sait que l'opération qu'on appelle *vulcanisation* consiste à incorporer au caoutchouc une certaine quantité de soufre. Le caoutchouc qui l'a subie est débarrassé des inconvénients dont il a été question plus haut et, de plus, possède des qualités spéciales qui permettent d'en faire une multitude d'applications auxquelles il serait sans cela tout à fait impropre. Ce n'est, du reste, que depuis la découverte de Goodyear et Hayward que les usages de cette substance ont pu être étendus et multipliés, en sorte que sans elle l'industrie du caoutchouc serait, pour ainsi dire, restée dans l'enfance.

A mesure que les usages du caoutchouc se sont multipliés, les importations de cette matière ont dû augmenter à proportion. Il s'en est suivi que l'Amérique du Sud, d'abord seul pays producteur, a fini par ne pouvoir pas satisfaire aux demandes sans cesse croissantes du commerce. On a été ainsi obligé de s'adresser aux autres pays où vivent et se développent les végétaux à caoutchouc, et c'est ainsi que l'industrie a été amenée à se servir des gommes élastiques africaines, asiatiques et malaisiennes concurremment avec les gommes américaines, qui ont néanmoins conservé, pour de nombreuses applications, une supériorité incontestable.

CHAPITRE PREMIER

Lieux de production, végétaux producteurs, sortes commerciales.

NOTIONS PRÉLIMINAIRES

Comme on sait, le caoutchouc, appelé aussi *gomme élastique*, existe en suspension dans le suc laiteux de diverses espèces végétales des pays équatoriaux. Il s'y trouve dans un état analogue à celui des globules graisseux dans le lait des animaux. Dans la langue du commerce et de l'industrie, on lui donne assez habituellement le simple nom de *gomme*.

Les végétaux à caoutchouc sont généralement des arbres, des arbustes ou de grandes lianes. Ils appartiennent à une dizaine de familles, surtout aux Morées, aux Euphorbiacées, aux Apocynées, aux Asclépiadées, aux Burséracées, aux Lécythidées et aux Lobéliacées. On en compte plus de cent cinquante espèces ou variétés, mais les cinq sixièmes au moins ne sont guère connues que de nom, et il en est de même de leurs produits.

En réalité, les caoutchoucs commerciaux proviennent d'un fort petit nombre d'espèces végétales qui sont propres à l'Amérique, à l'Asie méridionale, à la Malaisie et à l'Afrique. Il y a donc des caoutchoucs d'Amérique, des caoutchoucs d'Asie, des caoutchoucs de la Malaisie et des caoutchoucs d'Afrique; mais, comme on le verra ci-après, ils sont loin d'avoir la même valeur.

ARTICLE PREMIER

Caoutchoucs d'Amérique.

Les caoutchoucs d'Amérique sont entièrement fournis par le Brésil, les Républiques espagnoles et la Guyane. Les arbres producteurs du Brésil sont des *Heveas*, quelquefois cependant des *Figuiers*. Il en est de même dans la Guyane. Dans les Républiques espagnoles, ces arbres sont remplacés par le *Castilloa elastica*.

§ 1. — CAOUTCHOUCS DU BRÉSIL.

De tous les caoutchoucs ceux du Brésil tiennent le premier rang sous le double rapport de la qualité et de la quantité.

Comme il vient d'être dit, les arbres qui les fournissent appartiennent généralement au genre *Hevea* ou *Siphonia*, famille des Euphorbiacées, qui pullule dans tous les lieux humides et qui forme souvent des forêts entières sur les plages et dans les îles du grand fleuve des Amazones ou de ses affluents. Les gens du pays les appellent *Seringueiras*, ou *Paos de Seringa*, ou simplement *Seringas* ou *Siringas*, par allusion à l'un des usages que les anciens Omaguas faisaient du caoutchouc. On exploite aussi quelques espèces de la famille des Morées, genre figuier, particulièrement le *Ficus elastica*, mais le nombre de ces arbres et par suite leur production, sont sans importance.

L'espèce type du genre *Hevea*, ou *Siphonia*, ou *Jatropha*, car il porte tous ces noms, est l'*Hevea guyanensis*, ou *Arbre à Caoutchouc de la Guyane*, appelé aussi *Siphonia caoutchouc*, *Siphonia elas-*

tica, *Jatropha elastica, Médicinier élastique*, dont l'*Hevea brasiliensis*, le *Siphonia lutea*, le *Siphonia brevifolia*, le *Siphonia discolor*, etc., ne sont peut-être que de simples variétés. C'est à cette espèce que nous devons le caoutchouc de Para, qui est le plus estimé et le plus cher de tous les caoutchoucs. Très commune à l'état sauvage dans l'Amazone et le Para, elle l'est un peu moins dans le Céara et le Rio Grande du Nord, encore moins encore dans le Maragnon. La région qui semble lui convenir de préférence se trouve dans la partie supérieure de la vallée des Amazones qui est baignée par les rivières Madeira, Purus, Hyurua, Hyutahy et Hyavary ; elle a plus de 300 lieues de longueur sur une centaine de largeur.

L'*Hevea guyanensis* s'élève généralement à une hauteur de 8m20 à 17m60, et sa grosseur varie de 2m20 à 2m70. Il commence à fournir du suc laiteux, appelé communément *sève* ou *lait*, à l'âge de dix ans, et, si on le travaille avec les précautions convenables, il peut durer près de quatre-vingts ans. Son suc renferme environ 30 pour 100 de caoutchouc.

Depuis plusieurs années, on ne se borne plus à exploiter les Heveas sauvages. Les bénéfices que procurent ces arbres ont donné l'idée de les cultiver, et le Brésil a trouvé dans cette innovation une nouvelle source de profits. C'est principalement dans la vallée des Amazones qu'on se livre à cette culture.

Outre le revenu provenant de l'extraction de la gomme, on retire des graines une huile abondante que l'on peut employer pour la fabrication des savons et des vernis. De plus, la culture du cacao dans l'espace réservé entre les pieds offre une ressource d'une grande importance.

Une superficie de 1,089 hectares contient habituellement 108,241 Hevéas en conservant une distance de dix mètres entre les arbres, et chacun de ceux-ci, quand il est en plein rapport, donne en moyenne 8 kilogrammes de caoutchouc par an.

Les autres caoutchoucs du Brésil ne se rencontrent dans le commerce que comme curiosités. On ne les connaît même que par les rares échantillons qui ont paru aux différentes expositions universelles. Parmi les arbres qui les produisent, nous citerons seulement les suivants, sans compter les Figuiers :

Le *Mangabeira*, qui paraît être le même que le *Hancornia speciosa*, famille des Apocynées, et que l'on rencontre surtout dans les provinces de Pernambuco et de Seregipe. Son caoutchouc est excessivement fin, à peine inférieur à celui de Para ; mais on ne cherche pas à l'extraire par la crainte de compromettre la vie ou la durée des arbres, dont le fruit est très recherché comme comestible ;

Le *Mangaba* ou *Mangava*, qui semble être une variété du précédent, il se trouve dans les mêmes contrées. D'après Claussen, il croîtrait « sur les hauts plateaux de l'Amérique du Sud, entre les 10e et 20e degrés de latitude australe, à des hauteurs de 990 à 1,650 mètres. » Dans tous les cas, son suc contient un caoutchouc de qualité supérieure, mais qu'on n'exploite pas, soit parce que l'arbre est peu commun et de dimensions restreintes, soit parce qu'il y a plus de profit à le conserver pour son fruit, qui, de même que celui de Mangabeira, constitue un aliment très agréable ;

Le *Massaranduba* ou *Apraiu*, dont il existe plusieurs variétés. C'est le *Mimusops elata*, arbre de la famille des Sapotacées, qui atteint 22 à 26 mètres de hauteur et dont le diamètre varie de 2 mètres et demi à 3 mètres. Il abonde dans les provinces de Para et des Amazones, et s'étend jusqu'au 23e degré de latitude australe dans la province de Rio de Janeiro. Le caoutchouc qu'on obtient de son lait possède en même temps les propriétés du caoutchouc des Heveas, de la gutta-percha et de la sève de balata. C'est une matière poreuse, blanchâtre et dure, douée cependant d'une certaine flexibilité, quand elle est convertie en lames minces. Pour ces causes, elle ne pourra manquer de recevoir de nombreuses applications lorsqu'elle sera moins rare.

§ 2. — CAOUTCHOUCS DES GUYANES.

Les Guyanes sont riches en arbres à caoutchouc, mais aucun n'est l'objet d'une exploitation sérieuse. L'arbre producteur par excellence paraît être l'*Hevea guyanensis* ou *Siphonia elastica*, dont il vient d'être question.

Suivant une notice publiée par le ministère de la marine, l'Hevea guyanensis n'existe en famille, dans la Guyane française, que dans le territoire contesté, entre le Brésil et l'Oyapock, où il est exploité par les Indiens Tapouyes, qui, après en avoir recueilli et travaillé le lait, en transportent la partie utile au Para.

Dans la même région, on extrait d'une espèce du genre Figuier, famille des Morées, une matière qu'on nomme *gomme extensible*, et d'une espèce de la famille des Sapotacées, le *Mimusops balata*, une substance qu'on appelle *sève de balata*; mais ces produits étant des variétés de gutta-percha, il en sera question à la partie de cet ouvrage que nous avons consacrée à l'étude des guttas.

§ 3. — RÉPUBLIQUES ESPAGNOLES.

C'est au *Castilloa elastica*, de la famille des Morées, que le commerce est redevable de presque tout le caoutchouc qu'il reçoit de l'Amérique centrale, des Antilles et des contrées de l'Amérique du Sud, autres que le Brésil. Cet arbre se trouve donc dans le Venezuela, le Guatemala, le Nicaragua, le Honduras, le Costa Rica, le San Salvador, la Nouvelle-Grenade, l'Equateur et le Pérou. Il croit également au Mexique, et même à Cuba et, d'après le témoignage de Christophe Colomb, dans l'île d'Haïti. Les habitants d'origine américaine l'appellent *Arbre d'ulé*, ou simplement *Ulé*, qui est une simple traduction du mot *ulequahuitl* par lequel les anciens Aztecs le désignaient.

Comme l'Hevea, le Castilloa présente plusieurs variétés. On les distingue d'après les pays auxquels on les attribue principalement, ou des ports d'exportation, et qui sont : Carthagène ou la Nouvelle-Grenade, Guayaquil ou l'Equateur, Panama, le Honduras, le Nicaragua et le Guatemala. Il n'en vient pas du Mexique, où la production suffit à peine à la consommation locale. Quant au caoutchouc dit *des Antilles*, il n'est nullement originaire de ces îles : on donne ce nom aux meilleures qualités de l'Amérique centrale, parce que les navires qui les transportent relâchent ordinairement à l'île Saint-Thomas, qui fait partie du groupe des Petites Antilles.

ARTICLE II

Caoutchoucs d'Asie.

A la fin du siècle dernier, lorsque le caoutchouc commença à être utilisé industriellement, et qu'on apprit avec quelle prodigalité la nature avait répandu les arbres qui le fournissent, dans les contrées chaudes et humides de l'Amérique, on se demanda si les régions analogues de l'ancien continent ne seraient pas, à l'insu des habitants, aussi bien partagées. En conséquence, les nations qui avaient des possessions intertropicales recommandèrent à leurs représentants dans ces pays, de faire à ce sujet d'actives recherches. On obtint tous les résultats qu'on espérait.

Le premier caoutchouc asiatique fut découvert en 1796 ou 1797 par le chirurgien anglais James Howison, dans l'île du Prince de Galles ou de Poulo-Pinang. De temps immémorial, les gens du pays l'employaient à divers usages; Howison s'en servit lui-même pour se confectionner des gants, des bottes et des vêtements imperméables. Il provenait d'une espèce de vigne à tige rampante que le docteur Roxburgh, alors dans l'Inde, reconnut être une Apocynée, et l'appela *Urceola elastica*. A partir de ce moment, les découvertes succédèrent aux découvertes, et l'on acquit la conviction que l'Inde, l'Indo-Chine, les îles des mers voisines et celles de l'archipel Malais étaient tout aussi riches que l'Amérique en arbres ou arbustes à caoutchouc, et que ces arbres ou arbustes appartenaient aux mêmes familles.

Actuellement, on comprend sous le nom de *caoutchoucs d'Asie* aussi bien les sortes qui viennent réellement de l'Inde et des îles indiennes, que celles que l'on croit originaires des îles de la Malaisie. Au reste, il est très difficile, souvent même impossible de connaître exactement l'origine géographique des matières que le commerce tire de ces régions lointaines.

§ 1. — CAOUTCHOUCS DE L'INDE.

Malgré le grand nombre d'arbres ou d'arbustes à caoutchouc que possède l'Inde, on n'exploite régulièrement, à ce qu'il semble, que le *Ficus elastica* de la famille des Morées.

Les caoutchoucs des autres arbres ne sont connus que par les rares échantillons envoyés aux expositions universelles. Tels sont ceux des *Ficus indica* ou *Urostigma benghalense, Ficus glomerata, Ficus racemosa*, etc. (Morées); *Euphorbia antiquorum, Euphorbia tortilis, Euphorbia tirucalle, Euphorbia nereifolia*, etc. (Euphorbiacées); *Calotropis gigantea, Cryptostegia grandiflora*, (Asclépiadées), etc.

Le *Ficus elastica* croît dans toute la presqu'île indienne, et dans la plupart des îles de la Malaisie. Dans l'Inde anglaise, c'est dans le pays d'Assam, où on l'appelle communément *borgas,* qu'il est le plus abondant. A Java, les indigènes le nomment *pohou karet* ou *kohlehlet*. C'est à lui que l'on est redevable du *caoutchouc d'Assam*, qui nous arrive par Calcutta, et du *caoutchouc de Java,* qui nous vient par Singapore. Le premier est lisse, de couleur brune, rayé de rouge et de blanc. Le second est lustré et d'une belle couleur d'œillet.

§ 2. — CAOUTCHOUC DE LA MALAISIE.

Le caoutchouc de la Malaisie est communément désigné sous le nom de *caoutchouc de Bornéo*. Le commerce le reçoit par la voie de Sarawak ou par celle de Singapore. Il est fourni par l'*Urceola elastica*, sorte de vigne grimpante dont le tronc principal a la grosseur de la jambe d'un homme, et qui se rencontre en abondance, non seulement dans les îles Malaises, telles que Java, Sumatra, etc., mais encore dans plusieurs des îles de l'Inde, notamment dans celle de Poulo-Pinang. Les Malais donnent à cet arbuste le nom de *jintawan*, et ils en distinguent trois espèces : le *menungan*, le *perapit* et le *petabo*.

On a vu plus haut que la gomme de l'*Urceola* est le premier caoutchouc des Indes qu'on ait connu.

ARTICLE III

Caoutchoucs d'Afrique.

Les rares explorateurs qui ont pénétré dans l'Afrique tropicale y ont vu une si énorme quantité d'arbres et d'arbustes à suc laiteux que cette partie du monde deviendra certainement un jour, pour l'industrie du caoutchouc, une source d'inépuisables approvisionnements. Dans tous les cas, jusqu'à présent, c'est de la côte occidentale que vient tout le caoutchouc d'origine africaine, qui soit arrivé autrement qu'à titre d'échantillons.

Le caoutchouc d'Afrique, dit aussi *caoutchouc du Gabon* et *caoutchouc d'Angola*, suivant le lieu de provenance, est fourni, sauf meilleurs renseignements, par diverses grandes lianes de la famille des Apocynées, qui sont très répandues dans la Guinée, le Congo, le Gabon ou M'Pongo, l'Angola, l'Ogôoué, etc., où elles constitueraient de vastes forêts. Les indigènes le pétrissent en forme de galettes allongées ou de boulettes, auxquels ils donnent le nom de *N'dambo*. Il est très inférieur aux caoutchoucs d'Amérique et d'Asie.

Néanmoins, quand il a été travaillé tout frais, on parvient à en obtenir d'assez bons produits, tandis que si on le laisse d'abord s'égoutter et sécher à l'air, il éprouve à la surface une oxydation particulière, à la suite de laquelle il se décompose et coule comme de la mélasse. Il exhale une odeur désagréable, qui lui est propre, et qu'il conserve même après la vulcanisation.

Les îles africaines sont également riches en végétaux à caoutchouc. La plus importante sous ce rapport est celle de Madagascar. Une grande liane, le *Vahea gummifera*, la même probablement que l'une de celles du Gabon, et que les indigènes appellent *Vaughina* ou *Vaughinia*, y donne un caoutchouc de bonne qualité qui est, dit-on, quelquefois importé en Europe sous le nom de *caoutchouc de Maurice*.

Ce caoutchouc ressemble assez, comme aspect extérieur, à celui du Gabon, et contient une quantité d'eau qu'on peut estimer à environ 30 pour 100 de son poids. « Quand on le coupe, il présente une section d'un blanc pur, plein d'œils remplis d'eau emprisonnée dans la masse au moment de sa coagulation. Mais, au bout de très peu de temps d'exposition à l'air, cette section passe du blanc au rose bien prononcé. C'est le seul caoutchouc qui offre ce singulier phénomène. Sa qualité est nerveuse et donne de bons produits après la vulcanisation. On rencontre néanmoins, dans le milieu de certains morceaux, quelques petites parties poisseuses, semblables à de la résine molle ; on trouve, du reste, souvent des parties semblables dans des blocs de caoutchouc de Java, et il est très probable que c'est le produit de l'exsudation d'une liane ou plante analogue qui se trouve mélangée aux autres au moment de l'exsudation. » (Gérard).

ARTICLE IV

Caoutchoucs de l'Océanie.

En dehors des îles de la Malaisie, dont il a été question plus haut, et dont les produits sont réunis à ceux de l'Inde, aucune des nombreuses terres dont l'ensemble constitue l'Océanie n'a fourni, jusqu'à présent, du caoutchouc au commerce, bien que beaucoup d'entre elles renferment des végétaux producteurs. Ainsi, par exemple, il y a dans les contrées orientales de l'Australie, plusieurs espèces de *Ficus*, telles que le *Ficus macrophylla*, le *Ficus rubiginosa*, etc., qui donnent du caoutchouc ; mais personne n'a encore songé à les exploiter, soit à cause de l'énormité des distances, soit en raison de la trop grande élévation des salaires. Les possessions françaises contiennent aussi des arbres à caoutchouc, entre autres le *Ficus religiosa* à la Nouvelle-Calédonie, dont des échantillons ont figuré à plusieurs expositions.

CHAPITRE II

Extraction.

NOTIONS PRÉLIMINAIRES

Trois procédés sont employés pour recueillir la sève ou suc laiteux dans lequel le caoutchouc est en suspension :

1º On fait de simples incisions dans l'écorce ;
2º On fait des incisions avec ligature du tronc ;
3º On abat l'arbre pour le mettre en morceaux.

Des procédés différents sont également usités pour coaguler le caoutchouc, c'est-à-dire pour le séparer des parties liquides :

1º On a recours à la chaleur ;
2º On ajoute à la sève diverses substances, qui sont l'alun, certaines plantes, l'eau douce, l'eau salée.

Remarquons, en passant, que la sève s'emporte quelquefois à l'état liquide ; mais cet usage, qui n'existe qu'au Brésil, est rare.

ARTICLE PREMIER

Caoutchoucs d'Amérique.

Dans toute l'Amérique, c'est par la méthode des incisions qu'a lieu l'extraction. Quant aux opérations ultérieures, elles varient plus ou moins suivant les habitudes locales. Nous allons dire comment les choses se passent au Brésil et dans celles des républiques hispano-américaines qui produisent le caoutchouc commercial.

§ 1. — BRÉSIL.

Les individus qui, au Brésil, s'occupent de la récolte du caoutchouc se nomment *seringueiros*, et l'on appelle la sève laiteuse *borracha, seringa, caucho, gomma elastica*. Il ont deux manières d'opérer : l'ancienne et la nouvelle, plus, pour la coagulation seulement, le procédé Strauss. Dans tous les cas, bien que toutes les époques de l'année soient bonnes pour recueillir le lait, l'expérience a appris que la meilleure est comprise entre la fin d'août et le commencement de janvier. En outre, après chaque opération, on n'en fait une nouvelle qu'après deux ou trois jours.

1. — Ancien procédé.

A un mètre environ de hauteur, on serre fortement l'arbre avec une liane ou une corde, que l'on a soin de disposer obliquement.

Au-dessus de cette ligature, et avec une hachette spéciale, on fait transversalement une entaille étroite et juste assez profonde pour atteindre la partie ligneuse.

En outre, pour que le suc puisse s'écouler plus abondamment, on pratique une incision perpendiculaire qui s'étend depuis le haut du tronc jusqu'à l'entaille transversale, et l'on échelonne, de distance en distance, des incisions obliques à cette perpendiculaire.

Enfin, on dispose au pied de l'arbre, immédiatement au-dessous de la partie la plus basse de la corde ou de la liane, un ou plusieurs récipients, qui peuvent être de simples trous creusés dans le sol, et qui sont le plus souvent des espèces de vases faits de larges feuilles et de terre glaise.

Grâce aux nombreuses entailles, la sève s'écoule très rapidement et rencontre la liane qui la dirige vers le bas de l'arbre. A mesure qu'elle remplit les récipients, on la verse dans d'autres vases plus grands, où elle finirait par se solidifier par suite de l'évaporation naturelle de la partie liquide, en même temps que la partie solide, ou le caoutchouc, se prendrait en une masse ou bloc ayant exactement la forme des vases. Toutefois, comme la solidification ainsi produite par la seule exposition à l'air serait trop lente, on la rend plus rapide au moyen d'une chaleur artificielle.

A cet effet, on prépare des moules d'argile de différentes grosseurs, ayant la forme de poires ou de gourdes, et à chacun desquels on adapte une cheville de bois pour servir de manche. L'argile est simplement séchée au soleil ; on comprendra bientôt pourquoi.

Les moules confectionnés, on saisit successivement chacun d'eux par son manche, et on le plonge dans la sève, où il se charge d'une certaine quantité de matière, après quoi on le présente aussitôt au-dessus d'un léger feu de menus branchages, dans lequel des noix de palmier produisent une fumée abondante. Sous l'action de la chaleur, le caoutchouc se coagule immédiatement en formant comme une membrane ininterrompue sur toute la surface du moule. Ce résultat obtenu, on plonge de nouveau le moule dans la sève, et on le présente une seconde fois au feu, afin de le recouvrir d'une autre membrane ou pellicule élastique. On continue ainsi jusqu'à ce que, à force d'immersions successives, chacune suivie d'une exposition à la chaleur, l'ensemble des couches superposées présente l'épaisseur voulue.

Il ne reste plus alors qu'à tenir, quelques instants, les moules dans l'eau qui, en imbibant l'argile, la ramollit suffisamment pour qu'on puisse, à l'aide d'une légère pression, la faire entièrement sortir, à l'état de bouillie, par le trou qu'a produit l'enlèvement du manche.

Les *poires* et les *gourdes* de belle qualité s'obtiennent comme il vient d'être dit. Celles qu'on appelle *têtes de nègre* sont commencées de la même manière, mais on ne les plonge dans la sève que le nombre de fois nécessaire pour qu'elles aient une enveloppe de 3 à 5 millimètres d'épaisseur. C'est à ce moment, qu'on les débarrasse de l'argile, et qu'on les remplit, à l'aide d'une cuiller, avec la sève qui reste à la fin du travail, et qui est presque toujours plus ou moins souillée de terre, de poussière, de menus débris de toute espèce. Aussi, à cause de leur impureté et d'une certaine fermentation putride que cette même impureté détermine dans leur masse, fournissent-elles le caoutchouc le moins estimé.

Au lieu de poires d'argile, on se sert quelquefois de bouts de planches ou de pelles, que l'on plonge dans la sève à plusieurs reprises, en les exposant chaque fois à la fumée. Quand on a l'épaisseur qu'on désire, on fend l'enveloppe sur trois de ses côtés avec un couteau, on retire la planche, la spatule ou la pelle, et l'on a ainsi deux plaques de caoutchouc imitant la couverture d'un livre, qu'on suspend sur une corde ou sur une branche d'arbre, pour les faire sécher.

On pourrait faire également usage de toute espèce d'objets ; mais, sauf les exceptions, c'est la forme de poires, de gourdes et de plaques que préfèrent les seringueiros.

Il y a des poires de toutes dimensions, par conséquent de tous poids. Néanmoins, les plus grosses dépassent rarement 4 ou 5 kilogrammes.

2. — Nouveau procédé.

Le procédé qui vient d'être décrit se nomme *arrocho* (tourniquet). Il a été prohibé, il y a quelques années, par le gouvernement, comme étant nuisible aux arbres, et il n'est guère employé actuellement que dans les localités trop éloignées pour qu'une surveillance suffisante puisse y être aisément exercée. Partout ailleurs, particulièrement dans le Para, on l'a remplacé par celui dit des *tigellinhas*, petites tasses, qui dispense de l'emploi des cordes ou des lianes.

Après avoir fait à l'arbre des incisions transversales de deux centimètres au plus, on adapte au bord inférieur de chacunes d'elles une petite tasse de fer-blanc, ou une petite écuelle de terre, ou même une simple coquille, que l'on fixe au moyen d'une argile demi-grasse. Quand ces petits vases sont presque remplis, on en vide le contenu dans un vase plus grand pour le transporter dans un bâtiment, appelé *fabrique*, où doit se faire la coagulation.

Dans ce bâtiment se trouve un *fumoir*. C'est tout simplement une espèce de fourneau, à la partie supérieure duquel est adapté un tuyau d'où s'échappe la fumée résultant de la combustion des mêmes noix dont il a été question ci-dessus.

Pour solidifier et façonner le caoutchouc, on se sert rarement de moules de terre ou de bouts de planches comme dans l'ancien système. On emploie le plus souvent des espèces de grandes spatules de bois qui ressemblent aux battoirs de nos blanchisseuses, et qu'on expose quelques secondes à la fumée après les avoir trempées dans la sève. On répète les deux opérations un certain nombre de fois, et chaque fois une nouvelle couche de caoutchouc desséché vient s'ajouter aux précédentes. Quand la matière coagulée est assez épaisse, on la fend sur les deux flancs du moule, puis deux coups donnés sur ces mêmes flancs en détachent deux plaques de caoutchouc, qu'il n'y a plus qu'à faire sécher. C'est ainsi qu'on prépare le caoutchouc parfaitement pur.

Le caoutchouc du Brésil est donc formé de couches superposées et produites isolément. C'est cette superposition des couches successives qui lui donne son apparence lamelleuse. Quand il vient d'être extrait, il est d'un jaune clair ou plutôt d'un brun pâle jaunâtre; mais, par son exposition à l'air, il passe promptement au brun foncé, changement de couleur qu'on a longtemps attribué à la fumée. Suivant le soin apporté à son extraction et à sa solidification, on le distingue en *fin, demi-fin, sernambi* et *tête de nègre*. La sorte fine est celle que l'on apporte le plus souvent en France. Les autres arrivent assez fréquemment sous forme de boules ou de blocs irréguliers.

3. — Procédé Strauss.

Dans ce procédé, l'extraction se fait comme dans le précédent, mais la coagulation s'effectue sans fumage. On obtient l'effet voulu en jetant dans la sève laiteuse une quantité déterminée d'alun dissous dans l'eau, puis comprimant la masse sous une presse pour en éliminer les parties liquides. L'opération se pratique dans l'intérieur des maisons, grand avantage pour les personnes de race blanche, qui sont ainsi soustraites aux ravages de la fièvre des marais, presque inévitable dans le travail en plein air.

Le procédé par l'alun a été inventé par Henri-Antoine Strauss, allemand établi au Brésil. La province de Para en a acquis la propriété et l'a mis dans le domaine public; mais la routine s'est opposée à ce qu'il se répandit. On lui reproche d'être trop simple, ce qui devrait, au contraire, être regardé comme une qualité. Il rend, dit-on, le travail tellement facile qu'il détournerait la population de ses autres occupations également importantes. Il est donc peu employé.

§ 2. — RÉPUBLIQUES ESPAGNOLES.

Dans les pays hispano-américains, la récolte et la solidification du caoutchouc présentent parfois des particularités intéressantes. Celui de Nicaragua, entre autres, est d'une excellente préparation; il est généralement en feuilles ou plaques minces. Les ouvriers qui le recueillent et le solidifient se nomment *Uléros*. Un voyageur a donné récemment sur leur manière de procéder des détails qu'on trouverait difficilement ailleurs.

Chaque matin, de très bonne heure, ces hommes se mettent en route pour leur journée de travail, chacun muni des instruments dont il aura besoin. Quand l'un d'eux a choisi son arbre, il le débarrasse des broussailles, des vignes et autres plantes grimpantes, puis il creuse dans l'écorce deux entailles inclinées symétriquement à droite et à gauche, et concourant en un point peu élevé au-dessus du sol. Enfin, il ajuste à ce point un tuyau en saillie pour la conduite du liquide, et au-dessous un seau ou un baquet. Ces préparatifs terminés, l'uléro s'élève le long du tronc au moyen d'une échelle, et y pratique de nouvelles entailles qui, séparées par des intervalles d'environ un demi-mètre, aboutissent aux deux premières. Le seau se remplit peu à peu. On le vide à mesure dans un vase plus grand, qui est approprié aux transports à l'atelier, c'est-à-dire à l'endroit qui a été disposé pour les opérations ultérieures.

Dans la soirée, toute la récolte de la journée est passée dans des tamis de fer, qui retiennent les impuretés, après quoi on la distribue dans des barils.

La coagulation du caoutchouc, qui vient alors, est confiée aux ouvriers les plus habiles. Entre plusieurs méthodes employées, celle qu'on juge la meilleure consiste à mélanger la sève avec le jus d'une certaine vigne qui a la singulière propriété de coaguler en quelques minutes. On emploie un litre de ce jus pour neuf litres de sève. A peine est-il introduit, qu'on voit flotter à la surface d'un liquide brun une masse molle qui exhale l'odeur du fromage frais. On recueille cette masse, qui n'est autre que le caoutchouc, on l'étend sur une planche, et on passe dessus un rouleau aussi pesant que possible. La pression fait sortir de la matière une grande quantité d'eau, et l'on obtient pour résultat une plaque de forme circulaire, de couleur blanche, de 50 centimètres de diamètre avec une épaisseur de 3 à 6 millimètres et un poids d'environ 3 kilogrammes. Ces plaques s'appellent *tortillas*, à cause de leur ressemblance à des crêpes, dont ce mot est le nom. On les suspend dans un hangar pour les faire sécher, ce qui exige une quinzaine de jours dans le beau temps. La dessication assombrit leur couleur et réduit leur poids à 900 grammes environ.

Quand la vigne en question ne se rencontre pas dans le lieu où l'on travaille, on y supplée par de l'eau ordinaire. On forme donc un mélange d'un tiers de sève et de deux tiers d'eau, et l'on abandonne le mélange à lui-même. Au bout d'une douzaine d'heures, la séparation du caoutchouc est effectuée. On fait écouler l'eau lentement par un robinet, et ce qui reste est la partie solide de la sève, laquelle est à l'état d'une épaisse crème noire. Il n'y a plus qu'à recueillir cette crème et à la faire sécher.

Dans le Salvador, c'est à l'aide de l'eau et de l'alun que l'on effectue la coagulation du caoutchouc.

A mesure qu'elle s'écoule d'incisions faites à l'arbre, la sève est reçue dans des jattes de bois et passée à travers une feuille de fer-blanc trouée à peu près comme une écumoire, pour en séparer les morceaux d'écorce ou autres matières qui s'y trouveraient mêlées. Puis elle est passée de nouveau à travers un linge, mais en ayant soin pour cela de la délayer auparavant dans une double quantité d'eau pure. On la verse ensuite dans un réservoir, où l'on ajoute une nouvelle quantité d'eau égale à celle dans laquelle elle a été délayée, de sorte qu'il y ait ainsi 4 cinquièmes d'eau et 1 cinquième de suc. On laisse le tout reposer pendant 24 heures. Le suc étant plus léger que l'eau s'élève à la surface, et l'eau elle-même est écoulée avec précaution au moyen de robinets placés au fond du réservoir. Cette première eau écoulée est remplacée par d'autre en même quantité, que l'on laisse encore reposer 24 heures, sur laquelle le suc remonte en vertu de son poids spécifique, et qu'enfin on fait écouler de la même manière et avec les mêmes soins, pour qu'aucune partie du caoutchouc ne soit emportée par elle. Cette opération se renouvelle autant de fois qu'il est nécessaire, c'est-à-dire jusqu'à ce que l'eau, qui sort d'abord sale et trouble, sorte parfaitement pure. Ceci obtenu, le suc est mis pendant 24 heures dans des vases de forme ronde ou carrée, percés de petits trous par lesquels s'échappe l'eau qu'il peut renfermer encore. Il ne s'agit plus alors que de lui donner de la consistance. A cet effet, on prend par quintal de suc brut recueilli, une demi-bouteille d'eau chaude, dans laquelle on a fait dissoudre 30 à 40 grammes d'alun réduit en poudre ; l'on verse et l'on mêle à plusieurs reprises. Bientôt le suc commence à durcir ; à ce moment, on le met sous presse, où il achève de devenir solide, en se débarrassant des derniers restes d'humidité qu'il contient.

Dans la Nouvelle-Grenade, on emploie un procédé assez singulier pour convertir le suc laiteux en feuilles ou plaques de toutes dimensions.

Sur trois traverses espacées de 75 centimètres et enterrées au niveau du sol, on fixe des cadres de 2 mètres et demi de longueur, 1 mètre de largeur et 5 centimètres de hauteur. Ces cadres étant remplis d'un sable fin, on pose sur le sable une toile quelconque, qui est tendue au moyen d'un autre cadre, de même dimension que le premier, mais dont les bords intérieurs sont légèrement évasés jusqu'au tiers de leur hauteur, de manière que, posé sur l'autre, ce cadre forme un rebord d'environ 3 centimètres.

« Ces préparatifs achevés, on coule le suc laiteux sur la toile (10 litres pour environ 2 millimètres d'épaisseur de caoutchouc), l'eau de végétation est absorbée par la toile et le sable. Douze ou quatorze heures après, on lève le cadre supérieur, auquel la toile reste attachée par le caoutchouc collé sur ses bords ; on laisse deux heures à l'air libre pour faire sécher le caoutchouc que l'humidité du sable a pu faire conserver à l'état pâteux, et l'on détache la feuille de caoutchouc, qui est parfaitement homogène et prête pour l'exportation. On obtient ainsi chaque jour autant de feuilles de caoutchouc de 3 kilogrammes, même plus pesantes et plus épaisses, que l'on a de moules ou de cadres. »

ARTICLE II

Caoutchoucs d'Asie.

Dans tous les pays producteurs de l'Asie et de la Malaisie, la sève se récolte à l'aide d'incisions, comme partout ; mais on varie dans la manière de la recevoir et de la coaguler.

Dans certaines localités, on pratique plusieurs sillons dans l'écorce, en ayant soin de les faire tous converger sur un seul point, près du sol, où l'on creuse un trou pour recevoir la sève. Au bout d'un certain temps, la partie aqueuse se sépare, et s'infiltre dans la terre, et il reste le caoutchouc solide, lequel est toujours mélangé de sable, de fragments de bois et d'écorce.

Ailleurs, on distribue la sève dans des vases plats et on laisse la partie aqueuse s'évaporer à l'air libre. On a ainsi du caoutchouc en plaques ou feuilles qui est beaucoup plus pur que le précédent.

Dans d'autres contrées, à Java et à Sumatra, par exemple, soit effet du climat, soit toute autre cause, la sève, en s'écoulant avec lenteur des incisions, se coagule le long de l'écorce avant d'arriver au pied de l'arbre. Il en résulte des lanières de longueur très variable, dont on réunit plusieurs ensemble pour en former des espèces de rouleaux appelés *boudins* dans le commerce, ou des blocs globulaires. L'enchevêtrement des lanières se distingue fort bien quand ces masses sont coupées. C'est sous l'une ou l'autre de ces formes qu'arrive en Europe la meilleure qualité du caoutchouc des Indes, lequel a généralement une couleur rougeâtre. Quand l'écoulement est très considérable, ou qu'on retarde trop de recueillir les lanières, celles-ci tombent jusqu'à terre, et là, elles s'entremêlent, se collent les unes sur les autres en zigzag, en emprisonnant dans leurs mailles toutes les impuretés qu'elles rencontrent ou que le vent y jette. Ces agglomérations sont ramassées telles quelles, comprimées pour en faire adhérer davantage les parties, et enfin enfermées dans des paniers de rotang ou des sacs de toile grossière. Le caoutchouc qui en provient ne peut être que fort impur.

A Bornéo, la coagulation s'effectue comme dans certains Etats hispano-américains, à l'aide de l'eau, mais avec cette différence que l'eau est salée. En outre, contrairement à la pratique des autres pays, au lieu d'inciser l'arbre, on le débite en tronçons, et si la sève ne s'écoule pas assez vite de chacun de ces derniers, l'on en provoque l'écoulement en chauffant l'une des extrémités du tronçon. L'on agit donc comme le sauvage qui abat l'arbre pour avoir le fruit.

ARTICLE III

Caoutchoucs d'Afrique.

Notons, en passant, qu'en raison de leur mauvaise préparation, les caoutchoucs d'Asie et de Malaisie sont toujours de qualité inférieure.

Ce qui vient d'être dit des caoutchoucs asiatiques s'applique à ceux d'Afrique.

Bien qu'on ignore comment on procède dans toutes les parties du continent africain, on sait cependant que, dans certaines, comme à Madagascar, on coagule la sève tantôt au moyen du feu, tantôt à l'aide de l'eau salée, et que dans d'autres, on suit un procédé analogue à celui de Java.

Dans tous les cas, les caoutchoucs africains sont habituellement impurs. Souvent même, ils ont été préparés avec tant de négligence ou de maladresse, qu'ils renferment une assez grande quantité de parties aqueuses pour être presque fluides, ce qui oblige à les expédier dans des barils.

ARTICLE IV

Caoutchoucs liquides.

La main-d'œuvre nécessaire pour coaguler le caoutchouc est au moins quadruple de la valeur commerciale du produit obtenu. D'un autre côté, la nécessité où l'on est de dissoudre le caoutchouc pour de nombreuses applications, donne également lieu à d'assez fortes dépenses. Enfin, on a vu que c'est l'exposition à l'air pour le faire sécher qui communique à cette matière la coloration plus ou moins brune bien connue.

En réfléchissant sur tous ces inconvénients, on s'est plus d'une fois demandé, en Amérique, s'il ne serait pas possible d'expédier la sève aux pays de consommation, telle qu'elle sort de l'arbre, c'est-à-dire avant que sa partie liquide ait eu le temps de se séparer de sa partie solide. C'est Antoine Strauss, le même dont il vient d'être parlé, qui passe pour avoir résolu le problème le plus complètement. Cet inventeur est, en effet, parvenu à conserver la sève fluide sans altération, en y incorporant de l'ammoniaque liquide.

Le lait est récolté comme à l'ordinaire. Après son extraction, on le filtre à travers une toile et on le reçoit dans un vase d'étain ou de verre. Cela fait, on y ajoute 60 grammes d'ammoniaque liquide concentrée par kilogramme de suc, et l'on agite pour bien incorporer les substances. Moyennant cette opération, la sève reste fluide, même par une exposition à l'air, et conserve toute sa blancheur. Dans cet état, on l'introduit dans des vases de verre, d'étain ou de fer-blanc, et on l'expédie.

Le procédé Strauss est journellement employé dans la province de l'Amazone. Toutefois, ses produits coûtent quatre ou cinq fois plus cher que le caoutchouc solide, et presque tous sont envoyés aux États-Unis.

D'après M. Barral, qui a étudié avec soin la question, l'élévation du prix du caoutchouc liquide résulte du manque de vases d'étain, de verre ou de fer-blanc au milieu des forêts où se fait la préparation, et de la difficulté de s'y procurer ces ustensiles, ainsi que l'ammoniaque, en raison du grand éloignement des lieux d'approvisionnement. Une culture régulière des arbres à caoutchouc amènerait certainement une réduction dans ce prix et, par suite, augmenterait les applications du produit.

CHAPITRE III

Composition et propriétés du Caoutchouc.

§ 1. — COMPOSITION DU CAOUTCHOUC.

D'après Payen, le caoutchouc commercial est formé de deux parties distinctes : l'une solide et élastique, l'autre demi-fluide, comme poisseuse. Toutefois, chacune d'elles a la même composition élémentaire, et renferme 8 équivalents de carbone et 7 équivalents d'hydrogène. Cette composition qui, par conséquent, est celle du caoutchouc lui-même, se représente par la formule C^8H^7, laquelle correspond aux analyses de Faraday, Williams et Payen et est généralement adoptée.

Les diverses sortes de caoutchouc brut qu'on apporte en Europe des pays de production, peuvent se ramener aux suivantes :

1° Le caoutchouc presque blanc, opaque, en masses assez volumineuses ;

2° Le caoutchouc jaunâtre peu foncé, translucide, en feuilles ou plaques irrégulières ;

3° Le caoutchouc brun foncé, tantôt en feuilles ou plaques épaisses, tantôt en poires creuses ou en masses globuliformes, tantôt encore en lanières ou cordons tressés ou bien assemblés en faisceaux et tordus ;

4° Le caoutchouc brun, en masses ou blocs de dimensions variables, irrégulièrement cubiques, à angles arrondis.

D'après Payen, la couleur blanche et l'opacité de la première sorte proviennent de la grande quantité d'eau interposée. Quant à la coloration brune, elle est due à la présence de substances étrangères carbonacées.

Ce n'est donc pas au commerce qu'il faut s'adresser quand on veut avoir du caoutchouc parfaitement pur. Faraday a indiqué le procédé suivant pour obtenir ce produit à l'état de pureté parfaite :

On se procure du suc laiteux, on l'étend de quatre fois son volume d'eau, et l'on abandonne le mélange à lui-même pendant vingt-quatre heures. Au bout de ce temps, et dans ces conditions, le caoutchouc se sépare sous la forme d'une crème blanchâtre plus légère que l'eau. On soutire cette dernière et on la remplace par de l'eau pure. On lave alors le produit séparé, et l'on répète ce lavage jusqu'à ce que l'eau soutirée soit bien limpide ; après quoi il n'y a plus qu'à recueillir la masse. Elle se compose d'une multitude de petites fibres agglomérées, d'où, au moyen de la pression, on fait sortir l'eau, et que l'on fait ensuite sécher sur un plateau de porcelaine dégourdie.

Le caoutchouc ainsi obtenu est entièrement blanc. Il possède, du reste, toutes les propriétés du caoutchouc commercial.

§ 2. — PROPRIÉTÉS DU CAOUTCHOUC.

1. — Généralités.

Le caoutchouc commercial est translucide et d'un brun jaune d'intensité variable. (On vient de voir d'où proviennent la couleur et l'opacité des variétés blanches ou blanchâtres, et la teinte brune des autres variétés). Il est mauvais conducteur de l'électricité, mou, éminemment élastique, imperméable, et plus léger que l'eau. Sa densité varie entre 0,919 et 0,942.

Enfin, il se soude à lui-même. Toutefois, pour que l'opération puisse avoir lieu, il faut que les coupures des parties à réunir soient fraîches. Cette condition étant remplie, il suffit, pour obtenir l'effet voulu, d'appliquer les parties exactement l'une sur l'autre, et d'exercer sur elles une forte pression, qu'on peut parfois remplacer par un coup de marteau. Cette propriété de se souder à lui-même est due à sa partie visqueuse. Aussi, la perd-il, quand il a été vulcanisé, parce que, par l'action du soufre, cette même partie est devenue solide.

2. — Structure.

Examiné au microscope, le caoutchouc paraît formé de petits tubes et de pores irrégulièrement arrondis, communiquant entre eux et susceptibles de se dilater. Cette structure explique pourquoi il peut absorber les gaz et les liquides, et pourquoi, sous une épaisseur extrêmement faible, il se laisse traverser par les gaz, au point de pouvoir servir de tamis dialyseur pour certains d'entre eux. Elle rend également compte de ce fait que lorsqu'il est à l'état naturel ou quand il a été désulfuré, il absorbe une plus grande quantité de liquide que lorsqu'il a été vulcanisé. Payen a rendu ce phénomène tout à fait sensible en tenant immergé dans l'eau, pendant deux mois, un échantillon de caoutchouc naturel, un échantillon désulfuré et un échantillon de caoutchouc sulfuré, la température maintenue invariablement à 16 degrés. A la fin de l'expérience, le premier eut absorbé 0,20 à 0,26 d'eau, le second 0,042 et le troisième 0,064.

3. — Action de l'eau.

L'eau ne dissout pas le caoutchouc. Néanmoins, elle n'est pas sans action sur lui. Il vient d'être dit, en effet, qu'en raison de sa structure, il l'absorbe avec avidité et cette absorption peut aller, après 30 jours environ, jusqu'à 25 pour 100 du poids du caoutchouc. Dans ces conditions, il prend une couleur blanchâtre et augmente de volume dans la proportion de 15 pour 100, en même temps que sa ténacité et sa propriété adhésive diminue notablement.

Quand l'eau est restée interposée ou s'est introduite dans des masses épaisses de caoutchouc, il faut un temps considérable pour qu'elle disparaisse, parce que les surfaces extérieures se desséchant les premières, leurs pores se resserrent et s'opposent ainsi à l'évaporation des couches sous-jacentes.

Cette hydratation est une des causes de l'altération des caoutchoucs qui ont été recueillis sans précaution, et notamment de ceux pour la coagulation desquels on a employé l'eau pure ou l'eau salée. On conçoit d'ailleurs que le caoutchouc qui l'a subie a une valeur vénale moindre, puisqu'une partie de son poids est fictif; il faut, en outre, pour effectuer sa dessiccation, qui est indispensable dans la plupart des transformations qu'il doit subir, le diviser en lames très minces, ce qui complique la main d'œuvre et la rend plus dispendieuse.

4. — Action de l'alcool.

L'alcool se comporte à peu près comme l'eau. Il ne dissout pas le caoutchouc, mais il le pénètre, surtout quand il est chaud et anhydre. Dans ces conditions, la quantité absorbée peut aller jusqu'à 20 pour 100 du poids total. Après l'évaporation de l'alcool absorbé, le caoutchouc reprend peu à peu ses propriétés, mais il reste moins tenace, plus translucide et plus adhésif qu'avant cette réaction.

5. — Action des dissolvants.

L'éther, le sulfure de carbone, les essences légères de houille, la benzine, le pétrole, la naphtaline fondue, les huiles grasses, l'essence de térébenthine et, en général, toutes les huiles essentielles s'insinuent rapidement dans les pores du caoutchouc, le gonflent considérablement et finissent par le dissoudre. La dissolution est d'autant plus claire que la quantité de dissolvant est plus grande ; mais elle n'est que partielle. En effet, ainsi qu'on l'a vu, le caoutchouc est formé de deux substances isomériques, dont l'une est solide et l'autre demi-liquide. Or, la première résiste à tous les agents, tandis que la seconde est facilement attaquée par eux.

Quand on plonge un morceau de caoutchouc dans l'un des agents qui viennent d'être énumérés, si l'on opère avec soin, il est aisé de constater qu'une seule des deux substances a été dissoute, et que l'autre reste inaltérée et conserve les formes primitives, mais très grossies. Toutefois, cette dernière se désagrège avec une extrême facilité et se mélange avec l'autre, en sorte que les dissolutions de caoutchouc les renferment toujours toutes les deux. En répétant plusieurs fois l'opération, on sépare complétement les deux matières.

Avec l'éther anhydre, Payen a extrait, du caoutchouc translucide, de couleur ambrée, 66 pour 100 du produit soluble et 34 pour 100 du produit insoluble. Avec l'essence de térébenthine pure et anhydre, le même expérimentateur a retiré du caoutchouc brun 49 pour 100 de produit soluble et 51 pour 100 de produit insoluble. Dans les deux cas, la partie dissoute était presque incolore, les principes colorants étant restés dans la partie non dissoute.

Tous les liquides dissolvants sont loin de dissoudre les mêmes proportions de caoutchouc. Sous ce rapport, il existe entre eux une très grande différence. Ainsi, par exemple, tandis que les huiles lourdes de houille dissolvent à peine 5 pour 100 de leur poids de caoutchouc, les huiles légères en dissolvent jusqu'à six fois plus, c'est-à-dire 30 pour 100.

Quand on emploie les huiles essentielles, il ne faut pas oublier qu'elles doivent être parfaitement rectifiées, c'est-à-dire débarrassées de leurs substances résineuses. Autrement, le caoutchouc reste gras et poisseux. Des traces de résine restées dans l'essence employée suffisent pour amener ce résultat, qui, du reste, est fort difficile à éviter d'une manière absolue et n'a souvent, dans la pratique, qu'une très petite importance.

Le dissolvant le plus rapide et le plus parfait du caoutchouc est celui qui a été découvert en 1849 par M. G. Gérard : il se compose d'un mélange de 100 parties de sulfure de carbone et de 5 parties d'alcool absolu. Avec un pareil mélange, on obtient une solution limpide comme de l'eau, et qui, par évaporation, abandonne le caoutchouc sous la forme d'une feuille qu'on peut obtenir extrêmement mince et pure.

6. — *Action des acides.*

Tous les acides faibles sont sans action sur le caoutchouc. Il en est de même de l'acide chlorhydrique. Au contraire, l'acide sulfurique et l'acide azotique ou nitrique concentrés, et surtout un mélange des deux, l'attaquent assez rapidement. Il faut en dire autant de l'acide nitreux.

7. — *Action des alcalis.*

Loin de nuire au caoutchouc, les alcalis lui donnent de la qualité, lui communiquent une certaine résistance. C'est pour cela que lorsqu'on veut tendre les fils de caoutchouc sur les dévidoirs, on commence souvent par les faire tremper dans de l'eau contenant un peu de potasse ou de soude. Toutefois, une lessive bouillante de potasse ou de soude caustique, à 40 degrés Baumé, le dissout un peu et le rend gras et visqueux à la surface, après une immersion de quatre à cinq heures, même quand il a été vulcanisé.

8. — *Action du chlore.*

Le chlore, tant gazeux que liquide, attaque le caoutchouc à la longue ; il détruit toute son élasticité et le rend dur et cassant. On a tiré parti de cette propriété pour préparer une variété de caoutchouc durci.

9. — *Action du soufre.*

Le soufre et plusieurs de ses composés exercent une action très remarquable sur le caoutchouc. Sous leur influence, la partie poisseuse de ce dernier est entièrement modifiée et acquiert les propriétés de la partie solide. C'est sur ce fait que repose la fabrication du caoutchouc vulcanisé.

10. — Action de l'iode.

L'iode altère le caoutchouc avec une assez grande rapidité, soit dans son état naturel, soit après qu'il a été vulcanisé. C'est pour cela que les tubes dans lesquels les chirurgiens font passer des liquides iodés pour l'injection des cavités, deviennent en peu de temps d'un volume plus grand, durs et très cassants. Ce fait, qui n'avait pas encore attiré l'attention, a été signalé par le docteur Beaumetz à la Société médicale des hôpitaux.

11. — Action du froid.

L'élasticité est celle des propriétés du caoutchouc qui le caractérisent plus particulièrement. A la température ordinaire, il la possède au plus haut degré ; mais, à partir de 10 degrés au-dessus de zéro, il se durcit peu à peu, et à zéro il n'est plus élastique et présente l'aspect du cuir, en même temps qu'il subit une contraction notable. On dit alors qu'il est *gelé*. Ces divers changements persistent même après que sa température a été ramenée à 15 ou 20 degrés au-dessus de zéro. Si, pendant qu'il est ainsi gelé, on le soumet à une légère traction, il garde les dimensions qu'on lui a ainsi données, même quand on porte ensuite sa température à 20 degrés au-dessus de zéro.

Pour *dégeler* le caoutchouc gelé, il suffit d'élever la température à 35 ou 40 degrés au-dessus de zéro. L'expérience est facile à faire. On prend une bande de caoutchouc, on la tend, et on la plonge, pendant quelques minutes, dans de l'eau à zéro. Au sortir de l'eau, elle reste étendue et fort peu élastique à la température ordinaire. Si alors on la met dans l'eau chauffée à 40 degrés ou au-dessus, elle reprend immédiatement ses premières dimensions et toute son élasticité.

Le caoutchouc gelé reprend également son élasticité sous l'influence d'une légère traction, peut-être, fait remarquer Ch. Lauth, à cause de l'élévation de température produite par cette traction. Joule et Thomson ont, en effet, observé que le caoutchouc vulcanisé a la propriété de s'échauffer au moment où on l'allonge, et de se refroidir quand on le laisse raccourci. Ils ont encore constaté qu'une bande de caoutchouc tendue par un poids qui en double la longueur se raccourcit d'un dixième par l'application d'une température de 50 degrés. Payen a fait des observations semblables sur le caoutchouc ordinaire, c'est-à-dire non sulfuré. Dans tous les cas, si, prenant une bande de caoutchouc naturel, on l'allonge légèrement en tirant deux ou trois fois sur ses deux extrémités, on lui rend en partie son élasticité, tout comme l'aurait fait l'application de la chaleur.

12. — Action de la chaleur.

Si, au lieu d'une température basse, on expose le caoutchouc à une chaleur progressivement élevée, ses caractères changent complétement. De 35 à 120 degrés, il perd peu à peu de sa consistance et les morceaux deviennent de plus en plus susceptibles de s'agglutiner entre eux. Entre 145 et 155 degrés, il est gras, visqueux, adhérent aux corps durs et secs. De 170 à 180 degrés, il fond en un liquide épais, ayant la consistance et l'aspect de la mélasse, et reste indéfiniment dans cet état sans sécher. Enfin, de 200 à 230 degrés, il est huileux et propre à préserver le fer de la rouille. Chauffé encore davantage, il se transforme en plusieurs produits volatils, que l'on peut recueillir à l'aide de la distillation, et ne laisse pour ainsi dire pas de résidu.

Au contact d'un corps en ignition, le caoutchouc s'enflamme très facilement et brûle avec une flamme rouge lumineuse et accompagnée d'une fumée noire et épaisse. S'il est en gros morceaux massifs, on peut l'éteindre sans trop de peine parce qu'il est très mauvais conducteur de la chaleur et qu'il n'y a que la couche voisine de la surface qui brûle. Si, au contraire, il est en menus fragments, surtout en fils ou en lanières minces, le feu s'y propage avec une telle promptitude qu'il est à peu près impossible de s'en rendre maitre. Des usines importantes n'ont dû leur destruction qu'à ce que le caoutchouc qu'elles renfermaient se trouvait en grande partie dans ce dernier état.

13. — Action de l'air.

L'action de l'air sur le caoutchouc n'est pas aussi indifférente qu'on l'a cru d'abord. En effet, ce produit s'altère à la longue, et alors il exhale une odeur piquante, et devient mou et moins résistant, en même temps qu'il absorbe de l'oxygène. Cette altération semble avoir quelque analogie avec celle, encore mal connue, des corps gras qui deviennent rances. Elle est moins rapide sur le caoutchouc qui n'a pas été travaillé que sur celui qui l'a été et qu'on appelle *régénéré*. D'après Miller, elle se manifesterait surtout quand le produit est alternativement exposé à l'air, au soleil et à l'humidité.

DEUXIÈME PARTIE

CAOUTCHOUC NATUREL

CHAPITRE PREMIER

Régénération du Caoutchouc.

NOTIONS PRÉLIMINAIRES

Le travail du caoutchouc est purement mécanique. Il serait très simplifié si le commerce nous fournissait la matière dans un état de pureté convenable, parce qu'on pourrait alors la mettre directement en œuvre, c'est-à-dire dès son arrivée des lieux de production. Malheureusement, il en est très rarement ainsi. Sauf les plus belles sortes d'Amérique, le caoutchouc renferme toujours une quantité plus ou moins grande de corps étrangers, terre, sable, menus débris de bois, d'écorce, de feuilles, etc., qui s'y sont introduits, soit pendant la récolte, soit pendant la coagulation, soit encore pendant l'emballage ou le transport. Avant donc d'appliquer le caoutchouc à nos usages, il faut généralement le purifier, c'est-à-dire le nettoyer.

La purification ou nettoyage du caoutchouc s'appelle *régénération*, et l'on donne le nom de *caoutchouc régénéré* à celui qui l'a subie. Il est fâcheux d'être obligé d'y avoir recours. En effet, outre la dépense considérable qu'elle occasionne, puisqu'on n'a pas encore trouvé un procédé simple et économique, elle altère plus ou moins la qualité de la matière, dont elle diminue la résistance. Mais elle est absolument indispensable pour un grand nombre d'applications, notamment quand le caoutchouc doit être employé en dissolution.

Autrefois, on régénérait le caoutchouc de la manière que voici : après l'avoir ramolli dans l'eau tiède, on le découpait en petits morceaux, soit à la main avec des couteaux droits à longue lame, soit mécaniquement au moyen d'un couteau circulaire tournant avec vitesse, puis, à l'aide des doigts et de brosses, on le débarrassait de ses impuretés aussi bien qu'on pouvait. Le résultat obtenu était toujours très imparfait. Il n'en est plus de même aujourd'hui que le travail est entièrement mécanique. Toutefois, si le nettoyage est mieux fait, les pressions et les tiraillements qu'on fait subir au caoutchouc, et les déchirures et autres solutions de continuité qu'ils y déterminent, donnent naissance au défaut signalé ci-dessus.

La régénération, telle qu'elle s'effectue actuellement, se compose de quatre opérations qui ont lieu dans l'ordre suivant :

le *ramollissage*,
le *découpage*,
le *déchiquetage* ou *écrasage*,
le *séchage*.

Nous allons les décrire aussi succinctement et aussi clairement que possible.

§ 1. — RAMOLLISSAGE.

Que le caoutchouc soit en poires, en gourdes, en masses creuses ou pleines, en boudins, en feuilles ou en plaques, on commence toujours par le ramollir. Cette opération, qui est la plus simple de toutes, consiste à le tenir immergé, pendant un certain temps, dans de l'eau tiède, c'est-à-dire chauffée à la température de 45 à 50 degrés. Elle dure de 12 à 24 heures.

§ 2. — DÉCOUPAGE.

Le caoutchouc étant ramolli au point convenable, on le coupe grossièrement en menus morceaux de 3 à 5 centimètres de côté. On se sert pour cela d'un couteau bien affilé ou mieux d'un couteau mécanique à lame circulaire.

Quel que soit l'instrument ou l'outil qu'on emploie, il est indispensable de faire couler d'une manière continue, un filet d'eau sur la lame coupante et sur le caoutchouc, à l'endroit même où la section a lieu, et cela pour deux raisons : premièrement, afin de rendre nulle la propriété adhésive du caoutchouc ; deuxièmement, afin de prévenir une élévation de température que développerait le frottement, et qui augmenterait l'adhérence du caoutchouc à l'outil.

§ 3. — DÉCHIQUETAGE.

Cette opération consiste à livrer le caoutchouc, préalablement coupé en morceaux, à des machines particulières afin de faciliter l'extraction des corps étrangers emprisonnés dans la masse. Il faut ici distinguer l'ancien procédé et le nouveau.

1. — Ancien procédé.

Après avoir ramolli et découpé le caoutchouc, on le jette dans une machine appelée *pile*, qui est semblable à celle dont on se sert dans les fabriques de papier pour déchirer les chiffons.

Cette machine consiste en une grande cuve de forme ovale d'environ 3m50 de long, 1m50 de large et 0m60 de profondeur, dans l'un des petits diamètres de laquelle tourne un tambour garni à sa circonférence de lames tranchantes qui sont fixées suivant sa longueur et parallèlement à son axe. A cet endroit de la cuve, le fond affecte une forme concave, concentrique à l'axe du tambour, et où des lames semblables à celles de ce dernier et placées dans le même sens se trouvent également disposées.

La cuve étant à demi pleine d'eau et le tambour mis en marche, les morceaux de caoutchouc sont entraînés par le courant que produit la rotation de celui-ci, et viennent passer entre les deux systèmes de lames, qui les déchirent.

Par l'action de ces lames, la majeure partie des fragments de bois, du sable et de la terre se trouve bien éliminée ; mais le déchirement ne peut pas être assez complet pour produire un nettoyage parfait. C'est pourquoi, après un premier passage à la pile, on fait sécher le caoutchouc dans une étuve, puis on le soumet pendant 48 heures au moins à l'action d'un bain de soude, ou de potasse, ou de chaux caustique, marquant 10 à 12 degrés Baumé, dans le but d'agir sur le bois, l'écorce et autres matières qui restent, après quoi on le passe de nouveau à la pile.

Au moyen du deuxième passage, l'épuration s'est un peu améliorée. Néanmoins, elle laisse encore à désirer, parce que la machine est impuissante à réduire le caoutchouc en morceaux assez ténus pour en éliminer les très petites impuretés. C'est pour cela que l'usage de la pile a été abandonné par tous les grands fabricants, qui lui ont substitué celui du *déchiqueteur* proprement dit.

2. — Procédé nouveau.

Le *déchiqueteur* appelé aussi *écraseur*, se compose (figure 8, pl. I) d'une paire de cylindres massifs de fonte disposés comme ceux des laminoirs ordinaires, mais l'un à côté de l'autre, parallèlement, et pouvant être rapprochés ou écartés à volonté, au moyen de vis de rappel. Ces cylindres tournent avec des vitesses inégales, l'un faisant un tour entier par minute, tandis que l'autre en fait trois dans le même temps. En outre, un tuyau horizontal aa, criblé de trous comme une pomme d'arrosoir et en communication avec un réservoir supérieur, y fait tomber sans interruption, pendant le travail, une pluie fine d'eau propre. Les cylindres ont habituellement 0^{m}31 de diamètre et leur table est longue de 0^{m}65.

Après avoir été ramolli et divisé en morceaux comme il a été dit ci-dessus, le caoutchouc est livré aux cylindres, que l'on a serrés à fond l'un contre l'autre. On conçoit ce qui se passe alors. D'une part, il est violemment étiré par le cylindre qui marche avec le plus de vitesse. D'autre part, en passant entre les deux cylindres, il subit une espèce de laminage. De ce double mouvement résultent de véritables déchirures qui permettent à l'eau d'entraîner les corps étrangers, jusqu'aux plus ténus.

En faisant passer plusieurs fois de suite le caoutchouc entre les cylindres, il se trouve déchiré dans tous les sens, en sorte qu'il ne renferme plus aucune impureté. De plus, la pression énergique exercée par les cylindres, et qui s'exerce en même temps que l'action de déchirement, force tous les petits morceaux à se souder entre eux, et par leur réunion, ils forment une espèce de toile, une lame mince, couverte d'aspérités qui lui donnent l'aspect d'une peau de chagrin percée d'un nombre infini de petits trous.

§ 4. — SÉCHAGE.

Quand on emploie la pile, on obtient pour résultat final de l'opération, une sorte de pulpe qui surnage. On enlève cette pulpe, on la distribue sur des châssis en toile et on la fait sécher dans une étuve dont la température ne doit pas être assez élevée pour rendre le caoutchouc adhésif, ce qui aurait l'inconvénient d'emprisonner une partie de l'eau dans les pores de la masse.

Lorsqu'on se sert du déchiqueteur, le caoutchouc présente, comme on vient de le voir, une grande surface et une division extrême, toutes choses qui facilitent beaucoup sa dessiccation et, en outre, le rendent éminemment propre à être rapidement attaqué et pénétré par les dissolvants. En conséquence, on fait sécher les lames en les étendant sur des cordes, puis, quand elles sont sèches, on les emmagasine, jusqu'au moment de l'emploi, dans une étuve modérément chauffée ou plus simplement dans un endroit bien abrité.

Observations.

Le caoutchouc de Para n'a pas besoin d'être régénéré, parce qu'il est assez pur. Toutefois, quand il est en bouteilles ou poires creuses, on est obligé de le soumettre à un traitement fort simple afin d'en extraire les fragments argileux qui ont pu y rester lors de la destruction des moules.

On fait donc tremper les poires dans de l'eau tiède, pendant 3 ou 4 heures, puis on les coupe en deux, et on les remet dans l'eau, en les remuant à la main ou au moyen d'une pelle. Les matières terreuses, ramollies par le liquide, se détachent et tombent au fond du vase où l'on opère.

PROCÉDÉS DIVERS.

Nous venons de dire comment on s'y prend habituellement pour régénérer le caoutchouc. D'autres procédés ont été employés ou seulement proposés. Nous allons en indiquer quelques-uns.

1. — Procédé Goodyear.

Après avoir débité le caoutchouc en très petits morceaux, on les lave à grande eau afin d'en détacher les impuretés que l'eau seule peut entraîner. Cela fait, on verse dessus une liqueur acide ou une liqueur alcaline à un degré suffisant pour dissoudre les débris ligneux et les autres corps étrangers qui peuvent souiller le caoutchouc.

Si l'on emploie les acides, il faut choisir l'acide sulfurique, d'une part, à cause de son bas prix, d'autre part, parce que c'est celui dont l'action est la moins nuisible. Les proportions qui réussissent le mieux peuvent être ainsi fixées :

Acide sulfurique............. 480 grammes.
Eau........................ 2000   —

On peut d'ailleurs, les modifier suivant la qualité du caoutchouc et la nature des corps étrangers qu'il renferme.

Les solutions alcalines sont préférables, parce qu'elles n'altèrent pas la qualité du caoutchouc, qu'elles sont plus économiques, et que leur effet offre moins de chances d'insuccès. La meilleure se prépare comme il suit :

Carbonate de potasse.......... 460 grammes.
Eau........................ 4000 —

On peut modifier ces proportions dans les mêmes circonstances que ci-dessus.

A cette solution potassique, on ajoute une quantité, en poids, de chaux vive égale à la moitié, toujours en poids, du carbonate de potasse, afin de la rendre caustique et d'en éliminer l'acide carbonique.

Qu'elles soient acides ou caustiques, les liqueurs doivent toujours recouvrir les morceaux de caoutchouc. Elles attaquent les matières étrangères, les dissolvent ou les enlèvent.

Suivant la force de la liqueur, comme aussi suivant la nature ou l'abondance des corps étrangers, le caoutchouc doit rester en macération une heure au moins, vingt-huit heures au plus. Au bout de ce temps, on le soumet à l'action du déchiqueteur ou de toute autre machine analogue, qui le bat, le découpe et le lave pour le débarrasser de l'acide ou de l'alcali qu'il peut retenir.

2. — Procédé A. G. S. Day.

« On commence par couper le caoutchouc en morceaux ou en petites lanières au moyen des machines employées à cet usage. Cela fait, on le lave avec de l'eau à la manière ordinaire pour lui enlever les matières étrangères les plus pesantes, puis on l'introduit dans une chaudière en tôle, qu'on peut fermer hermétiquement. Cette chaudière étant remplie, et munie de son couvercle, on y fait le vide au moyen d'une pompe ou d'un autre appareil propre à cet objet, afin de chasser tout l'air ou les gaz que peut renfermer le caoutchouc, et quand on juge que le vide qu'on a opéré est suffisant pour obtenir complétement ce résultat, on fait arriver d'un réservoir supérieur en ouvrant un robinet, une solution de potasse ou de soude caustique. Cette solution imprègne entièrement la gomme ainsi que le bois, les écorces ou autres matières poreuses qu'elle peut renfermer, matières qui se trouvent acquérir ainsi un poids spécifique plus considérable que celui qu'elles ont à leur état naturel, et en même temps les ouvre et les détache en partie de la gomme soumise à ce traitement.

« Lorsque le caoutchouc a été exposé pendant un temps suffisant à l'action de l'alcali caustique, on fait écouler la solution par un tuyau de décharge dans une bâche placée au-dessous, et l'on enlève la gomme pour la jeter dans une cuve remplie d'eau où on l'agite et la brasse fortement pour en détacher ou en séparer les morceaux qui pourraient adhérer entre eux, leur donner plus de légèreté et de flottaison. Aussitôt qu'on est arrivé à ce point, les substances poreuses qui, par suite du traitement à l'alcali caustique, avaient acquis un poids spécifique plus considérable, se précipitent au fond de la cuve, tandis que la gomme pure flotte à la surface. Les gaz et les autres matières étrangères ayant ainsi été enlevées à la gomme, celle-ci, après avoir été lavée et séchée, est prête à tous les usages.

« La figure 12, pl. II, présente une disposition de l'appareil dont on peut se servir pour appliquer ce mode de purification du caoutchouc.

« A, récipient impénétrable à l'air, de forme cylindrique ou de toute autre forme, construit en tôle à chaudière suffisamment forte pour résister à la pression atmosphérique quand on fait le vide. Ce récipient est hermétiquement clos à chacune de ses extrémités par une calotte sphérique B fixée par des boulons à écrou et est porté sur un plancher horizontal CC par des blocs ou supports D qui le maintiennent légèrement élevé. Sur le fond de ce récipient est disposé un tuyau de décharge E avec un tamis F placé sur son orifice, qui descend à travers le plancher jusque dans la bâche G. Au-dessus du récipient, en H et H', sont placés deux réservoirs que porte une plate-forme I. Ces réservoirs communiquent l'un avec l'autre à l'aide du tuyau horizontal et du robinet J, et ils sont pourvus chacun d'un tuyau de descente K et K', conduisant au récipient placé au-dessous. Enfin une pompe L à faire le vide, ou tout autre appareil du même genre, est en communication avec la partie supérieure de ce récipient par un tuyau M, et en outre la bâche G est pourvue d'une pompe foulante N qui peut remonter le liquide qu'elle contient dans les réservoirs supérieurs H et H'.

« Pour opérer, on verse sur le fond de la bâche G la solution de soude ou de potasse caustique, qu'on remonte par la pompe N dans les réservoirs supérieurs H et H', après avoir fermé préalablement les robinets O et O', sur les tuyaux K et K', pour empêcher la solution d'entrer dans le récipient, tandis que la communication est ouverte avec les deux réservoirs. On introduit le caoutchouc dans le récipient A, par masses de 500 à 2.500 kilogrammes, suivant la capacité de l'appareil, on applique la calotte B du récipient et on l'assujettit fermement. La pompe à air L est alors mise en jeu pour produire un vide partiel qui chasse l'air interposé dans la gomme ou les gaz qu'elle peut contenir; on ouvre les deux robinets O et O' et la solution alcaline descend par les tuyaux K et K' dans le récipient où elle occupe tous les interstices dans la masse du caoutchouc.

Les fragments de bois, d'écorce ou autres matières étrangères poreuses se chargeant aussi d'alcali acquièrent ainsi un plus grand poids spécifique et en même temps se détachent et se séparent de la gomme. On laisse celle-ci dans l'alcali tout le temps nécessaire pour que ces matières étrangères soient complétement imprégnées de solution, temps qui dépend de la quantité de ces matières et de la qualité de la gomme, puis on fait écouler la solution du récipient A par le tuyau de décharge E en ouvrant le robinet E' et on la reçoit dans la bâche G. Quand cette solution est entièrement écoulée, on enlève la calotte B et on retire le caoutchouc qu'on jette dans de grandes cuves remplies d'eau où on l'agite pour favoriser la séparation entre la gomme et les matières étrangères. Dès que cette séparation est obtenue, le poids spécifique supérieur acquis par ces matières par l'action de l'alcali les fait déposer sur le fond des cuves, tandis que la gomme à peu près pure flotte à la surface de l'eau. Les gaz, l'air, les matières étrangères ayant ainsi été expulsés du caoutchouc, celui-ci est lavé à grande eau, puis séché et emmagasiné jusqu'au moment de l'emploi. »

CHAPITRE II

Agglomération ou pétrissage du Caoutchouc.

NOTIONS PRÉLIMINAIRES

On a vu, dans le chapitre précédent, qu'au sortir du déchiqueteur le caoutchouc se prête admirablement à l'action des dissolvants. Si l'on ne veut pas l'employer en dissolution, il a besoin, d'une part, d'être débarrassé de l'humidité et de l'air que contiennent ses pores, d'autre part, d'être rendu plus homogène et plus dense. C'est en forçant ses différentes parties à se rapprocher, à s'unir intimement, à *s'agglomérer*, comme on dit, qu'on obtient tous ces résultats.

§ 1. — PÉTRISSAGE.

L'AGGLOMÉRATION n'est en réalité qu'un *pétrissage*. Aussi lui donne-t-on également ce dernier nom. On l'effectue suivant deux procédés ; l'ancien, qui n'est plus guère employé que par les fabricants routiniers, et le nouveau, qu'on applique dans tous les établissements bien outillés.

1. — Ancien procédé.

Pour agglomérer le caoutchouc nettoyé, on se sert d'une espèce de pétrin mécanique, analogue à l'un de ceux dont on se sert dans certaines grandes boulangeries, et que l'on nomme indistinctement *pétrisseur*, *diable* ou *loup*.

Cet appareil (figures 34 et 35, pl. II), consiste en

une caisse horizontale en tôle et de forme cylindrique AB, qui est fixée solidement sur une forte charpente, au-dessus d'un double-fond C, pouvant être chauffé par un courant de vapeur. La moitié supérieure *cs* (figure 34) de cette caisse s'ouvre dans le sens de l'axe, à l'aide de charnières *e*, de manière à faire l'office de couvercle, et sa surface intérieure est habituellement tapissée de saillies en pointe de diamant. Une ou plusieurs ouvertures étroites et allongées y sont pratiquées pour qu'on puisse en voir l'intérieur.

Par l'axe de cette caisse passe un arbre portant un cylindre en fonte massive, dont le pourtour est garni de chevilles de fer ayant 5 millimètres de côté et 2 centimètres de saillie, et qui tourne dans deux coussinets placés au centre des disques qui ferment latéralement la caisse. Le cylindre a pour diamètre environ le tiers de celui de cette dernière.

La disposition générale du pétrisseur étant connue, voyons comment on procède.

Après avoir pris une certaine quantité de lames provenant du déchiquetage, les avoir lavées et séchées à l'air, on les chauffe dans une étuve à 35 degrés, puis l'on en forme un paquet en y comprenant des rognures et autres déchets provenant des opérations précédentes. Ce paquet peut être d'un poids très variable, poids qui est d'ailleurs en rapport avec les dimensions du pétrisseur; mais il y a un avantage notable à ne pas dépasser un petit nombre de kilogrammes. Dans tous les cas, la quantité de caoutchouc doit être calculée de manière à obtenir un bloc cylindrique de gomme d'un diamètre plus gros que l'intervalle qui existe entre le cylindre plein et la caisse.

AGGLOMÉRATION OU PÉTRISSAGE.

Le paquet étant fait, on l'introduit dans l'appareil, puis, après avoir remis le couvercle en place et l'y avoir fixé au moyen de clavettes, on fait agir le moteur de l'atelier.

Par le mouvement de rotation imprimé au cylindre intérieur, et qui est de 60 à 100 tours par minute, le caoutchouc est entraîné; par la résistance que lui opposent les saillies à tête de diamant, il ne peut glisser contre le paroi interne de la caisse, et il est forcé de tourner constamment sur lui-même.

D'après tout cela, on conçoit que, pendant sa rotation, le caoutchouc est comprimé et malaxé de toutes façons, et qu'il subit un pétrissage excessivement énergique qui force ses différentes parties à s'assembler, à se souder entre elles. Ce soudage est singulièrement facilité par la chaleur que développe le frottement du caoutchouc, et qui fait ramollir la surface de celui-ci. C'est pour amener ce ramollissement qu'on est dans l'usage, quand on commence l'opération, d'échauffer le pétrisseur en envoyant un courant de vapeur dans son double-fond. Cette injection de vapeur a même besoin d'être faite d'une manière continue pendant les très grands froids. La température nécessaire pour obtenir l'effet voulu ne doit guère dépasser 45 degrés.

Les dimensions des pétrisseurs varient nécessairement suivant la quantité de caoutchouc qu'on veut travailler à la fois. Un poids de 14 à 15 kilogrammes forme la charge d'un pétrisseur ordinaire, dans lequel la caisse à 25 centimètres de longueur et 23 centimètres de diamètre, et le cylindre massif 17 centimètres de diamètre, l'intervalle compris entre ce dernier et la caisse étant seulement de 6 centimètres. Dans ces conditions, le paquet ou galette de caoutchouc, après son agglomération, a une longueur de 40 centimètres et un diamètre de 18 à 20 centimètres.

L'agglomération du caoutchouc exige une très grande force. Pour en donner une idée, il suffit de dire que les 14 ou 15 kilogrammes pris pour exemple ne nécessitent pas moins de 5 chevaux de force.

Un phénomène très remarquable que présente le pétrissage du caoutchouc, c'est le grand dégagement de chaleur qui l'accompagne. Cette chaleur est due tout à la fois aux frottements et à un mouvement moléculaire de la masse. Elle se maintient longtemps au centre des blocs produits, à cause du peu de conductibilité de la matière, et elle pourrait y déterminer une altération notable. On prévient cet inconvénient d'une manière fort simple. Pour cela, aussitôt qu'on extrait les blocs du loup, on les fend en deux dans le sens de l'axe. Cette opération se fait avec une scie à main sans dents, mouillée constamment par un filet d'eau.

2. — Nouveau procédé.

Au lieu de loups, on emploie des *cylindres cannelés*. Peu de mots suffiront pour faire comprendre la disposition de l'appareil, qui est d'origine américaine.

Sur un bâtis en fonte très solide sont montés deux cylindres également en fonte, dont l'un a sa table unie, tandis qu'on a creusé dans la table de l'autre, sur toute sa circonférence et parallèlement à son axe, des cannelures profondes d'environ 15 millimètres et larges de 30. Les angles que les bords de ces cannelures forment avec la table de leur cylindre ne sont pas égaux : l'un est obtus et l'autre aigu. C'est ce dernier qui, pendant la marche de l'appareil, arrive le premier au contact du cylindre uni.

Les deux cylindres sont creux et peuvent être chauffés par un courant de vapeur. Ils tournent avec une vitesse inégale, qui est de deux tours pour le cannelé et d'un tour seulement pour celui dont la table est unie.

Quand on veut travailler les toiles de caoutchouc obtenues par le déchiquetage, on chauffe d'abord les cylindres, puis on met entre eux, peu à peu, la quantité de matière que la machine peut recevoir, laquelle est d'environ 15 kilogrammes pour des cylindres ordinaires longs de 75 centimètres avec un diamètre de 33.

L'appareil chargé, on le met en mouvement et, aussitôt qu'il fonctionne, on serre progressivement les cylindres de façon à ne laisser entre eux qu'une distance de quelques millimètres. La matière se trouve ainsi forcée d'entrer constamment dans les cannelures, qui viennent se présenter successivement devant la table du cylindre uni, et, en outre, elle est énergiquement entraînée par l'angle aigu de la cannelure qui vient l'accrocher. Il résulte de là un pétrissage continuellement répété qui, au bout de fort peu de temps, rend très homogène la masse de caoutchouc.

———

Le travail avec les cylindres est plus rapide et beaucoup mieux fait que par le diable, qui, ainsi qu'on l'a vu, a le grave inconvénient de produire une élévation de température souvent considérable, même au centre des pains, et toujours plus ou moins préjudiciable à la qualité de la matière. En outre, comme le travail se fait à découvert, il est infiniment plus facile à diriger. Enfin, comme le produit final est une espèce de plaque peu épaisse, on comprend que la température y est toujours égale dans toutes ses parties et qu'on n'a plus à craindre qu'elle ne s'accumule au centre de la masse.

§ 2. — BLOCAGE.

Les loups livrent le caoutchouc sous forme de rouleaux cylindriques, terminés à chaque extrémité par une calotte pointue (figures 36 et 37. pl. II) ; les cylindres sous celle de galettes ou mieux de plaques peu épaisses. Pour approprier ces rouleaux ou ces galettes aux emplois ultérieurs, il est nécessaire de les transformer en *pains* ou *blocs*, de faire ce qu'on appelle du *caoutchouc bloqué*. Il y a des *blocs cubiques* et des *blocs cylindriques*.

1. — Blocs cubiques.

Pour obtenir le caoutchouc en blocs cubiques, on commence par mettre les rouleaux à l'étuve de manière à les chauffer à 45 degrés dans toute leur masse. Cela fait, on les passe une ou plusieurs fois entre des cylindres disposés comme ceux du déchiqueteur, sauf qu'ils sont creux, chauffés intérieurement à 40 degrés par un courant de vapeur, et écartés de 2 à 4 centimètres. On obtient ainsi des lames ou galettes d'une épaisseur égale à l'écartement des cylindres. Prenant alors un certain nombre de ces galettes, six ou huit par exemple, on les superpose, pendant qu'elles sont encore chaudes et adhésives, dans des moules (figure 14. pl. I), qu'on place ensuite sur le plateau d'une presse hydraulique, et l'on soumet le tout à une très forte pression, que l'on maintient plusieurs jours, ordinairement dix ou huit.

Par la pression, les lames se soudent entre elles et le refroidissement les maintient dans la forme qu'elles ont prise. Elles se convertissent ainsi en un bloc prismatique rectangulaire, ayant en épaisseur environ le quart de sa longueur. Les blocs ainsi préparés sont portés dans une cave ou dans tout autre endroit frais, et on les laisse en repos le plus longtemps possible, quatre mois au moins et souvent plus d'une année. « De ce long repos dépend le plus ou moins de qualité et d'homogénéité que le caoutchouc aura par la suite. En effet, l'on conçoit facilement, dit M. G. Gérard, que dans l'agglomération d'une certaine quantité de morceaux de caoutchouc, les uns sont plus coriaces, les autres plus mous. Si, aussitôt après la réunion de tous ces morceaux, on venait à couper une feuille mince au sein de la masse, on verrait cette feuille se contracter dans certains endroits, prendre de l'épaisseur dans d'autres, et enfin se gondoler. En laissant pendant un temps considérable la masse au repos, il y a échange entre toutes ses parties, et, au bout d'un long temps, elles arrivent à l'équilibre. L'on pourrait, il est vrai, par un travail prolongé du caoutchouc, soit dans le diable, soit dans les cylindres, arriver à mélanger assez complètement toutes les parties, mais ce serait au détriment de la qualité, car ce travail échauffe considérablement le caoutchouc, qui devient, par cela même, de plus en plus visqueux. »

2. — Blocs cylindriques.

C'est à M. Guibal qu'est due, du moins en France, la transformation des rouleaux en blocs cylindriques. Pour l'effectuer, on les introduit dans des moules en fonte (figure 15, pl. I) extrêmement forts et tournés intérieurement, au moment où ils sont encore amollis par la chaleur acquise dans les pétrisseurs.

Les moules ont 30 centimètres environ de diamètre et 40 à 50 centimètres de hauteur. Ils sont dans une position verticale. Aussitôt que chacun d'eux a reçu sa charge, on pose sur celle-ci un piston métallique, qu'une puissante presse hydraulique fait enfoncer.

Quand la pression a fait prendre au rouleau la forme cylindrique, on maintient cette pression à l'aide d'un étrier et de clavettes qui empêchent le piston de se déranger, et on laisse le tout en repos pendant vingt-quatre heures au moins, temps nécessaire pour que le rouleau, en se refroidissant, puisse conserver la forme qu'il a reçue. Quant à la presse, on peut l'employer au travail d'un second rouleau aussitôt que le piston du premier moule a été arrêté.

CHAPITRE III

Usages, Matières accessoires, Coloration.

On sait que pendant longtemps le caoutchouc a uniquement servi à effacer le crayon de plombagine sur le papier et à faire des balles à jouer. Ses usages sont aujourd'hui très multipliés; néanmoins, ils n'ont pris un développement considérable que depuis la découverte de la vulcanisation. A partir de ce moment, les applications de cette précieuse matière ont constitué deux catégories distinctes, les unes faites avec le *caoutchouc ordinaire*, que l'on appelle aussi *caoutchouc naturel* ou *caoutchouc normal*; les autres avec le *caoutchouc vulcanisé*. Celles-ci se divisant à leur tour en deux sections particulières suivant que le caoutchouc employé a été simplement vulcanisé ou qu'il a été durci. Il ne sera question ici que des premières.

§ 1. — USAGES.

Le *caoutchouc ordinaire*, ou *caoutchouc souple*, s'emploie, soit à l'état solide, soit en pâte, soit en dissolution. Voici quelles en sont les applications principales.

1º *Caoutchouc solide :*

Feuilles de différentes épaisseurs pour ustensiles de chirurgie, fils, tubes, lanières, vases, chaussures, tissus imperméables, pâtes, solutions, ballons creux, etc.;

Prismes rectangulaires pour effacer le crayon;

Balles pleines, tantôt nues, tantôt recouvertes de laine tontisse;

2º *Caoutchouc en pâte :*

Colles pour remplacer les colles usuelles dans l'ébénisterie, la reliure, la fabrication des fleurs artificielles, des instruments de musique en bois, des objets de tabletterie, etc. ;

3º *Caoutchouc en dissolution* :

Luts et emplâtres adhésifs ;

Mastics souples pour clore différents vases, faire des soudures et des collages, etc.;

Enduits pour adoucir le frottement des machines ;

Etoffes imperméables ;

Feuilles, plaques et fils.

§ 2. — MATIÈRES ACCESSOIRES.

Dans un grand nombre de ses applications, on ajoute au caoutchouc des matières étrangères, soit de nature minérale, soit de nature organique, telles que la craie, la chaux, divers sulfates, la sciure fine, la farine de liège, la bourre de soie, les étoupes, etc. Le but de ces additions varie suivant la destination des objets qu'on veut produire. Nous en parlerons avec tous les détails nécessaires aux chapitres consacrés au caoutchouc vulcanisé et à la gutta-percha, parce que c'est dans le travail de ces substances qu'elles ont aujourd'hui leur place principale. Nous dirons seulement qu'en général ces matières sont incorporées au caoutchouc à l'aide d'un *mélangeur*. On appelle ainsi un outil en tout semblable au déchiqueteur à cylindres, à cette différence près que ces derniers sont creux et chauffés par une injection de vapeur.

Les cylindres ont généralement 0^{m}32 de diamètre et leur table est longue d'environ 0^{m}90.

Le caoutchouc est livré au mélangeur au sortir du pétrisseur. Par suite de l'action combinée de la chaleur et de celle des cylindres, il se trouve mollement étiré et supporte une espèce de broyage qui le ramollit légèrement. On profite de ce ramollissement pour jeter les matières sur le caoutchouc pendant qu'il tourne dans les cylindres, et l'incorporation se fait très rapidement et d'une façon très égale.

§ 3. — COLORATION ET TEINTURE.

Dans plusieurs des applications qui précèdent, on communique souvent au caoutchouc des teintes artificielles afin d'en varier l'aspect ou de produire des effets plus ou moins artistiques. On obtient ce résultat de deux manières, tantôt en mélangeant au caoutchouc en pâte ou en dissolution des matières minérales réduites en poudre impalpable, soit en le traitant par les procédés de la teinture.

Les poudres employées le plus fréquemment sont les suivantes :

Le vermillon, le minium, la mine orange, pour les rouges ;

L'outremer artificiel, le bleu de Prusse, pour les bleus ;

Le blanc de zinc, le blanc d'argent, pour les blancs ;

Le vert Guignet, le vert de chrome, le vert de Scheele, le vert de Brunswick, le vert de Schweinfurth, le vert métis, l'acétate de cuivre, pour les verts ;

L'ocre jaune, le jaune de chrome, l'oxyde d'uranium, le chromate de zinc, appelé vulgairement *jaune bouton d'or*, pour les jaunes ;

Le noir d'ivoire, le noir d'os, le noir de fumée, pour les noirs ;

L'orangé de mars, pour le rouge orangé.

Jusqu'à présent, la teinture proprement dite du caoutchouc n'a guère été réalisée d'une manière satisfaisante qu'au moyen de l'orcanette et des couleurs d'aniline. Il faut, en effet, opérer sur des substances solubles dans l'un des véhicules qui dissolvent le caoutchouc, et ces substances ne sont pas communes.

Pour atténuer ces inconvénients, Lightfood a proposé de teindre le caoutchouc en le recouvrant préalablement d'une couche de gélatine qui remplirait le rôle de mordant.

Dans l'un de ses brevets, Parkes parle ainsi de la teinture du caoutchouc :

« Pour teindre en noir le caoutchouc, ou la gutta-percha, ou leurs composés, on les fait chauffer pendant un quart-d'heure ou une demi-heure dans la préparation suivante : 500 grammes de sulfate de cuivre qu'on dissout dans 4 à 5 litres d'eau, 500 grammes d'ammoniaque caustique ou de chlorhydrate de cette même base : ou bien, on les fait bouillir dans 500 grammes de sulfate acide ou bisulfate de potasse et 250 grammes de sulfate de cuivre dissous dans la même quantité d'eau.

« Pour teindre ces mêmes substances en vert, on prend 500 grammes de chlorhydrate d'ammoniaque, 540 grammes de sulfate de cuivre, 1 kilog. de chaux caustique et 4 à 5 litres d'eau, et on fait bouillir d'un quart d'heure à une demi-heure.

« On obtient une autre teinture produisant une nuance pourpre, en se servant de 250 grammes de sulfate acide ou bisulfate de potasse, 125 grammes de sulfate de cuivre et 125 grammes de sulfate d'indigo ; et on fait bouillir le caoutchouc ou la gutta-percha de un quart-d'heure à une demi-heure. L'intensité des nuances peut varier suivant la proportion des ingrédients employés. »

Un autre industriel anglais indique les formules suivantes :

« Pour teindre en noir le caoutchouc, on le fait bouillir pendant un quart-d'heure ou une demi-heure dans le bain qui suit :

Sulfate de cuivre..........	500 gram.
Sel ammoniac ou ammoniaque.................	500 —

| Chaux caustique | 500 gram. |
| Eau | 5 kil. |

« On peut encore prendre :

Sulfate de potasse neutre ou acide	500 gram.
Sulfate de cuivre	250 —
Eau	5 kil.

« Pour vert, on fait bouillir le caoutchouc pendant un quart-d'heure ou une demi-heure dans un bain composé de :

Sel ammoniac	500 gram.
Sulfate de cuivre	250 —
Chaux vive	1 kil.
Eau	5 kil.

« Pour lilas :

Sulfate de potasse neutre ou acide	500 gram.
Sulfate de cuivre	125 —
Sulfate d'indigo	125 —
Eau	quantité suffis.

« Faire bouillir pendant un quart-d'heure ou une demi-heure. »

Quel que soit le procédé qu'on emploie, il faut bien se garder de se servir de couleurs vénéneuses pour les objets destinés à être fréquemment maniés, comme les jouets d'enfants par exemple, ou à être mis en contact avec nos organes respiratoires. Telles sont celles dans la composition desquelles il entre du cuivre, du plomb, du mercure ou de l'arsenic, et au premier rang desquelles se placent le minium, le vermillon et la mine orange, pour les rouges ; le chromate de plomb, pour les jaunes ; le vert de Scheele et le vert de Schweinfurt, pour les verts, etc. Dans ce cas, il est absolument indispensable de se servir de couleurs inoffensives, telles que les suivantes :

Couleurs bleues : indigo, outremer artificiel ou bleu Guimet;

Couleurs blanches : blanc de zinc exempt d'arsenic;

Couleurs rouges : cochenille, carmin, laque carminée, laque du Brésil, orseille;

Couleurs jaunes : graines de Perse, graines d'Avignon, quercitron, curcuma, fustet, laques de ces diverses substances, ocre jaune, chromate de zinc, chromate de magnésie;

Couleurs vertes : vert Guignet, mélange des couleurs ci-dessus jaunes et bleues;

Couleurs noires : les divers charbons énumérés plus haut;

Couleurs lilas : mélanges de cochenille et d'outremer.

Couleurs brunes : terre de Sienne, noir de fumée.

Citons encore les *laques d'éosine*. Comme on sait, ces belles matières résultent de la combinaison de l'éosine avec l'oxyde de zinc. Additionnées de chromate de zinc en différentes proportions, elles donnent des couleurs franches pouvant remplacer le minium et le jaune de chrome. Enfin, avec l'outremer, elles fournissent des violets plus ou moins intenses. Toutes ces couleurs résistent parfaitement à l'action de la lumière, ainsi qu'à l'action de la chaleur. On peut les incorporer dans la pâte du caoutchouc puis soumettre celle-ci à la température nécessaire pour la vulcanisation, sans qu'elles éprouvent la moindre altération.

CHAPITRE IV

Préparation des dissolutions.

NOTIONS PRÉLIMINAIRES

Quand on plonge un morceau de caoutchouc dans un dissolvant approprié, une huile essentielle par exemple, il ne fait d'abord que s'en charger à la manière d'une éponge. A mesure qu'il l'absorbe, ses pores se distendent, il augmente de volume, se ramollit, devient de plus en plus pâteux, et ce n'est qu'au bout d'un temps assez long que la dissolution réelle se produit. C'est sur ce principe que repose la fabrication des pâtes plus ou moins épaisses et des solutions plus ou moins liquides dont le caoutchouc est la matière première, et qui servent, suivant leur nature ou leur qualité, à imperméabiliser les étoffes, à soustraire les murs et les bois à l'action de l'humidité, à faire des feuilles, des plaques et des fils, à exécuter des soudures et des collages, etc.

§ 1. — DISSOLVANTS.

Nous avons énuméré ailleurs (p. 42-44), les principaux dissolvants du caoutchouc. Le nombre de ceux qu'on pourrait employer est grand, mais petit le nombre de ceux qu'on emploie réellement.

Le dissolvant le plus en usage est l'huile légère de houille, plus connue sous le nom vulgaire de *benzine*. On sait qu'elle est un produit secondaire de la fabrication du gaz d'éclairage. La préférence qu'on lui donne vient de son bas prix.

Au lieu de benzine, on emploie assez souvent *l'essence de térébenthine* et le *sulfure de carbone*.

Quel que soit le dissolvant choisi, il est indispensable qu'il s'évapore le plus promptement possible. Autrement le caoutchouc resterait gras et poisseux, après son évaporation. C'est là précisément le défaut qu'on reproche à l'essence de térébenthine et à la benzine quand elles n'ont pas été bien rectifiées. Aussi la purification soignée de ces matières est-elle une nécessité. Toutefois, quand les corps étrangers s'y trouvent en proportion très minime, leur présence n'a pas, dans la pratique, un inconvénient appréciable.

Le sulfure de carbone n'a pas les inconvénients de l'essence de térébenthine et de la benzine. Il s'évapore toujours complètement et ne nuit jamais à la qualité du caoutchouc. Toutefois, sa grande volatilité le rend plus dangereux à manier.

Le chloroforme et l'éther se comportent absolument comme le sulfure de carbone; mais leur prix, qui est relativement élevé, en fait restreindre beaucoup l'emploi.

L'alcool exerce sur les dissolutions du caoutchouc une action très remarquable, sur laquelle M. G. Gérard a le premier attiré l'attention, et dont il a tiré parti pour créer un procédé qui est aujourd'hui suivi dans toutes les bonnes fabriques. Nous décrirons plus loin ce procédé. Pour le moment, il nous suffira de dire qu'il consiste essentiellement à ajouter une certaine quantité d'alcool au dissolvant, et qu'il rend les dissolutions plus promptes, ni filantes, ni gluantes, et qu'il consomme moins de dissolvant.

Nous savons que le plus rapide et le plus parfait de tous les dissolvants du caoutchouc est un mélange de 100 parties de sulfure de carbone et de 5 parties d'alcool absolu. Avec lui on obtient une dissolution limpide comme de l'eau, qui peut se filtrer à travers une mousseline claire, et qui, étendue sur une glace, donne, par son évaporation, une feuille d'une pureté et d'une finesse excessives.

§ 2. — PURIFICATION DES DISSOLVANTS.

Quelques mots maintenant sur la purification et la désinfection des dissolvants employés.

1. — Sulfure de carbone.

Le sulfure de carbone exhale une odeur fétide, analogue à celle des choux pourris. On peut l'en débarrasser, sinon complétement, du moins en très grande partie. Plusieurs procédés ont été proposés pour cela ; nous allons en indiquer quelques-uns.

1° En agitant le sulfure avec une solution d'oxyde d'hydrate de plomb, décantant et redistillant ensuite au bain-marie, on lui enlève la partie la plus repoussante de son odeur (Payen).

2° On épure mieux le sulfure redistillé en l'agitant avec une petite quantité (1 pour 100) de bichlorure de mercure (sublimé corrosif) en poudre fine, laissant reposer, agitant de nouveau pendant plusieurs jours, puis distillant lentement au bain-marie (Cloez).

3° On obtient encore un meilleur résultat avec le procédé précédent, en mêlant au deutochlorure un tiers en volume d'huile d'amandes douces. Le sulfure qui distille possède alors une agréable odeur éthérée (Id.).

4° Pour purifier le sulfure de carbone, on commence par le distiller une fois, puis on l'agite avec du mercure propre jusqu'à ce qu'il ne noircisse plus la surface brillante du mercure. Cette opération doit se faire sur d'assez petites quantités de matières à la fois, afin que l'agitation soit plus facile et la division des liquides plus grande.

On prend un flacon de 500 centimètres cubes, dans lequel on met 500 grammes de sulfure de carbone et 500 grammes environ de mercure bien propre. On agite quelque temps le flacon; il se forme bientôt du sulfure de mercure, qu'il est facile de séparer par la filtration. Quant au mercure, on le filtre sur un entonnoir effilé. On remet de nouveau les deux liquides dans le flacon, et on recommence l'agitation jusqu'à ce que la surface brillante du mercure ne soit plus ternie. A cet état de pureté, le sulfure de carbone a complétement perdu l'odeur fétide qu'on lui assigne habituellement, il prend l'odeur de l'éther pur. Il peut également, dans cet état de pureté, rester indéfiniment en contact avec le mercure sans s'altérer.

Le mercure peut déceler dans du sulfure de carbone des quantités de soufre aussi petites que l'on voudra. En effet, si dans 1 kilogramme de sulfure de carbone pur en contact avec du mercure dont la surface soit bien brillante, on vient à laisser tomber un fragment de soufre octaédrique, pesant aussi peu qu'on voudra, immédiatement après une faible agitation, la surface du mercure noircira. (Sidot).

5° On purifie le sulfure de carbone par une distillation ménagée dans un alambic contenant une solution de chlorure de chaux. Lorsqu'on le traite de cette manière, l'infection disparaît et le produit n'affecte l'odorat d'aucune façon désagréable. L'odeur éthérée est douce et suave ; elle se rapproche de celle du chloroforme. Dans ce traitement, le liquide conserve toutes ses propriétés physiques et chimiques, et il acquiert le plus haut degré de pureté. L'on peut substituer à la chaux d'autres alcalis, des oxydes tels que la litharge; on peut aussi la remplacer par des métaux, cuivre, fer, zinc, etc. Ainsi désinfecté, le sulfure ne peut être conservé longtemps sans altération. Il jaunit, contracte de nouveau une odeur infecte, et abandonne un résidu dans un second traitement. Pour le conserver, on doit introduire de la tournure de cuivre dans le flacon qui le contient. (Milon).

2. — Benzine.

Pour enlever à la benzine sa mauvaise odeur, il suffit de la traiter par l'acide sulfurique de la même manière que l'on traite l'alcool pour obtenir l'éther. En conséquence, on fait tomber goutte à goutte de la benzine impure sur l'acide sulfurique chauffé à 150 degrés dans un ballon de verre muni d'un tube abducteur qui conduit la benzine en vapeur dans un récipient refroidi.

Dans cette opération, la benzine se dépouille du goudron qui la colore et acquiert l'odeur de pomme de rainette.

3. — Essence de térébenthine.

L'essence de térébenthine de Bordeaux est la plus estimée, parce qu'elle est la moins résineuse. En Allemagne, on y ajoute deux parties d'eau ; et, pour 200 kilog. d'huile, on prend 1 kilog. de potasse et 1 kilog. de chaux nouvellement brûlée. La chaux doit être auparavant détrempée jusqu'à ce qu'elle ressemble au lait, et on y fait dissoudre la potasse avant de la mêler à l'huile de térébenthine. La chaudière est remplie jusqu'aux 7/8 de sa capacité, et on fait la distillation à une température aussi basse que possible. Après quelque repos, on prend l'huile qui surnage, et cette huile est employée de préférence pour la distillation du caoutchouc.

§ 3. — PRÉPARATION DES DISSOLUTIONS.

Pour préparer les dissolutions, on se sert des feuilles ou toiles qu'on obtient dans le travail du caoutchouc régénéré (page 53). On y ajoute les divers déchets de la fabrication.

1º Procédé général.

Les matières sont d'abord réduites en très petits fragments, après quoi on les introduit dans un vase et l'on verse dessus le dissolvant. Si l'on emploie l'essence de térébenthine ou la benzine, on les prend dans la proportion de 1/2 à 5 pour 100 du poids du caoutchouc, suivant le degré de fluidité qu'on veut donner à la dissolution. Si c'est le sulfure de carbone, on ne s'écarte guère des proportions indiquées ci-dessus, c'est-à-dire 1 partie de caoutchouc et 30 parties de sulfure, celui-ci additionné de 5 pour 100 d'alcool absolu.

Le dissolvant versé, on ferme hermétiquement le vase, et on laisse en repos. On attend rarement que le caoutchouc soit réellement dissous. Il suffit le plus souvent qu'il forme une pâte suffisamment gluante, ce qui arrive au bout de 24 à 48 heures, selon la nature du caoutchouc.

Quand les matières sont dans cet état, on les broye avec soin afin de rendre toute leur masse parfaitement homogène. Quelquefois cependant, avant de les soumettre à cette opération, on les force à traverser une toile métallique, dont les mailles arrêtent les impuretés qui auraient échappé au nettoyage et, en même temps, en divisant les grumeaux, les rend plus faciles à malaxer.

Il existe beaucoup de broyeuses. Celle de M. Peroncel (figure 2, pl. I), se compose d'une grande bâche en tôle AB, dans laquelle on peut faire arriver un courant de vapeur, et dont la partie supérieure est disposée de façon à former cinq profondes cannelures. (On en a supprimé deux dans le dessin, faute de place pour les représenter toutes). Des cylindres en fonte massive, longs de 40 centimètres et ayant un diamètre de 12 centimètres, sont placés à la file, un dans chaque cannelure, sur une même ligne horizontale. Ils tournent tous dans le même sens, et, près de la partie supérieure, du côté opposé à la direction du mouvement, chacun est muni d'une lame d'acier e, tangente à leur surface, qui joue le même rôle que le docteur des machines à imprimer les étoffes.

Quand la machine est en marche, la pâte de caoutchouc arrive par une extrémité C, passe entre le premier cylindre et sa cuvette, où elle est malaxée une première fois. Continuant ensuite sa marche, elle est arrêtée par la lame d'acier, qui la détache et la fait se rendre dans la deuxième cuvette et sous le deuxième cylindre, où a lieu un autre malaxage. Elle parcourt ainsi successivement les cinq cuvettes, se broie de plus en plus à mesure qu'elle approche de la fin de sa course, et enfin elle arrive, travaillée au point convenable, sur un plan incliné x, qui la dirige dans une caisse r servant de récipient.

Le broyeur Peroncel procure un excellent broyage. Le seul reproche qu'on lui adresse, c'est d'occasionner beaucoup de frottement et, par suite, d'exiger une force mécanique très considérable. Aussi lui préfère-t-on généralement les appareils à deux ou trois cylindres tangents, tels que ceux d'Hermann, qui, tout en travaillant aussi bien, donnent, dans le même temps, et avec une force moindre, près de dix fois autant de produit. Ces appareils sont disposés comme les mélangeurs (page 68), et fonctionnent de la même manière.

2° — Procédés divers.

A. — *Procédé G. Gérard.*

Ce qui suit est extrait textuellement d'un mémoire de l'inventeur. Nous avons indiqué ci-dessus le principe du procédé.

« Les dissolutions de caoutchouc, soit épaisses, soit coulantes qu'on faisait autrefois, possédaient en général une grande cohérence et une grande viscosité.

« Quel que fût le dissolvant employé, le caoutchouc se gonflait beaucoup, et la dissolution ne commençait qu'après que le gonflement s'était opéré. C'est ce qui exigeait une quantité considérable de dissolvant.

« Pour parer à ces inconvénients, et pour obtenir néanmoins une dissolution épaisse, on fit d'abord gonfler le caoutchouc ; puis on le comprima avec des rouleaux. Malgré cela, la dissolution obtenue possédait encore une viscosité considérable.

« Pour prévenir cet inconvénient, il faut recourir au procédé suivant, qui permet d'obtenir des dissolutions aussi épaisses qu'on peut le désirer, sans qu'elles possèdent l'élasticité des précédentes, et quand le dissolvant est évaporé, le caoutchouc se réunit en pâte, et acquiert de nouveau toutes les propriétés qu'il avait à l'origine.

« Quel que soit le dissolvant, on y ajoute une certaine quantité d'alcool, et ensuite, on fait macérer le caoutchouc dans ce liquide : le caoutchouc se dilate peu, et au bout de vingt-quatre heures, il se trouve sous la forme d'une pâte qui se prête aux opérations ordinaires.

« Les dissolvants à employer peuvent être le sulfure de carbone, le chloroforme, l'éther sulfurique, le naphte, les huiles de naphte éthérées, l'essence de térébenthine que l'on additionne de 5 à 5,50 pour 100 d'alcool. Suivant la consistance que l'on veut donner à la dissolution, on traite le caoutchouc par son poids de dissolvant alcoolique, et on peut même aller jusqu'à 30 parties de dissolvant pour une de caoutchouc.

« Au bout d'un ou deux jours, on introduit la pâte dans le pétrissoir à chaud quand on veut obtenir une dissolution homogène, ou quand la pâte a été obtenue avec de petites quantités de dissolvant. Dans le cas contraire, il est inutile de chauffer.

« En résumé, le procédé consiste dans l'addition de l'alcool aux dissolvants divers. On sait que l'alcool possède la propriété de précipiter le caoutchouc de ses dissolutions. En faisant pénétrer, au moyen d'un dissolvant, l'alcool dans les parties intérieures du caoutchouc, on sépare les molécules qui constituent sa masse et on les maintient séparées à l'aide de la pression. Elles ne se réunissent de nouveau qu'après que le dissolvant et l'alcool se sont évaporés.

« Les alcools qu'on peut mélanger avantageusement aux dissolvants sont l'esprit de bois, l'huile de pommes de terre et beaucoup d'autres liquides du genre alcool susceptibles de précipiter le caoutchouc de ses solutions, et qui par elles-mêmes ne le dissolvent pas; mais qui, en s'interposant entre ses molécules, au moyen des dissolvants, les désunissent et détruisent leur adhérence, soit en combinant ces liquides avec les dissolvants, soit en les faisant agir seuls et par eux-mêmes. »

B. — *Procédé Fr. et Ch. Hurtzig.*

Ce procédé a spécialement pour objet la production de masses blanches pour la confection d'objets blanchâtres.

« La matière brute est découpée en petits morceaux ou déchirée, et après un lavage à l'eau, dissoute par l'un des dissolvants connus, tels que le chloroforme, le bisulfure de carbone ou le benzole.

« Pour fabriquer des produits blancs, on recommande surtout l'emploi du chloroforme comme dissolvant, parce qu'il permet d'utiliser constamment de nouveau celui qui a déjà servi.

« La dissolution s'opère dans un vase fermant hermétiquement, en agitant constamment la masse dans laquelle, après qu'elle est complétement dissoute, on fait, par un tube qui débouche sur le fond du vase, passer un courant de chlore, jusqu'à ce que la masse soit parfaitement pénétrée par ce gaz et présente une couleur jaune claire uniforme. Dès qu'on a atteint cette couleur claire dans toute la masse, on interrompt l'écoulement du gaz. Celui qui s'échappe dans le haut est conduit par un tube dans un autre vase où on le combine à de la chaux.

« La masse parfaitement chlorurée est transportée du vase à dissolution dans un autre où on la lave avec de l'alcool, en l'agitant, la pétrissant, l'étirant constamment. En cet état, elle forme une masse compacte, légère et blanche.

« On obtient le même résultat, mais au bout de bien plus de temps, quand on ne coupe pas la matière brute, mais qu'on la lave, la fait sécher, la lamine entre des cylindres en fer chauffés, puis qu'on la transporte ainsi préparée dans un récipient rempli d'eau dans lequel, après avoir fermé celui-ci hermétiquement, on fait arriver un courant de chlore gazeux jusqu'à ce que la masse en soit saturée. On la laisse dans ce récipient jusqu'à ce qu'elle prenne une couleur blanchâtre, puis on l'en retire, on la fait sécher et on la travaille de même que le premier produit. »

C. — *Procédé Humfrey*.

Dans ce procédé, on emploie le pétrole pour dissolvant.

« On a tenté plusieurs fois, mais sans succès, de dissoudre le caoutchouc dans le pétrole rectifié ; le caoutchouc s'y dissout, il est vrai, avec facilité, mais, quand on fait évaporer la solution, le dépôt ou résidu reste poisseux, l'élasticité de la gomme est détruite et, sous d'autres rapports, impropre à des applications. Pour réussir dans cette solution, il faut opérer ainsi qu'il suit :

« Le premier point est d'obtenir un pétrole rectifié anhydre, et c'est à quoi on parvient aisément et économiquement par le procédé suivant. Le pétrole rectifié du commerce, d'un poids spécifique d'environ 0,725, bien débarrassé d'huile d'éclairage, et qu'on peut se procurer aisément, est propre à cet objet. Dans un vase en fer fermant bien et pourvu d'un agitateur, on verse d'abord 450 à 500 litres de pétrole rectifié, puis 45 ou 50 litres d'acide sulfurique concentré du poids spécifique de 1,840 au moins, et on met le tout dans une violente agitation. On laisse reposer le mélange peu de temps et on soutire l'acide par un robinet sur le fond du vase. Alors on ajoute environ la même quantité d'acide sulfurique concentré, et on répète l'opération. Le pétrole dont tout l'acide s'est à peu près déposé est décanté, en l'exposant, aussi peu qu'il est possible, à l'air, surtout à l'air humide, dans un autre vase clos pourvu également d'un agitateur; l'on y ajoute encore 1^{kil}. à 1^{kil}. 50 de protoxyde de plomb et 0^{kil}.500 de peroxyde de manganèse réduits en poudre fine, et on agite de nouveau. Ainsi traité, le pétrole est prêt à servir; il s'éclaircit en quelques heures.

« Ou bien, après avoir introduit le pétrole rectifié dans un vase clos en fer avec agitateur, on y ajoute, par 500 litres, 12 à 13 kil. de chlorure de calcium réduit en poudre fine et récemment calciné, puis on agite vivement. Après que le liquide s'est éclairci, on le décante dans un autre vase où on le traite une seconde fois par le chlorure de calcium calciné, et enfin on le distille sur ce chlorure.

Ce dernier procédé exige plus de temps, plusieurs jours au moins. Le premier est préférable sous le rapport de la célérité.

« Le second point consiste à obtenir un caoutchouc exempt d'eau adhérente ou combinée, et c'est à quoi l'on parvient en découpant la gomme en lanières minces et l'exposant à la dessiccation dans une atmosphère chauffée.

« Une fois en possession d'un pétrole et d'un caoutchouc anhydres, on les fait digérer ensemble dans un vase clos avec agitation, et on se procure ainsi une solution de tel degré de force qu'on désire ; seulement il faut faire attention de ne pas exposer cette solution à l'air, surtout à l'air humide.

« Ce procédé s'applique au pétrole rectifié de Pensylvanie et de Valachie, qui paraissent les plus convenables pour cet objet ; mais les huiles rectifiées de houille et de schiste peuvent également être employées. »

CHAPITRE V

Fabrication des feuilles de Caoutchouc.

NOTIONS PRÉLIMINAIRES

C'est avec des feuilles d'épaisseur variable que se confectionnent la plus grande partie des objets en caoutchouc. La fabrication de ces produits est aisée à comprendre. Suivant le procédé employé, on les divise en trois catégories, en *feuilles sciées*, en *feuilles laminées* ou *étirées*, et en *feuilles relevées*.

§ 1. — FEUILLES SCIÉES.

Les FEUILLES SCIÉES portent également le nom de FEUILLES ANGLAISES. Elles se font mécaniquement avec le caoutchouc *bloqué*, c'est-à-dire régénéré et converti en blocs ; mais on emploie tantôt les *blocs cubiques,* dits aussi *rectangulaires,* et tantôt les *blocs cylindriques.* Dans tous les cas, si le bloc est préparé depuis longtemps, comme c'est l'ordinaire, on commence toujours par le faire *dégeler*, en d'autres termes, par le ramollir un peu, et l'on obtient le résultat voulu en le maintenant, pendant une heure ou deux, dans l'eau chaude ou dans une étuve.

1. — Cas des blocs cubiques.

Pour débiter en feuilles les blocs cubiques, on se sert d'un appareil composé d'un plateau auquel des organes appropriés communiquent un mouvement régulier d'arrière en avant et *vice-versa*, et d'une lame d'acier très coupante, qui, animée d'un mouvement rapide de va-et-vient, exécute de 600 à 800 battements par minute, et sur le tranchant de laquelle on fait constamment tomber un filet d'eau froide. Assez souvent, la lame d'acier est remplacée par un disque tournant de même métal posé verticalement.

Le bloc étant fixé sur le plateau de l'appareil, on met ce dernier en rapport avec le moteur de l'atelier. Le plateau s'avance aussitôt et présente le bloc au couteau qui en enlève une tranche. Quand toute la longueur du bloc a été ainsi parcourue par le couteau, on ramène le plateau à son point de départ, et, au moyen de vis on l'élève plus ou moins suivant l'épaisseur des feuilles qu'on veut obtenir, puis on fait de nouveau fonctionner le couteau, qui donne une seconde section. On continue de la même manière jusqu'à ce que le bloc entier se trouve divisé. On se procure ainsi des feuilles d'une régularité parfaite, et dont on peut varier l'épaisseur à volonté.

On peut obtenir directement des feuilles d'une

grande longueur avec les blocs cubiques. Il suffit pour cela de souder bout à bout autant de ces pains que le chariot peut en contenir.

Pour opérer cette soudure, on tranche bien net les extrémités de chaque pain, on enduit la coupure fraîche d'une dissolution de caoutchouc préparée avec la benzine, puis on applique l'une sur l'autre les parties enduites et on les tient en contact, pendant plusieurs heures, avec une pression suffisante. Après ce temps, le dissolvant se trouve absorbé par les deux masses contiguës, et la jonction est parfaite comme dans une soudure autogène. Il n'y a plus alors qu'à livrer les blocs au couteau, qui les découpe sans difficulté.

On empêche les feuilles récemment sciées d'adhérer entre elles en les mouillant légèrement avec une eau contenant une très faible quantité de savon, ou de potasse, ou de soude, ou de quelque sel métallique. Le talc, la plombagine et autres substances analogues, en poudre impalpable, produisent le même effet, mais on leur reproche d'ôter la transparence aux feuilles et, par suite, de les rendre impropres à certaines applications.

2. — Cas des blocs cylindriques.

Les feuilles sciées provenant des blocs cylindriques sont une invention de M. Guibal. L'instrument qui sert à les produire consiste, comme celui déjà décrit, en une lame rectiligne, très coupante et constamment arrosée par un filet d'eau, mais la section a lieu suivant une spirale et les blocs tournent suivant leur axe, avec une vitesse uniforme égale à celle de la portion de matière que le couteau enlève.

Lors donc qu'un bloc est livré à la machine, il tourne au devant du couteau, et les choses sont disposées de telle sorte qu'il s'avance à mesure que ce dernier en détache une certaine épaisseur; en même temps, sa vitesse de rotation augmente à mesure que son diamètre diminue, afin que les rayures légèrement marquées par le passage du couteau soient équidistantes, c'est-à-dire pas plus éloignées à la fin qu'au commencement de l'opération.

Au lieu d'une lame rectiligne, l'outil tranchant a souvent la forme d'un disque, et les choses sont disposées de telle sorte que le bloc est débité de manière à fournir une feuille continue. C'est cette disposition que représente la figure 20 de la planche I, où A est le bloc de caoutchouc et B le disque.

Observations.

Les feuilles sciées se réunissent bout à bout avec la plus grande facilité, ce qui permet de les transformer en tubes ou autres objets creux. Il suffit pour cela, comme nous l'expliquerons plus loin, de couper nettement les bords qui doivent être en contact, puis de les appliquer l'un sur l'autre et de les maintenir en place, pendant quelque temps, au moyen d'une forte pression.

§ 2. — FEUILLES LAMINÉES OU *en caoutchouc étiré*.

Comme leur nom l'indique, les *feuilles laminées* se produisent au moyen du laminage. On les dit aussi en *caoutchouc étiré*. Le travail se fait à chaud et d'après plusieurs procédés. Anciennement, on ajoutait au caoutchouc de la craie, de l'oxyde de plomb ou quelque autre corps analogue, afin de lui enlever son élasticité et de faciliter son passage au laminoir. Les moyens actuels de travail rendent ces additions inutiles.

1. — Procédé ordinaire.

Tantôt on emploie les galettes fournies par le pétrisseur à cylindres, tantôt un rouleau préparé au loup. Dans ce dernier cas, on aplatit le rouleau sous la presse hydraulique, ou bien on se contente de le couper en deux dans le sens de l'axe. Quelle que soit la forme de la matière, on la met à l'étuve pour la ramollir, puis on la passe à plusieurs reprises entre les cylindres d'un laminoir.

Les cylindres de ce laminoir (figure 9, pl. I), sont creux et presque toujours d'acier. Pendant toute la durée de l'opération, on en maintient la température à 80 degrés environ, en y faisant passer un courant de vapeur à l'aide de tuyaux *aa* en communication avec un générateur. En outre, à chaque passage, on les rapproche très graduellement en agissant sur les vis de serrage.

En ayant soin d'ajouter de la matière au devant du laminoir au moment où la précédente touche à sa fin, on peut obtenir une feuille d'une longueur indéfinie.

En sortant du laminoir les feuilles sont molles et fortement collantes. Ainsi qu'on le verra ailleurs, on peut les employer immédiatement, dans cet état, pour imperméabiliser des étoffes. Si, au contraire, on veut les avoir isolément afin de les appliquer à d'autres usages, on les reçoit sur une toile sans fin qui les dirige sur un dévidoir; mais, il faut avoir soin, pour qu'elles ne puissent adhérer entre elles, de les saupoudrer sur les deux faces de talc en poudre ou mieux de les faire passer dans un bain d'eau froide contenant une très petite quantité de potasse ou de soude.

C'est avec des feuilles laminées que se confectionnent habituellement les chaussures, les rondelles, les soupapes, les lanières, les courroies, etc.

2. — Procédé Gérard.

Ce procédé diffère du précédent en ce que les cylindres lamineurs sont chauffés jusqu'à 115 degrés environ, et que leur mouvement est assez lent pour que, en effectuant son passage, le caoutchouc ait le temps de se recuire.

Les feuilles produites conservent, beaucoup mieux que dans le procédé usuel, la minceur et par suite les autres changements de forme communiqués au caoutchouc par l'action des cylindres. En outre, et pour le même motif, elles peuvent être ornées de dessins en creux ou en relief par une sorte de gaufrage.

En opérant d'après ces principes, on forme des tapis de pied à dessins en relief et gaufrage profond auxquels on peut communiquer des couleurs diverses.

§ 3. — FEUILLES RELEVÉES.

Les FEUILLES RELEVÉES sont faites avec des dissolutions de caoutchouc. Nous supposerons ces préparations prêtes à être employées.

On emploie un appareil (figure 10, pl. I) composé de deux montants MM fixés directement dans le sol de l'atelier ou dans une semelle massive de fonte ou de bois, et réunis supérieurement par une traverse solide.

De chaque côté de ces montants est placé un rouleau en bois RS pouvant tourner sur des tourillons que portent des supports faisant corps avec les montants. En outre, le rouleau extérieur R est muni d'une manivelle pouvant être actionnée par un homme, ou bien est mis en rapport, au moyen des organes d'usage, avec le moteur de l'atelier.

Immédiatement au-dessus du rouleau intérieur S est placé l'outil *cc* destiné à contenir la dissolution. C'est une espèce d'auge en fer, qui, d'une longueur égale à l'intervalle existant entre les montants, peut glisser dans deux coulisses pratiquées dans ces derniers. On l'élève ou on l'abaisse, suivant le plus ou moins de matière qu'on veut en faire sortir, et lorsqu'il est arrivé à la hauteur voulue, on l'y fixe avec des clavettes.

Enfin, le rouleau extérieur R est chargé d'une longue bande de toile qui, pendant le travail, se déroule lentement, passe entre le rouleau intérieur et l'auge, s'y charge d'une couche très mince de matière, et enfin est reçue sur deux ou plusieurs cordes *xx* tendues horizontalement.

La couche appliquée est toujours très-mince et, comme il vient d'être dit, son épaisseur est réglée d'avance par l'écartement régulier de la partie inférieure de l'encrier et de la règle qui l'accompagne.

Quand le dissolvant employé est le sulfure de carbone, dix à quinze minutes suffisent pour qu'il s'évapore ; quand on s'est servi des essences légères, il faut deux à trois heures.

Les couches déposées sont d'une telle minceur qu'on est toujours obligé de répéter l'opération un plus ou moins grand nombre de fois, et ce n'est que par la superposition des couches ainsi produites qu'on obtient l'épaisseur voulue. Suivant Payen, il faut quarante couches successives pour obtenir une épaisseur de 1 millimètre. Quand on a atteint l'épaisseur qu'on désire, et que le dissolvant de la dernière s'est évaporé, on saupoudre de talc la surface de la feuille pour empêcher son adhérence, on la détache de la toile en humectant celle-ci par dessous avec un peu de dissolvant, et on l'enroule sur un dévidoir.

Les feuilles relevées sont donc formées de couches successivement déposées et qui, par leur soudure, n'en font plus qu'une. Elles n'ont qu'une face unie, la supérieure. Celle qui était en contact avec la toile, en conserve naturellement le grain. Cet aspect pouvant être, dans certaines circonstances, un véritable inconvénient, on a essayé plus d'une fois de le prévenir. Nous indiquerons seulement le moyen imaginé par M. Sollier.

Dans le procédé de cet industriel, on étend d'abord sur la toile avec le même appareil que ci-dessus, un enduit composé de colle de pâte et de colle de peau, et auquel on a ajouté un peu de mélasse de sucre de canne pour lui conserver sa souplesse. Cela fait, on applique le caoutchouc. Le dissolvant étant sans action sur cet enduit, la dissolution s'applique simplement sur lui, sans y faire corps, en sorte, qu'il est ensuite possible d'enlever la feuille avec facilité. Les feuilles obtenues de cette manière ont forcément leurs deux surfaces parfaitement lisses.

Nous venons de dire que l'évaporation des essences prend deux ou trois heures. Il est possible de l'abréger en faisant passer la toile sur une table en tôle creuse chauffée par un courant de vapeur. De plus, en disposant au-dessus des tables de ce genre des réfrigérants appropriés, on peut recueillir une partie notable des matières vaporisées. Nous parlerons plus au long de cette innovation, qui est due à MM. Guibal et Cuminge. (Voyez chap. XII, § 2.)

Observations.

Au moyen des dissolutions, on peut produire des feuilles de caoutchouc d'une minceur, d'une finesse et d'une transparence considérables. Il suffit pour cela de préparer une dissolution très étendue, en traitant 1 partie de caoutchouc très pur par 10 ou 15 parties de sulfure de carbone. On verse ensuite la liqueur sur une glace ou toute autre surface bien unie, et on laisse le dissolvant s'évaporer librement. Toutefois, il faut veiller à ce que l'évaporation ne soit pas trop rapide, parce qu'il en résulterait un refroidissement considérable, avec condensation de l'humidité de l'air, ce qui occasionnerait des gouttes d'eau et, par suite des taches sur la feuille.

CHAPITRE VI

Fabrication des fils.

NOTIONS PRÉLIMINAIRES

Les fils de caoutchouc se font soit avec le *caoutchouc brut*, soit avec le *caoutchouc régénéré*, soit encore avec le *caoutchouc dissous*. Sous le rapport de la forme, il y en a de *carrés* et de *ronds*. Enfin, leur fabrication comprend deux opérations accessoires ou plutôt complémentaires, qui sont le *dévidage* et l'*étirage*.

Les fils carrés sont également appelés *fils coupés*

à cause de leur mode de fabrication. Pour la même raison, on donne aussi aux fils ronds le nom de *fils tirés* ou *filés*.

§ 1. — FILS CARRÉS OU COUPÉS.

Les FILS CARRÉS, c'est-à-dire à section rectangulaire, ont été connus les premiers et, pendant longtemps, il n'en a pas existé d'autres. Ils se font avec le *caoutchouc normal* ou le *caoutchouc régénéré*.

1. — Fils de caoutchouc normal.

La matière première est le caoutchouc de Para. On l'emploie tel qu'il arrive du Brésil, et dans les sortes les plus belles, c'est-à-dire ne contenant aucune impureté ou corps étranger. Nous le supposerons en poires ou bouteilles plus ou moins irrégulières : c'est d'ailleurs sa forme la plus ordinaire.

On commence par faire tremper les poires dans l'eau chaude pour les amollir et les rendre souples, après quoi on les fend en deux dans le sens de la longueur, et on les aplatis.

Pour produire cet aplatissement, on chauffe chaque demi-bouteille jusqu'à 100 degrés, puis on la place entre deux plaques de fonte, et l'on soumet le tout à l'action d'une forte presse. On ne dépresse qu'après complet refroidissement. Le caoutchouc a pris alors une forme plus permanente; il constitue un disque plat d'une épaisseur uniforme.

Il s'agit maintenant de découper ce disque. On se sert pour cela d'un couteau mécanique dont les pièces principales sont (fig. 3, pl. II) :

1º Une table massive portant tout le système et qui joue le rôle d'établi;

2º Une lame circulaire et très tranchante A qui,

montée en saillie de la moitié de sa surface dans une fente de l'établi, et continuellement arrosée, tourne avec une vitesse de 1,500 à 2,000 tours par minute ;

3° Sous la table, un chariot B pouvant avancer automatiquement et sur l'extrémité libre duquel est disposé un petit arbre qui pivote sur lui-même, et dont le bout supérieur traverse la table ; c'est sur ce bout que se place le caoutchouc à découper C, et il y est retenu par des pointes ou des vis de pression x.

Quand l'appareil fonctionne, l'arbre pivotant entraîne le disque de caoutchouc et vient en présenter la circonférence au tranchant du couteau. En même temps, à chaque révolution, le chariot avance d'une certaine quantité, toujours égale, et les choses se passent de telle sorte qu'aussitôt que le disque est entamé, il se découpe suivant une ligne en spirale qui serait tracée de la circonférence au centre. Enfin, la vitesse de rotation de l'arbre pivotant augmente graduellement, pour que la partie du caoutchouc qu'il s'agit de couper se présente au couteau avec une vitesse toujours la même. Ainsi, par exemple, si la circonférence du disque est représentée par le nombre 30 au commencement du découpage, il faut, pour que le débit du couteau soit le même, que la vitesse de l'arbre soit trois fois plus grande, quand la circonférence du disque se trouve réduite à 10.

Le couteau mécanique ne livre le caoutchouc qu'à l'état de ruban ou de lanières R. Pour avoir des fils proprement dits, il faut diviser longitudinalement ces rubans en un certain nombre de parties égales, suivant le degré de finesse qu'on veut obtenir. Ici encore, **c'est par le procédé du découpage** qu'on opère, mais avec des couteaux autrement disposés.

L'instrument employé est une fenderie construite, sauf les dimensions, qui sont relativement minuscules, comme les appareils de ce nom qu'on voit dans les usines à fer. Il se compose de deux jeux ou séries de lames circulaires enfilées sur deux arbres parallèles, et de façon que les lames de chaque arbre pénètrent dans les intervalles existants entre les lames de l'autre. On ajuste habituellement 7 ou 8 lames sur chaque arbre. Comme dans les fenderies, ces lames ne sont pas coupantes à la circonférence ; elles présentent seulement deux angles vifs bien d'équerre. On conçoit dès lors que lorsque les deux arbres tournent, les angles vifs des lames de l'arbre supérieur viennent frotter contre ceux des lames de l'arbre inférieur, et il n'en faut pas davantage pour qu'elles tranchent tout ce qu'on soumet à leur action.

L'instrument étant mis en marche, un ouvrier lui présente successivement chaque ruban sur son plat. Celui-ci est aussitôt saisi, découpé en autant d'endroits qu'il y a de lames, et le mouvement rotatif l'entraîne à mesure de l'autre côté de l'appareil où un enfant le tire légèrement pour en faciliter la sortie.

2. — Fils en caoutchouc régénéré.

La fabrication des fils en caoutchouc régénéré est fort simple. On prend un des pains ou blocs obtenus dans le pétrissage (p. 64), et l'on y taille des disques de 2 ou 3 centimètres d'épaisseur et de 15 à 20 centimètres d'épaisseur. Il n'y a plus alors qu'à livrer ces disques au couteau mécanique qui les découpe en rubans, après quoi on subdivise ces derniers au moyen de la fenderie. Sauf la confection des disques les choses se passent donc comme s'il s'agissait de faire des fils en caoutchouc normal.

Au lieu de préparer les disques comme il vient d'être dit, on peut les obtenir en découpant une feuille d'une épaisseur convenable. On peut également les obtenir en tranchant l'un des cylindres qui se produisent en enroulant autour d'un axe une feuille ou nappe de caoutchouc.

3. — Procédé Gérard.

Depuis 1866, la fabrication des fils carrés a reçu une amélioration d'une grande importance grâce à l'adoption d'une machine ingénieuse construite et mise en pratique par M. G. Gérard. Nous en empruntons la description à une notice de M. Payen, mais en faisant remarquer qu'au lieu de travailler le caoutchouc à l'état naturel comme ci-dessus, le nouveau procédé exige une légère sulfuration.

« Il faut d'abord préparer, en employant le caoutchouc du Para de première qualité, malaxé avec 6 centièmes de soufre, une feuille plus ou moins mince, étirée entre des cylindres chauds.

« Cette feuille se saupoudre de talc dessus et dessous, à mesure qu'elle sort d'entre les cylindres et s'étend sur une table unie, s'enroule, en même temps qu'une toile interposée, sur un mandrin creux, sorte de bobine en tôle. Sa largeur est d'environ 66 centimètres, sa longueur de 60 mètres. Quant à son épaisseur, elle varie dans les limites de 5 dixièmes de millimètres, à 1, 2 ou 3 millimètres, correspondantes à des fils dont la section offre un carré ayant des côtés de l'une de ces quatre dimensions.

« A l'aide de tringles qui traversent l'axe creux des

mandrins, les feuilles ainsi enroulées sont introduites dans un cylindre vertical fermé et en tôle, où elles restent exposées, pendant deux heures, à une température de 140 degrés, laquelle est produite par une injection de vapeur à quatre atmosphères.

« Après ce traitement, chaque feuille est prête à être découpée en trois passes dans toute sa largeur, tout en ménageant une marge sur les bords, afin de compenser quelques irrégularités de parallélisme.

« Le principal organe de la machine à découper se compose de 150 à 250 lames circulaires ayant 7 centimètres de diamètre et un dixième de millimètre d'épaisseur, faites à l'emporte-pièce dans de minces plaques d'acier à ressort de montre. Ces lames sont séparées et maintenues à distance égale des unes des autres par des rondelles en laiton de un demi à 1, 2 ou 3 millimètres d'épaisseur, et de 60 millimètres de diamètre, et serrées fortement par un écrou sur un arbre fileté.

« Au-dessous est disposé un cylindre plein en caoutchouc demi-dur monté sur un arbre parallèle au premier et dans un même plan vertical. Ce second cylindre, dans lequel pénètrent légèrement les lames d'acier soutient les fils à mesure qu'ils passent et sont découpés.

« On engage la feuille de caoutchouc mouillée entre le jeu de lames qui a été soulevé un instant pour ménager en avant une bordure marginale, puis on communique le mouvement à la machine. L'arbre des lames tourne à la vitesse de 1,500 tours par minute, tandis que, dans le même temps, le cylindre de caoutchouc, également monté sur un arbre ne fait que 8 à 10 tours. Un arrosage continuel de minces filets d'eau prévient l'adhérence et le frottement, et un peigne à dents de laiton, interposées entre les lames, dégorge les lambeaux de caoutchouc.

« La feuille de caoutchouc ainsi découpée sort sans solution de continuité apparente, tant sont étroites les sections; mais le plus léger attouchement suffit pour montrer les 150 à 250 fils éparpillés.

« Le travail terminé, les fils sont mis en écheveaux, puis nettoyés dans une solution de potasse chauffée à 100 degrés, qui en adoucit la surface. Afin de faire réagir la liqueur alcaline d'une manière très régulière, on les place dans une sorte de cage en tôle trouée, où on les range sur des tablettes bien isolées entre elles. Cette cage est munie d'un manche qui permet de l'immerger facilement, autant de fois qu'on le juge nécessaire.

« Après avoir été passés dans la solution potassique, les écheveaux sont lavés dans l'eau pure, puis séchés à l'air, et enfin, quand ils sont secs, passés entre les dents cylindriques d'un peigne vertical, afin de détruire quelques légères adhérences. Cette dernière opération terminée, on les expédie pour former les chaînes des métiers à tisser. »

D'après Payen, cette machine produit mieux et plus facilement le même nombre de fils, dans un temps égal, que 10 à 15 machines anglaises usuelles. En outre, les fils sont tous réunis par leurs extrémités, circonstance précieuse pour les tisseurs qui trouvent ainsi sans peine, des chaînes toutes faites avec des fils d'une grande régularité.

§ 2. — FILS RONDS OU TIRÉS.

Tous les fils obtenus par le procédé du découpage sont nécessairement à section carrée. En outre, ils ont toujours des angles, ce qui n'est pas sans inconvénients pour certains usages. En outre, ils sont limités tant en longueur qu'en épaisseur. En se servant d'une filière et employant le caoutchouc à demi-dissous, on produit des fils parfaitement cylindriques, d'une longueur illimitée et d'un diamètre qui peut varier à l'infini. Cette innovation capitale est due à M. G. Gérard, le même ingénieur industriel que nous avons déjà plusieurs fois cité.

———

Décrivons aussi clairement que possible la fabrication des fils ronds.

Le caoutchouc est d'abord parfaitement nettoyé et séché par les moyens d'usage, qui le livrent sous la forme d'une toile très claire. On l'introduit alors dans une boîte en zinc, soit tel qu'il est, soit après l'avoir réduit en rognures; on verse dessus, une fois et demie son poids de sulfure de carbone contenant lui-même 6 à 8 pour 100 d'alcool du degré le plus élevé possible, ou bien deux fois son poids de benzine renfermant 5 pour 100 d'alcool; on ferme hermétiquement la boîte, et on laisse en repos. Au bout de quarante-huit heures, si l'on a employé le sulfure de carbone, ou de douze à quinze heures seulement si l'on a donné la préférence à la benzine, le caoutchouc se trouve, non pas précisément dissous, mais converti en une pâte possédant les qualités nécessaires pour se pétrir aisément et s'étirer en fils.

Pour mettre en œuvre cette pâte, on se sert d'une machine (figure 1, pl. I) qui offre une grande ressemblance avec celle des fabricants de vermicelle et de macaroni. C'est un cylindre vertical A, très court, et en fonte, qui est placé entre deux montants de même matière, et dans lequel se meut un piston P actionné par une force très puissante. Par sa partie inférieure, ce cylindre communique avec un conduit horizontal B hermétiquement clos, qui est percé, dans le sens de sa longueur, d'une rangée de petites ouvertures rondes, autrement dit de *filières*.

Après ces préliminaires, rien de plus aisé à comprendre que l'opération. Le gros cylindre, la cloche, comme on l'appelle, ayant reçu une certaine quantité de pâte, celle-ci est forcée, par la descente du piston, de sortir par les petits trous, et elle en sort sous la forme de fils ayant exactement la forme de ces trous. On vient de voir qu'il n'y a qu'une seule rangée de filières ; c'est une précaution qui a dû être prise pour que les fils F ne puissent s'attacher les uns aux autres.

A mesure que les fils s'échappent, ils sont reçus immédiatement par une bande de velours qui passe sous les filières, et qui, animée d'un mouvement sans fin, les entraîne dans un bain d'eau froide, d'où ils passent sur une autre pièce d'étoffe, également sans fin, mais infiniment plus longue. Au bout de ce trajet, le dissolvant et l'eau qui les imprégnaient se sont évaporés. Les fils quittent alors la toile, et l'on peut les recueillir. En général, on les dirige dans des rainures qui les conduisent à des bobines tournantes sur lesquelles ils s'enroulent.

§ 3. — DÉVIDAGE ET ÉTIRAGE DES FILS.

Les fils de caoutchouc servent principalement à faire des étoffes tissées ; mais ils ne peuvent être propres à cette destination qu'après avoir été disposés sur des bobines, et ils ne peuvent être bobinés qu'après avoir été privés momentanément de leur élasticité.

On sait que le caoutchouc cesse d'être élastique par le froid et la traction. Si, en effet, on étire un fil de cette matière et qu'aussitôt après on le plonge dans l'eau froide, en le tenant toujours étiré, ses molécules conservent la place forcée qu'on leur a fait prendre, et alors il devient dur, rigide, et peut être tissé absolument comme un fil ordinaire de coton ou de soie.

C'est sur ce principe que repose le dévidage des fils de caoutchouc ; mais l'opération se fait pour les fils ronds à mesure que la machine les produit, tandis qu'elle a lieu à part pour les fils carrés. Pour en donner une idée, il suffira de dire comment on procède pour ces derniers.

Quand le fil est sorti de la filière, un ouvrier le trempe dans de l'eau froide contenant un peu de potasse, puis en attache une extrémité sur un dévidoir solidement établi ; d'une main il fait ensuite tourner le dévidoir à l'aide d'une manivelle, tandis que, avec les doigts de l'autre main, il dirige et guide le fil sur cet instrument. Le fil est donc forcé de s'enrouler sur le dévidoir ; mais, pour qu'il soit bien tendu, ce qui est une condition indispensable, l'ouvrier le serre entre les doigts avec assez de force pour l'étirer à son maximum, qui est six à huit fois sa longueur primitive : l'habitude seule peut apprendre le degré de pression qu'on doit exercer pour atteindre ce résultat. Autre remarque : on conçoit qu'en passant rapidement entre les doigts, le fil ne manquerait pas de les écorcher. L'ouvrier y pourvoit en se servant de doigtiers de drap, qu'il a même soin d'humecter de temps en temps pour que le fil puisse glisser sans s'écorcher.

Si, pendant le dévidage, le fil vient à casser, l'ouvrier le rajuste sans peine, grâce à la propriété qu'a le caoutchouc naturel de se souder à lui-même. Il en prend les deux bouts, les essuie avec soin, et les coupe en biseau. Saisissant alors les coupures fraîches, il les applique l'une sur l'autre et les presse fortement en les faisant glisser sous l'ongle du pouce qu'il appuie sur celui de l'index.

Quand le dévidoir est plein, on le porte dans une chambre fraîche, où on l'abandonne pendant trente-six ou quarante-huit heures, suivant la qualité du caoutchouc. Au bout de ce temps, par suite de la tension forcée et du froid qu'il a subi, le fil a perdu toute son élasticité, et l'on peut le distribuer, le *relever*, comme on dit, sur les bobines, comme un fil quelconque, et le livrer ensuite aux tisseurs.

Le bobinage s'effectue sur des bobines peu évidées et d'un bois très résistant, afin qu'elles soient plus solides. Comme dans les industries textiles, l'appareil à bobiner est muni d'un compteur qui fait connaître régulièrement la quantité de fil fournie par les dévidoirs.

De quelque manière que les fils de caoutchouc aient été produits, ils ont toujours un diamètre assez fort. M. G. Gérard a indiqué un moyen fort simple d'augmenter considérablement leur finesse.

« J'ai remarqué, dit cet éminent industriel, que le caoutchouc, maintenu pendant quelque temps à la température de 110 à 120 degrés, conserve la forme qui lui a été donnée pendant cette application de la chaleur. Ainsi, un fil qui mesure 10 centimètres peut être facilement étiré à 50 centimètres ; si, ainsi étiré, on le soumet dans l'eau à une température de

115 degrés pendant quelque temps, il s'y recuit, et la longueur de 50 centimètres, qui était pour lui factice ou passagère, devient sa longueur réelle ; il peut alors être étiré de nouveau. L'on pourrait ainsi, si la consommation le demandait, faire des fils d'une ténuité extrême, ce que ne permet pas le mode de fabrication ordinaire. »

CHAPITRE VII

Objets moulés.

NOTIONS PRÉLIMINAIRES

Les objets fournis par le procédé du moulage peuvent être *pleins* ou *creux*, les procédés de fabrication sont à peu près les mêmes pour les uns et les autres.

§ 1. — OBJETS PLEINS.

Les objets pleins s'obtiennent très facilement, soit que l'on emploie le caoutchouc en feuilles ou en plaques, soit qu'on le choisisse en masses. Sous quelque forme qu'il se trouve, il suffit de le ramollir par la chaleur, puis de le comprimer fortement dans des moules métalliques chauffés, et de ne procéder au démoulage qu'après un complet refroidissement.

Les moules se composent toujours de deux moitiés qui se joignent parfaitement, et que l'on maintient serrées l'une contre l'autre, après que la matière y a été introduite, au moyen de brides, d'étriers et de vis de pression.

Quand les moules renferment beaucoup de creux, pour éviter d'emprisonner des bulles d'air dans les parties les plus profondes, ce qui gâterait les objets, au lieu de caoutchouc en feuilles ou de caoutchouc en masse, on se sert de caoutchouc râpé.

Pour se procurer le caoutchouc à l'état de râpé, on prend un ou plusieurs rouleaux agglomérés au loup ou des blocs obtenus par les procédés ordinaires, et on les soumet à l'action d'une râpe cylindrique qui tourne avec une vitesse de 500 à 600 tours par minute. Cette râpe est à peu près disposée comme les appareils analogues qu'on voit dans les sucreries de betterave et les féculeries. Elle consiste donc essentiellement en une feuille de tôle criblée de trous les ébarbures en dehors.

Le frottement énergique produit par la râpe divise le caoutchouc en très menus fragments qui, échauffés par ce même frottement, se ramollissent et deviennent suffisamment adhésifs pour former une masse molle et pulpeuse. On prend alors une quantité convenable de cette masse, on l'introduit, encore molle, dans le moule, et l'on serre les deux moitiés de celui-ci. Cela fait, on laisse refroidir le moule et l'on ne procède au démoulage qu'après refroidissement.

§ 2. — OBJETS CREUX.

Les objets creux se font avec des feuilles que l'on découpe en se guidant sur des patrons, et dont on soude ensuite les bords.

Pour certains objets, on a recours à la dilatation de l'air pour forcer le caoutchouc à épouser exactement les formes du moule. Il suffit pour cela de placer l'objet soudé dans un moule de dimensions un peu moindres, et de passer le tout dans une étuve.

Sous l'action de la chaleur, l'air renfermé dans l'objet se dilate et exerce sur le caoutchouc une pression énergique qui l'oblige à s'appliquer contre les parois du moule. Nous verrons au chapitre suivant un exemple de l'emploi de ce procédé, sur lequel on trouvera de nombreux détails à l'un des chapitres de la gutta-percha.

CHAPITRE VIII

Balles et Ballons.

INTRODUCTION

A l'origine, les *balles à jouer* se composaient uniquement d'une mince lanière de caoutchouc pelotonnée sur une âme sphérique qui était ordinairement en liége. Aujourd'hui, on en fait de deux sortes : de *massives* ou *pleines* et de *creuses*, chaque sorte produite par des moyens différents. Les *ballons* ne sont, à proprement parler que des balles creuses de plus fort diamètre.

§ 1. — BALLES PLEINES.

Les *balles pleines* se font avec du caoutchouc râpé comme il vient d'être dit (voy. page 103). On prend une quantité de masse pulpeuse, un peu plus grande qu'il n'en faut, et, pendant qu'elle est encore molle, l'on en fait à la main une boule irrégulière que l'on introduit immédiatement dans un moule en fonte composé de deux moitiés hémisphériques bien tournées et polies.

Aussitôt que le moule a reçu son chargement, l'on en serre fortement les deux moitiés avec un étrier à vis. La matière en excès s'échappe nécessairement par le joint et y forme un bourrelet. Rien n'est plus simple que de faire disparaître ce dernier ; il suffit pour cela de suspendre la pression et de changer la boule de place dans le moule. Cela fait, on serre de nouveau et plus énergiquement encore que précédemment, et l'on met au froid. Douze heures après environ, on peut démouler.

Telle que le moule la livre, la balle est très dure et n'est plus élastique. Pour lui rendre son élasticité primitive, on la tient, pendant 30 ou 40 minutes, soit dans une étuve, soit dans l'eau chauffée à 50 degrés, et on la laisse lentement refroidir à la température ordinaire.

Les balles de ce genre sont quelquefois colorées de différentes manières au moyen de poudres incorporées dans la masse. Parfois aussi, on les enveloppe de tontisse de laine teinte. A cet effet, on les enduit d'une solution épaisse de caoutchouc à l'essence, que les ouvriers appellent communément *vernis*, puis on les roule dans la tontisse. Ce vernis joue le rôle de mordant, et une dessiccation de l'étuve y fait adhérer très fortement la tontisse.

§ 2. — BALLES CREUSES.

C'est avec des feuilles ou lames ayant une épaisseur de 5 à 6 millimètres, que se font les *balles creuses*.

Au moyen de modèles, on découpe, dans ces lames, quatre segments de sphère, que l'on réunit ensuite sur les bords, soit en les soudant avec une pâte de caoutchouc, de soufre et de benzine ou de sulfure de carbone, soit en effectuant la soudure à la manière ordinaire, c'est-à-dire par pression entre les doigts, sur coupures fraîches en biseau.

En effectuant la soudure, on a soin de laisser dans ces petites enveloppes, qui ont ordinairement 8 à 12 centimètres de diamètre, le plus d'air possible.

Chaque balle étant soudée, on la place entre les deux coquilles d'un moule à rainure un peu moins grand que la sphère correspondante au volume des segments, on serre le moule avec un étrier à vis, comme ci-dessus, et l'on met le tout dans une étuve chauffée au degré convenable. Là, sous l'influence de la température, la balle est gonflée par l'air intérieur qui se dilate et qui, par sa pression, force la matière amollie à s'appliquer contre les parois du moule, dont elle lui fait prendre l'empreinte des cannelures et autres enjolivements qu'on a parfois l'habitude d'y pratiquer.

Après le refroidissement, la pression intérieure de l'air emprisonné suffit pour maintenir la forme sphérique des balles.

Les balles ainsi produites sont modérément gonflées, par suite peu dures, ce qui permet de s'en servir sans se faire de mal et même dans l'intérieur des appartements.

§ 3. — BALLONS.

Les ballons ne sont, à proprement parler, que des balles creuses d'un plus fort diamètre que ces dernières, et à la confection desquelles on emploie des lames de caoutchouc plus épaisses. Toutefois, leur fabrication n'est pas tout à fait la même à cause de la nécessité où l'on est de les insuffler pour leur donner plus de consistance et d'élasticité au moyen de la compression de l'air.

Autrefois, pour opérer l'insufflation, on ménageait à l'intérieur une petite rondelle de caoutchouc, qui doublait, sur ce point, l'épaisseur du ballon. Cela fait, après le moulage à chaud, on perçait le ballon en ce point. On introduisait dans ce trou l'extrémité en forme de chalumeau du tuyau d'une pompe de compression, et l'on gonflait le ballon. Le gonflement terminé, on retirait le chalumeau et on le remplaçait par un fosset conique en fer. Ce mode de fermeture était très défectueux, parce que les chocs et les rebondissements du ballon ne tardaient pas à faire sauter le fosset, et le ballon, se trouvant ainsi dégonflé, n'était plus bon à rien.

On évite aujourd'hui cet inconvénient par une disposition fort simple qui a donné lieu à beaucoup de recherches. Avant de terminer les soudures qui complètent la fermeture du ballon, on colle un petit disque de caoutchouc sur un point de l'intérieur de celui-ci. Cela fait, on place le ballon entre les coquilles du moule, et l'on continue le travail comme s'il s'agissait d'une balle ordinaire.

Quand, après le refroidissement, on extrait les ballons de leurs moules, ils sont trop peu distendus pour que la pression intérieure surmonte la pression extérieure ; mais on parvient sans peine à effectuer et maintenir leur gonflement.

Il suffit de percer le ballon à l'endroit où le petit disque a été soudé, au centre même de ce dernier, et d'introduire dans le trou la pointe d'un chalumeau en communication avec une pompe foulante. Le gonflement effectué, on retire le chalumeau et l'on empêche l'air comprimé de s'échapper en fermant hermétiquement l'ouverture. Cette fermeture s'obtient en comprimant fortement entre les doigts les deux parties du disque. Or, comme ce disque est en caoutchouc ordinaire, et que les lèvres du trou sont fraîches, on conçoit que la pression ne peut que déterminer une soudure parfaite.

Observations.

Les balles et les ballons fabriqués comme il vient d'être dit, ont le défaut de tous les objets à la confection desquels on a employé le caoutchouc normal ; ils ne conservent pas leur élasticité en tout temps. On verra dans les chapitres consacrés à la vulcanisation, comment on doit s'y prendre pour remédier à cet inconvénient.

CHAPITRE IX

Tissus élastiques.

Les tissus en caoutchouc sont habituellement appelés *élastiques* et servent à la confection des bretelles, des jarretières, des bas pour les personnes atteintes de varices, etc. Ils se font par le procédé du tissage, comme les étoffes ordinaires. Toutefois, en raison de l'extrême élasticité de la matière première, ils ne pourraient se prêter au travail du tisseur, si l'on n'avait trouvé le moyen de remédier à cet inconvénient. Ce moyen consiste, ainsi qu'on l'a vu plus haut (pag. 101-103), à priver momentanément les fils de leur élasticité naturelle, et l'on y parvient en le soumettant, pendant un certain temps, à une forte tension.

Les fils de caoutchouc ne sont donc livrés au tisseur qu'après avoir été *relevés*, c'est-à-dire étirés, puis bobinés, et l'ouvrier les tend sur son métier, comme une chaîne, absolument comme s'il s'agissait d'un cordonnet de soie, de coton ou de tout autre textile, la trame étant habituellement en coton ou en soie. Quant au tissage proprement dit, il ne diffère en rien, nous venons de le voir, de celui des étoffes usuelles. Si, pendant qu'il travaille, l'un des fils vient à casser, rien n'est plus facile que de le rajuster. Il suffit pour cela de tirer parti de la propriété bien connue que possède le caoutchouc naturel d'adhérer à lui-même. Le tisseur saisit donc les bouts brisés, les coupe avec des ciseaux bien propres, puis, pressant ensemble avec les doigts la surface des deux sections, il obtient aussitôt une jonction parfaite.

Tant que dure le tissage, les fils conservent toute leur rigidité. Quand l'opération est achevée, il faut leur restituer leur élasticité. Il n'y a pour cela qu'à soumettre le tissu fabriqué à une température de 60 à 70 degrés, en passant dessus un fer chaud. La chaleur fait *revenir* les fils, resserre la trame, qu'on a eu soin de laisser un peu claire dans cette prévision, et l'étoffe, redevenue élastique, acquiert la faculté de s'étendre dans le sens de la longueur.

———

Il est fort rare que l'on emploie les fils destinés au tissage sans les recouvrir d'un fil de soie ou de coton. Cette opération a pour effet de prévenir un inconvénient dû au contact des lames du peigne. On sait que, par chaque coup de navette, ces lames passent et frottent deux fois contre les fils de la chaîne. Or, ce frottement, quand il est très prompt, échauffe légèrement le caoutchouc, et il en résulte un peu d'adhérence, quelquefois même l'écorchure et la rupture des fils, toutes choses qui ne se produisent pas quand ces derniers sont revêtus.

Pour envelopper les fils de caoutchouc, on emploie des métiers analogues à ceux des passementiers, et dans lesquels une bobine vient enrouler autour du fil de caoutchouc, qui passe par son centre, le coton ou la soie dont elle est chargée. Ce coton recouvre complètement le fil de caoutchouc, quand celui-ci est revenu sur lui-même, et, lors de l'extension, chacune de ses spires se trouve à une distance de 2 à 3 millimètres.

CHAPITRE X

Tubes et Tuyaux.

NOTIONS PRÉLIMINAIRES

Les tubes et les tuyaux se font généralement avec des feuilles de caoutchouc scié. On emploie, surtout pour ceux de fort diamètre, des toiles caoutchoutées. Enfin, dans certains cas, on les fabrique au moyen de filières.

§ 1. — TUBES EN CAOUTCHOUC SCIÉ.

La fabrication des tubes en caoutchouc scié est des plus simples. Après avoir choisi une feuille de la grandeur voulue, on la divise en bandes d'une largeur proportionnée au diamètre du tube qu'on veut obtenir, puis, appliquant l'un sur l'autre les deux bords longitudinaux de chaque bande, on les coupe nettement avec des ciseaux bien propres. L'incision des deux épaisseurs doit se faire (figure 35, pl. III), sous un angle de 45 degrés avec la surface de l'un des côtés de la feuille, par conséquent sous un angle de 135 degrés avec la surface de l'autre côté. Quand elle est achevée, on enroule la bande sur un mandrin cylindrique (figure 36, pl. III), et l'on applique exactement les deux sections l'une sur l'autre. Il n'y a plus alors, pour établir une adhérence intime entre ces dernières qu'à les comprimer fortement, soit à l'aide d'une barre disposée d'une manière convenable, soit au moyen d'une règle plate sur laquelle on frappe avec un maillet ou l'on appuie avec la main ou de toute autre manière. Dans tous les cas, l'opération a lieu sur une table et l'on ne retire le mandrin que lorsqu'on reconnaît que la soudure est parfaite.

Les mandrins sont en bois ou en fer, mais toujours bien polis et, de plus, talqués, pour que le caoutchouc ne puisse y adhérer. Leur diamètre varie nécessairement suivant la grosseur des tubes qu'on veut faire : il y en a, et ils sont alors toujours en fer, qui n'ont que 4 ou 5 millimètres. Quant à la longueur, elle est assez généralement de 10 à 13 mètres.

En procédant comme il vient d'être dit, la longueur des tubes est limitée par celle de la table ; mais on peut l'augmenter autant qu'on veut en soudant bout à bout autant de tronçons qu'on le juge nécessaire ; comme aussi, à mesure qu'une bande a reçu sa forme définitive, rien n'empêche de l'allonger en y ajoutant immédiatement l'une des extrémités d'une autre bande, que l'on travaille ensuite comme on a travaillé la précédente.

Les tubes en caoutchouc scié sont aujourd'hui presque toujours soumis à la vulcanisation. En outre, la pâte qui sert à les produire, au lieu d'être faite de caoutchouc seulement, renferme souvent d'autres matières. L'une des compositions les plus employées est celle-ci : 59 de caoutchouc, 35 d'oxyde de zinc, 5 de soufre, 1 de chaux en poudre. En outre, afin de rendre les feuilles plus homogènes, on les recuit ordinairement en les tenant, pendant une heure, sur une table creuse chauffée à 120 degrés par un courant de vapeur.

§ 2. — TUYAUX EN TISSUS CAOUTCHOUTÉS.

Les tuyaux en tissus caoutchoutés se font de la même manière que ceux en caoutchouc scié. Seulement, pour faciliter la soudure, on est généralement obligé de recouvrir les surfaces mises à nu d'une couche de caoutchouc dissous. En outre, la compression doit être nécessairement d'autant plus forte que l'épaisseur des étoffes est plus grande.

§ 3. — TUBES SANS FIN.

Au lieu de se servir, pour obtenir les tubes sans fin, des procédés ci-dessus, on a souvent recours au moyen imaginé par M. G. Gérard pour produire les feuilles également sans fin.

Après avoir bien nettoyé et épuré le caoutchouc, on l'introduit dans une vermicellière chauffée à 115 degrés par un courant de vapeur qui circule dans une enveloppe cylindrique. Sous l'action d'une presse puissante, la matière est forcée de sortir de l'appareil, et, dans son passage, qui doit être assez lent, elle éprouve une espèce de cuisson qui lui fait conserver la forme de l'orifice par lequel elle s'échappe. La figure 18, pl. I, représente l'une des machines qu'on emploie le plus souvent.

CHAPITRE XI

Tissus imperméables.

NOTIONS PRÉLIMINAIRES

Les *tissus imperméables* sont des tissus ordinaires recouverts ou enduits d'une couche plus ou moins épaisse de caoutchouc. On les dit *simples*, quand l'étoffe qui sert de fond est unique; *doubles*, quand ils se composent d'une lame de caoutchouc placée entre deux tissus; *triples*, quand ils consistent en trois étoffes séparées deux à deux par deux couches de caoutchouc. On les produit de deux manières : avec des feuilles en caoutchouc étiré ou avec des dissolutions de caoutchouc. Dans tous les cas, on ajoute souvent au caoutchouc des matières diverses, afin de le rendre plus économique ou plus durable, et, en outre, un peu de soufre, s'il doit être vulcanisé.

§ 1. — TISSUS EN CAOUTCHOUC ÉTIRÉ.

La fabrication des tissus en caoutchouc étiré fait généralement suite à celle des feuilles ou lames de ce même caoutchouc.

Ainsi qu'on l'a vu (pag. 88-90), pour obtenir les feuilles de ce genre, on prend un rouleau trituré au loup, que l'on convertit en une plaque épaisse, soit en l'aplatissant dans une presse très puissante, soit en le coupant longitudinalement en deux parties égales, ou bien l'on se sert des galettes produites par le pétrisseur à cylindres. Dans tous les cas, on chauffe le caoutchouc dans une étuve à 40 ou 50 degrés, pour le ramollir, puis on le passe, à plusieurs reprises, entre les cylindres creux d'un laminoir, dont on maintient la température à 80 degrés environ, et que l'on rapproche graduellement chaque fois. Quand l'épaisseur du caoutchouc se trouve réduite à 2 ou 3 centimètres, on peut la rendre encore moins grande en soumettant de nouveau la matière à l'action des cylindres, que l'on répète un certain nombre de fois, en ayant soin, à chaque passage, de replier en deux l'espèce de nappe résultant du passage précédent et de serrer davantage les vis de pression du cylindre supérieur.

En opérant, comme il vient d'être dit, on obtient une feuille mince, molle et très collante. Rien n'est alors plus facile que de l'engager entre deux étoffes et de faire passer les trois épaisseurs entre les cylindres massifs d'un second laminoir, qui sont le plus souvent au nombre de trois (figure 7. pl. I), et au sortir duquel le tissu s'enroule sur un rouleau tournant disposé pour le recevoir.

Si le tissu doit être triple, les choses se passent de

la même manière, sauf la légère difficulté occasionnée par la superposition des étoffes et des lames de caoutchouc et leur guidage quand elles passent entre les cylindres.

Si, au contraire, on veut faire un tissu simple, c'est-à-dire laisser à nu l'une des faces du caoutchouc, on ne fait naturellement passer qu'une étoffe entre les cylindres, et la feuille de gomme repose sur cette étoffe.

Les tissus imperméables préparés avec le caoutchouc étiré, sont un peu lourds, mais ils rachètent cet inconvénient par deux avantages considérables : d'une part, ils présentent une très grande solidité ; d'autre part, ils sont exempts de l'odeur forte et désagréable qu'exhalent ceux à la fabrication desquels on a fait usage de dissolvants. Suivant leur épaisseur et la ténacité des tissus de chanvre, de lin, de jute, qui les constituent, on en fait des tubes, des tuyaux, des coussins et des matelas à air, des bateaux, des appareils de sauvetage, des courroies de transmission, etc. On les substitue aussi pour couvrir les marchandises, sur les gares et dans les voitures, aux toiles cirées, qui s'altèrent plus rapidement.

§ 2. — TISSUS EN CAOUTCHOUC DISSOUS.

C'est avec des dissolutions qu'on obtient généralement les tissus destinés à la confection des vêtements imperméables, c'est-à-dire les étoffes appelées communément *Mackintosh*, du nom de l'industriel anglais qui a réussi le premier à les fabriquer d'une manière convenable.

Le caoutchouc est rarement employé seul, comme nous l'avons dit. A titre d'exemple, nous indiquerons la composition suivante, qui a été recommandée par M. Guibal, comme donnant un enduit économique et durable, exempt de mauvaise odeur :

Caoutchouc épuré	33
Litharge broyée	50
Carbonate de chaux	10
Noir de fumée	2
Soufre	5
	100

La fabrication de ces étoffes est fort simple à comprendre. Le caoutchouc étant dissous et amené à la consistance d'une pâte demi-fluide, on l'étend régulièrement à la surface d'un tissu quelconque, qui est le plus souvent de toile ou de coton, rarement de soie ou de laine, puis l'on fait évaporer le dissolvant. Après l'évaporation, le tissu reste couvert d'une pellicule de caoutchouc qui le rend imperméable à l'eau.

———

Les dissolutions se préparent soit avec le sulfure de carbone additionné d'alcool anhydre, soit avec un mélange d'essence de térébenthine et de benzine, soit avec l'une ou l'autre de ces dernières substances. En général, on emploie 3, 4 ou 5 parties de dissolvant pour une de caoutchouc. Dans tous les cas, la pâte doit présenter la consistance d'une mélasse épaisse. On la malaxe sous des cylindres semblables à ceux déjà décrits (pag. 59-64), jusqu'à ce qu'on la juge suffisamment homogène. Assez souvent on y ajoute, pendant ce malaxage, quelques centièmes d'une poudre colorante pour lui communiquer une teinte plus ou moins agréable. On peut encore y ajouter trois ou quatre centièmes de soufre, si l'on veut sulfurer ultérieurement l'étoffe.

La dissolution étant prête à être employée, il s'agit de l'étaler sur les étoffes. L'opération doit se faire dans un atelier bien ventilé et à l'abri de la poussière. Pour l'effectuer, on se sert du même appareil avec lequel on prépare les feuilles relevées, et que nous avons décrit précédemment (pages 90-92) ; mais on y introduit assez souvent des modifications de détail plus ou moins importantes. Tel est, par exemple, le cas de celui que représente notre figure.

Deux bâtis sont placés vis à vis l'un de l'autre, à une distance très variable, mais qui est assez souvent de 25 à 30 mètres. Chacun porte un cylindre ou rouleau ayant ordinairement 1 m. 50 de longueur et 60 centimètres de diamètre. Les deux cylindres sont horizontaux et parallèles entre eux, et ils sont disposés de manière à tourner sur leurs axes avec une égale vitesse. Enfin, ils supportent une forte toile sans fin qui se tend à volonté pour qu'elle soit toujours entraînée par leur rotation. C'est sur cette toile que se pose le tissu qu'on veut enduire ; l'on en coud les deux bouts ensemble afin qu'il suive la toile dans tous les mouvements que lui impriment les cylindres.

A une petite distance du cylindre de devant se trouvent, l'une au-dessus de l'autre, deux règles ou barres transversales en bois ou en fonte, qui ont toute la largeur de l'appareil, et entre lesquelles passe la toile sans fin. La barre supérieure, ou le *couteau*, a le dessous en forme de tranchant arrondi ; elle a pour objet de limiter l'épaisseur de la couche d'enduit, et pour qu'elle puisse produire cet effet, des vis de pression et de rappel permettent de l'éloigner et de la rapprocher du tissu autant que cela est nécessaire. Quant à la barre inférieure, elle sert à maintenir l'horizontalité parfaite de la toile, à empêcher qu'il s'y forme des plis, ou qu'elle aille de biais, enfin à régulariser la pression de la barre supérieure ; pour faciliter son fonctionnement, elle a les angles arrondis et, de plus, elle est recouverte d'un drap de molleton. Enfin, en avant de la barre supérieure, est fixée une espèce d'auge ou de boîte analogue à l'encrier des machines à imprimer les étoffes et qui contient la dissolution de caoutchouc.

Après la description qui précède, le travail de l'ouvrier enduiseur est facile à comprendre. Le tissu étant posé sur la toile sans fin, on règle la hauteur du couteau puis on met les cylindres en mouvement. La toile et le tissu cheminent ensemble, entraînant la pâte sous le couteau qui l'étend uniformément, et l'opération marche avec une telle vitesse (environ 10 mètres par minute) qu'il ne faut pas plus de 7 minutes pour enduire une longueur de 69 mètres. Il n'y a plus alors qu'à laisser évaporer le dissolvant contenu dans la couche pâteuse qui vient d'être appliquée, afin qu'il ne reste sur le tissu qu'une membrane très mince de caoutchouc. L'évaporation dure de dix à quinze minutes quand on a employé le sulfure de carbone pour dissolvant, et de deux à trois heures quand on s'est servi d'une essence légère. Lorsqu'elle est terminée, on peut donner au tissu autant de couches successives qu'on le juge utile, en procédant exactement pour chacune d'elles comme on a procédé pour la première.

Quand la dernière couche est suffisamment sèche, on donne au caoutchouc une couche de vernis formé de gomme laque et d'alcool, et que l'on colore ordinairement en noir par du noir de fumée léger. Il n'y a plus alors qu'à enrouler le tissu sur un dévidoir portatif, après quoi il est prêt à être livré aux confectionneurs.

Ce qui précède concerne uniquement les tissus simples, c'est-à-dire enduits d'un seul côté. Pour enduire les deux côtés, il suffit de retourner l'étoffe sur la toile sans fin et de répéter sur la seconde face ce qu'on a fait sur la première. Seulement, dans ce cas, on n'applique ordinairement que cinq ou six couches sur chaque face.

Quelquefois, on interpose l'enduit entre deux étoffes. L'opération ne présente aucune difficulté. On enduit d'une de deux ou trois couches, l'une des faces de chaque tissu, puis l'on applique l'une sur l'autre les faces enduites et l'on passe le tout entre les cylindres d'un laminoir qui les compriment et les font adhérer.

Anciennement, on laissait quelquefois le séchage s'effectuer spontanément à l'air libre, le plus souvent on l'abrégeait notablement en exposant les tissus dans une étuve. De quelque façon qu'on agît, on éprouvait une perte de temps d'autant plus considérable que le nombre des couches superposées était plus grand, en sorte que l'application de quatorze couches n'exigeait pas moins de 28 à 30 heures. Aujourd'hui, dans les usines importantes, la durée de l'opération est tellement réduite que les quatorze couches dont nous venons de parler ne demandent pas plus de deux heures. On obtient ce résultat au moyen d'une disposition particulière imaginée par MM. Cuminge et Guibal.

Cette disposition consiste à placer sous la toile sans fin TT (figure 4, pl. I), à un mètre de distance du couteau c, une sorte de caisse plate en tôle BB, légèrement bombée, sur laquelle cette toile s'appuie sur toute sa largeur et sur une longueur d'environ 5 mètres. Cette caisse reçoit par un tube c la vapeur libre d'un générateur, qui entretient sa température à 90 degrés, et la vapeur condensée s'écoule par deux autres tubes dd, vers le retour d'eau. La chaleur ainsi transmise à la couche mince de caoutchouc hâte à tel point l'évaporation du dissolvant qu'après avoir quitté la caisse, l'étoffe ne conserve aucune trace de ce dernier. En sept minutes, chaque couche est étendue et séchée sur le tissu, que l'on déroule alternativement de l'un des deux rouleaux dévidoirs RR pour s'enrouler sur l'autre.

Les mêmes inventeurs ont placé au-dessus de la caisse, sur une longueur de 3 mètres, un réfrigérant rr formé de deux lames de bois ou de métal assemblées comme une toiture sous une inclinaison de 45 degrés. Ces lames sont refroidies par un courant d'eau continu qu'amène à leur sommet un tube longitudinal ss criblé de petits trous, par lesquels le liquide s'écoule sans interruption pour tomber sur une toile très claire appliquée sur les deux pentes, et qui, après l'avoir disséminé régulièrement sur la surface de celles-ci, la dirige dans les rigoles extérieures mm établies à la base des pentes, une de chaque côté. Ce réfrigérant rassemble et condense les vapeurs du dissolvant qui s'élèvent de l'enduit, et le liquide résultant de la condensation coule le long des plans inclinés et se réunit dans deux rigoles, qui le conduisent au dehors dans un égal nombre de récipients I. Les figures 12, 13 et 17 représentent divers détails de l'appareil.

§ 3. TISSUS POUR CHAUSSURES AMÉRICAINES.

On a importé des États-Unis une toile obtenue avec le caoutchouc dissous et qui est surtout employée pour la fabrication des souliers dits *américains*.

Pour préparer l'enduit on ajoute au caoutchouc environ deux fois son poids de craie, de litharge, de noir de fumée, de soufre en fleur ou d'autres substances étrangères, qui lui ôtent presque toute son élasticité et permettent de le laminer facilement entre des cylindres chauffés par la vapeur.

Le laminoir dont on se sert pour appliquer l'enduit sur l'étoffe se compose de trois cylindres montés dans une même cage (figure 7, pl. I.) On fait passer entre les deux premiers cylindres le mélange, après l'avoir modérément chauffé afin de le rendre malléable. On obtient ainsi une feuille mince, que le second cylindre entraîne vers le troisième; mais, au moment où elle va s'engager entre les deux, on place l'extrémité de la pièce de toile à enduire entre elle et le troisième cylindre. La toile et la feuille cheminent alors ensemble, et la pression force le caoutchouc à entrer dans les pores du tissu et le fait adhérer fortement à celui-ci.

Les toiles préparées par ce procédé ont l'inconvénient d'être lourdes, à cause de la grande quantité de matière qui est nécessaire pour en couvrir la surface; mais elles présentent l'avantage d'être plus économiques que les autres. En outre, le procédé permet de donner au caoutchouc une forte épaisseur d'un seul coup et avec facilité.

Observations.

A propos de l'imperméabilisation des étoffes par le caoutchouc, Ch. Goodyear a publié la note suivante :

« On sait qu'autrefois on était dans l'habitude, pour enduire les tissus de caoutchouc, de se servir d'une solution très fluide de cette matière; mais le mode le plus généralement pratiqué dans ces dernières années a consisté à mélanger seulement une certaine quantité du dissolvant au caoutchouc afin de pouvoir l'étendre avec facilité en faisant passer le tissu sous une lame droite, par une jauge ou une filière.

« On a aussi proposé de réduire d'abord le caoutchouc en nappe au moyen de cylindres et de l'appliquer sous cet état à la surface du tissu à l'aide de la pression entre deux rouleaux. Chacune de ces méthodes, quand on s'en sert pour des tissus épais, lâches et grossiers, fait que le poids du caoutchouc nécessaire pour remplir les vides ou les inégalités de ces sortes de tissus est très considérable, et rend l'application du caoutchouc à ces tissus trop dispendieuse pour les personnes qui les emploient.

« Mon but a été d'appliquer un enduit ou une surface de caoutchouc sur les tissus grossiers (de la grosse toile, du canevas, etc.) de manière que les interstices et les surfaces irrégulières ne soient pas comblées ou remplies, mais recouvertes d'une couche mince de caoutchouc ou d'un composé de cette substance, adhérant seulement aux points les plus élevés de la surface, ce qui exige sans comparaison une bien plus faible quantité de caoutchouc pour obtenir une surface complètement hydrofuge en tissu grossier.

« Le perfectionnement dans le procédé consiste à agir sur la surface du tissu qu'on veut enduire de caoutchouc, de manière à ce qu'il n'y ait d'abord comme on l'a dit, que les points proéminents et les parties élevées touchés par cette matière, puis à appliquer une nappe extrèmement mince de caoutchouc ou d'un composé de cette substance par une pression qui la fait adhérer dans les points de la surface précédemment touchés par le caoutchouc.

« A cet effet, on emploie deux cylindres chauffés, dont l'un, le supérieur, se meut avec une vitesse à la surface un peu plus grande que celle de l'autre. Le cylindre inférieur est recouvert d'un feutre ou de caoutchouc vulcanisé, afin d'offrir un lit ou surface élastique au tissu qu'on veut couvrir. Ce tissu est amené entre les deux cylindres et marche en avant par les moyens bien connus. A mesure que les cylindres en tournant le font avancer, on place sur la surface du tissu du caoutchouc sortant de la machine à pétrir. Ce caoutchouc est pincé par les deux cylindres, et comme le cylindre supérieur a une vitesse plus grande à sa surface que l'inférieur, la matière gommeuse ne s'applique que sur les portions les plus élevées de la surface du tissu, laquelle se charge ainsi d'une légère couche de caoutchouc, tandis que les parties profondes ne sont pas touchées et ne se remplissent pas.

« Le tissu ainsi traité doit recevoir ensuite une couverture complète de caoutchouc. A cet effet, on y applique une nappe très mince de cette substance en le faisant passer de nouveau entre les cylindres chauffés. Toutefois, il vaut mieux employer une nappe extrêmement mince d'une sorte d'étoffe de caoutchouc, préparée ainsi qu'on l'a fait jusqu'à présent en cimentant un bâti de coton ou de laine, et pour que la couche mince de caoutchouc adhère au tissu grossier, on les passe ensemble entre des cylindres à surface et vitesse égales, au moyen de quoi les points de la surface du tissu qui ont été enduits de caoutchouc adhèrent seuls à la nappe de cette substance, ce qui produit une surface régulière hydrofuge où la quantité de caoutchouc qu'on a employée est faible quand on la compare à celle qu'on use ordinairement quand on est obligé de remplir tous les vides, toutes les irrégularités toutes les ondulations que présente la surface des tissus lâches et grossiers. »

CHAPITRE XII

Vêtements en caoutchouc.

Les vêtements en caoutchouc se font avec les tissus préparés avec les dissolutions.

Pour les vêtements ordinaires, on emploie les tissus simples, c'est-à-dire enduits seulement d'une ou deux couches et vernis.

Pour les vêtements de luxe, on se sert de tissus doubles, c'est-à-dire formés d'une couche ou deux d'enduit emprisonnées entre deux étoffes.

Le caoutchouc est donc en dehors, par conséquent,

apparent dans le premier cas, et en dedans, par conséquent non apparent, dans le second.

Pour enjoliver l'aspect des vêtements qui ont le caoutchouc en dehors, on a essayé, en Angleterre surtout, de saupoudrer de poudre de laine la face enduite, afin de faire des tissus caoutchoutés une espèce de drap artificiel, mais ces tentatives n'ont eu aucun succès. On conçoit d'ailleurs que cette poudre de laine ne saurait avoir aucune solidité, exposée qu'elle est à être enlevée au bout de peu de temps par le frottement.

———

La confection des vêtements en caoutchouc a lieu comme celle des vêtements ordinaires. Seulement, quand on a cousu ensemble les différentes pièces, on colle sur les coutures une bande étroite de l'étoffe caoutchoutée, afin d'empêcher l'eau ou l'humidité de s'y introduire.

———

On reproche aux vêtements en caoutchouc de se ramollir au soleil et, en général, à la chaleur, ce qui les déforme, et de plus, de se durcir par le froid, surtout quand on n'a pas employé, pour la préparation des enduits, des gommes et des dissolvants de premier choix. En outre, les corps gras les décomposent et les rendent poisseux. La vulcanisation pourrait remédier à ces inconvénients.

Malheureusement, toutes les matières textiles ne peuvent pas supporter la haute température qu'exige cette opération. La soie et la laine sont particulièrement dans ce cas ; elles se crispent, se brûlent et perdent leur lustre et leur ténacité. Au contraire, le coton, le chanvre, le lin, le jute et, en général, toutes les substances d'origine végétale, ne sont nullement altérées. M. G. Gérard a mis à profit cette propriété des textiles végétaux pour préparer des étoffes solides et à bon marché.

Son procédé consiste à donner à l'une des faces de deux tissus, une couche d'enduit préalablement additionné de 4 à 5 pour cent de soufre, à coller les deux faces l'une sur l'autre, puis à les rouler sur un cylindre en tôle et à les soumettre ainsi disposées à l'action de la vapeur à 140 degrés, afin d'en opérer la vulcanisation. De cette manière on obtient des toiles doubles que l'on coupe, assemble et coud comme à l'ordinaire, et qui fournissent des vêtements inaltérables par le chaud, le froid et les corps gras, et qui peuvent se laver à l'eau bouillante et dans les lessives alcalines, sans qu'il puisse en résulter aucune détérioration.

Quelques mots maintenant sur les vêtements en caoutchouc considérés au point de vue de l'hygiène.

« Imperméables aux gaz et aux vapeurs aussi bien qu'aux liquides, les vêtements en caoutchouc présentent, comme on le sait, des inconvénients sérieux, car s'ils nous garantissent des eaux du dehors, ils condensent l'humidité de la transpiration, et maintenant ainsi dans un état de moiteur constante les vêtements ordinaires, ils vont directement en définitive contre le but pour lequel ils sont employés. Cet état de moiteur, qui s'aggrave quand une progression rapide rend la transpiration plus abondante donne, lieu, quand on pénètre dans un lieu chaud, à la suite d'une marche forcée, à une évaporation prompte et à une réfrigération subite, qui rend peut-être l'usage de ces vêtements la source de beaucoup de maladies qu'ils semblaient destinés à prévenir.

« Ces inconvénients disparaîtraient si l'on s'accoutumait à regarder les étoffes imperméables, non pas comme des vêtements que l'on porte habituellement, mais comme des espèces de parapluies qu'il convient de développer en cas d'averse, mais qu'il faut se hâter de replier quand la pluie cesse de tomber.

« Tant que le problème d'obtenir des étoffes perméables aux gaz et rendues non adhésives à l'eau par le caoutchouc ou toute autre matière, n'aura pas été résolu, les étoffes imperméables ne pourront pas avoir d'autre rôle réellement hygiénique que celui qui vient de leur être assigné, et tout ce qui tendra à les rendre souples, fines, légères, sans trop nuire à leur résistance, de manière à ce qu'on puisse les porter sans fatigue sous le bras, les enfermer même dans la poche comme un mouchoir, contribuera à leur faire rendre les seuls services que nous avons lieu d'en attendre.

« Cette faculté précieuse d'être à la fois imperméable à l'eau et perméable à la transpiration qui existe dans le duvet des oiseaux aquatiques, existe dans l'acétate d'alumine, dont l'emploi conseillé depuis longtemps, paraît appelé à rendre à l'hygiène du peuple et de l'armée des services notables, en même temps qu'il semble appelé à créer une concurrence sérieuse au caoutchouc pour les étoffes imperméables. » (Balard).

CHAPITRE XIII

Pâtes, Huiles de graissage, Mastics.

§ 1. — PATES.

Les pâtes de caoutchouc se préparent toutes de la même manière. On emploie surtout, pour cette préparation, les feuilles minces obtenues par le procédé de l'étirage. Après avoir divisé ces feuilles en menus fragments, on les place dans un vase clos avec une quantité convenable (1/2, 2 fois, 3 fois ou 4 fois leur poids) d'un dissolvant, qui est habituellement la benzine ou l'essence de térébenthine rectifiée, et l'on abandonne le mélange à lui-même pendant vingt-quatre à quarante-huit heures. Au bout de ce temps, le caoutchouc se trouve suffisamment gonflé et amolli. On l'introduit alors dans un appareil malaxeur (voyez page 68), où on le travaille jusqu'à ce qu'il se trouve converti en une pâte parfaitement homogène.

Les pâtes de caoutchouc ne sont donc autre chose que des dissolutions de cette matière. On les rend plus ou moins fluides en augmentant ou diminuant la quantité du dissolvant.

On a déjà vu que ces préparations servent à faire des raccords entre des objets en feuilles de caoutchouc, à souder bout à bout les pains de caoutchouc aggloméré, à préparer les tissus imperméables, etc. On y a également recours pour enduire les boiseries en contact avec les murs humides, pour confectionner des reliures où elles remplacent la colle ordinaire, pour coller le bois, le carton, etc., etc. Mélangées avec de la sciure de liége, elles forment un mélange plastique avec lequel on fabrique des bouchons, des plaques pour planchéier les appartements, des semelles de chaussures, etc.

§ 2. — GLU MARINE, GLU TRANSLUCIDE.

La préparation dite *glu* ou *colle marine* a été ainsi nommée parce que l'anglais Jeffery, son inventeur, la destinait spécialement à réunir les bois des constructions maritimes et à calfater les navires, mais on a étendu depuis ses applications aux constructions terrestres.

Cette colle consiste en une dissolution de caoutchouc dans l'huile essentielle de goudron, à laquelle on ajoute de la gomme-laque. Les proportions employées sont de 34 parties d'huile essentielle et de 2 à 4 de caoutchouc.

Après avoir découpé le caoutchouc en menus morceaux, on le fait macérer dans l'huile essentielle, et l'on favorise la dissolution par la chaleur et l'agitation, ou bien, ce qui est beaucoup simple, mais plus long, on opère comme il a été dit pour la préparation des pâtes, en abandonnant les matières à elles-mêmes. Dans tous les cas, quand le caoutchouc est entièrement dissous, et que le mélange a la consistance d'une crème épaisse, on y ajoute 60 à 64 parties de gomme-laque en poudre.

Le tout est ensuite chauffé, soit à feu nu, soit, ce qui vaut mieux, à la vapeur, dans un vase de fer ou de cuivre, et brassé jusqu'à ce que la fusion soit complète et la masse bien homogène. On enlève alors le vase de sur le feu, et l'on en verse le contenu sur des dalles ou sur des tables de métal où, par le refroidissement, il se convertit en plaques que l'on conserve pour l'usage.

Pour employer la glu marine, on la porte dans un vase de fer, à la température de 120 degrés, et on l'applique toute chaude, à l'aide d'une brosse, sur les surfaces que l'on veut réunir, surfaces qui doivent être bien sèches, en ayant soin de l'étendre en couches d'une épaisseur uniforme. Comme elle se refroidit aussitôt qu'elle a été étendue, il faut la ramollir, de temps en temps, en ramenant sa température à 60 degrés, ce qui se fait en passant dessus des fers chauds. On plonge immédiatement dans l'eau les parties qui viennent d'être soudées.

La glu marine est absolument insoluble dans l'eau, et la chaleur du soleil ne la fait pas couler. Enfin, elle a une force d'adhésion si remarquable, qu'elle résiste à une traction de 20 à 25 kilogrammes par centimètre carré, tandis que la résistance pratique du sapin, en travers des fibres, ne dépasse pas 12 où 15 kilogrammes : d'où cette conclusion qu'avec la glu marine les chances sont moindres de voir rompre une pièce de bois par le joint collé qu'à travers le bois lui-même.

Les proportions que nous venons de donner n'ont rien d'absolu. Elles peuvent être modifiées, suivant l'usage particulier auquel le mélange est destiné. Ainsi, par exemple, on diminue la dose de caoutchouc et l'on augmente celle de la gomme-laque, quand on veut donner à la glu plus de consistance et moins d'élasticité.

Il ne faut pas confondre la glu marine de Jeffery, qui est la véritable, avec le produit de même nom que l'on emploie, dans les constructions privées, à la place des enduits hydrofuges ordinaires, pour préserver de l'humidité et de l'action de l'air les surfaces qu'on veut protéger contre ces agents. Ce produit n'a, en effet, rien de commun avec le précédent, car il est uniquement formé de blanc de zinc, d'huile de goudron et de brai de gaz. Il y en a deux sortes, qui peuvent s'appliquer à froid, l'une noire et l'autre blonde. La première est principalement utilisée pour enduire les murs en pierre ou en plâtre, les charpentes de fer ou de tôle. La seconde est généralement réservée pour les bois, auxquels elle conserve leur couleur ; on l'utilise aussi pour le vernissage des charrettes, des voitures, des wagons, etc.

En 1850, M. Lenher, de Philadelphie, a proposé, pour le collage des objets de verre, une espèce de *glu translucide* qui se prépare en faisant dissoudre 75 parties en poids de caoutchouc dans 60 parties de chloroforme. Quand la dissolution est complète, on y ajoute 15 parties de mastic et on laisse macérer pendant huit ou dix jours.

En forçant la dose de caoutchouc, on obtient une composition beaucoup plus élastique.

§ 3. — MASTICS.

L'un des meilleurs mastics de caoutchouc est celui dont la composition a été indiquée par Massiat. Pour le préparer, on fait fondre du caoutchouc très divisé, en le chauffant à 120 degrés et ayant soin de conduire le feu avec lenteur. Au commencement de la fusion, on ajoute 1/15 de suif ou de cire et, à partir de ce moment, on ne cesse de remuer les matières. Aussitôt qu'elle est complète, on incorpore au mélange, par petites quantités à la fois, de la chaux éteinte en poudre : avec une partie de chaux pour deux de caoutchouc on a un mastic mou ; en doublant la dose de chaux, le mastic est plus ferme, mais toujours élastique. Une odeur spéciale indique que l'opération marche bien. Enfin, quand la composition a une consistance convenable, on retire le vase du feu, et le mastic est prêt pour l'usage.

Le mastic Massiat est excellent pour la fermeture hermétique des vases (on l'interpose entre le goulot et un obturateur usé sur les bords) et pour le lutage des appareils de chimie et de pharmacie. Il ne dessèche pas et reste longtemps ductile et tenace. Toutefois, rien n'est plus simple que de le rendre siccatif, quand cela est nécessaire ; il suffit pour cela de modifier les dosages ci-dessus ainsi qu'il suit : Caoutchouc, 2 parties ; chaux, 1 partie ; minium, 1 partie.

§ 4. — HUILES A GRAISSER.

Ces huiles sont destinées à adoucir les parties frottantes des machines. Comme celle des mastics, leur composition peut beaucoup varier. L'une des meilleures s'obtient en mélangeant un ou deux centièmes de caoutchouc dissous à l'huile ordinaire de colza.

§ 5. — VERNIS ET PEINTURES.

D'après M. Marting, en ajoutant à chaque kilogramme de couleur à l'huile prête à être employée 12 grammes d'une dissolution de caoutchouc dans l'huile de pétrole blanche, on rend les peintures brillantes et inaltérables à l'action de l'air.

M. Bolley a indiqué le moyen suivant pour obtenir un beau vernis transparent.

Après avoir coupé le caoutchouc en petits morceaux, on le met à digérer dans le sulfure de carbone, puis on traite la gelée produite par la benzine, qui en dissout une partie. On passe alors la solution dans une étoffe de laine, et l'on chasse le sulfure de carbone par une distillation au bain-marie. Enfin, on étend le résidu avec de la benzine, et l'on a pour produit final une solution transparente.

Le vernis ainsi préparé s'incorpore parfaitement avec toutes les huiles grasses volatiles, sèche très vite, n'est pas luisant à moins qu'on ne le mêle avec des vernis résineux, ne se fendille pas, ne s'écaille pas, enfin s'étend en couches aussi minces qu'on peut le désirer, et paraît être inattaquable par l'air et la lumière. Il convient très bien pour enduire les cartes géographiques et les estampes, ainsi que pour fixer les dessins à la mine de plomb.

CHAPITRE XIV

Objets divers.

§ 1. — SACS, COUSSINS, MATELAS A AIR, CEINTURES DE SAUVETAGE.

Les sacs, coussins, matelas à air et autres objets creux analogues se font habituellement avec les tissus imperméables en caoutchouc étiré.

Après avoir découpé les pièces de tissu sous les formes circulaires, elliptiques, rectangulaires, etc. que réclament les objets à confectionner, on en met les bords en contact, puis on les presse à chaud, afin de les souder. On réserve dans l'un des angles la place d'un ajutage muni d'un bouchon à vis et que l'on fixe, en le serrant, après avoir interposé un peu de pâte de caoutchouc. Cet ajutage sert à introduire l'air avec lequel on gonfle les objets afin de les rendre élastiques. On peut aussi, si les objets doivent être vulcanisés, employer ce même ajutage pour y faire pénétrer le liquide propre à la vulcanisation.

§ 2. — TAPIS DE PIED.

Toutes les toiles caoutchoutées peuvent être converties en tapis de pied; il suffit qu'elles aient une épaisseur suffisante. Mais, en ajoutant au caoutchouc des poudres colorées et en employant des toiles fabriquées d'une certaine manière, on peut obtenir des tapis ornés, par une sorte de gaufrage, de dessins en creux ou en relief d'une infinie variété.

« Pour cela, dit M. G. Gérard, l'inventeur du procédé, nous prenons une pièce de toile dont la surface a été décorée par le tissage du grain ou du dessin que l'on veut reproduire sur le caoutchouc. Après l'avoir légèrement humectée, nous appliquons à sa surface la feuille de caoutchouc frottée de talc, puis nous l'enroulons fortement sur un cylindre en tôle, et nous soumettons le tout, dans la vapeur d'eau, à une température de 115 degrés environ. Sous l'action de la chaleur, le caoutchouc se ramollit, se gonfle, vient épouser tous les détails du tissu et les conserve exactement.»

Pour faire des tapis avec les toiles ainsi obtenues, il n'y a plus qu'à les couper, les souder et les façonner comme les toiles ordinaires. En outre, si l'on a mélangé préalablement du soufre ou des sulfures au caoutchouc, on peut, comme on le verra plus loin, vulcaniser les toiles en les exposant à une température de 130 à 160 degrés.

§ 3. — BATEAUX INSUBMERSIBLES.

A diverses époques, on a fait en Amérique, en Angleterre et ailleurs, en procédant comme pour les matelas à air, avec des toiles caoutchoutées, des bateaux de dimensions variables qui flottent par suite de l'insufflation de l'air dans des cavités ménagées à cet effet. Ces appareils, très faciles à transporter, ont rendu des services dans plusieurs circonstances ; mais on a fini par s'apercevoir que leur insufflation exige beaucoup trop de temps, et qu'en outre ils deviennent inutiles, quand une cause quelconque produit des déchirures dans les parties gonflées, parce qu'il est absolument impossible de réparer sur place les avaries. On a été ainsi amené à changer complétement leur mode de construction.

Aujourd'hui, les bateaux en caoutchouc sont formés d'une carcasse très légère en bois, recouverte d'une forte toile caoutchoutée ou plutôt de deux toiles semblables réunies entre elles par une couche de caoutchouc dissous. Ces toiles constituent les parois extérieures de l'embarcation, et leur souplesse permet à la carcasse, dont les différentes parties sont d'ailleurs réunies par des charnières, de se plier de manière que le tout n'occupe qu'une petite place. On conçoit qu'avec ce système nouveau, dans lequel le corps flotte, en raison de sa forme, comme un bateau ordinaire, l'introduction de l'eau déterminée par une déchirure accidentelle, peut être arrêtée par un obturateur quelconque, en sorte que se trouvent supprimés en très grande partie les dangers auxquels exposait l'ancien système. De plus, rien n'a été changé quant à la légèreté des bateaux, à la facilité de leur transport et à la faculté de les mettre promptement en service.

§ 4. — BOUCHONS EN CAOUTCHOUC.

On applique le caoutchouc à la bouchonnerie de trois manières différentes, mais toujours à l'état de dissolution.

1° En trempant les bouchons dans la dissolution, on les rend imperméables aux gaz, qualité précieuse pour les fabricants de vins de Champagne et autres produits gazeux.

2° Dans une planche de liége on découpe des parallélipipèdes qu'on soude entre eux avec de la pâte de caoutchouc, après quoi on les serre fortement dans un châssis approprié, et on les met à l'étuve jusqu'à ce qu'ils se trouvent parfaitement secs. On obtient ainsi des blocs dans lesquels on taille des bouchons à la manière ordinaire, et auxquels on peut donner les dimensions les plus variées.

3° Avec un mélange de pâte de caoutchouc et de liége râpé, on forme une masse que l'on peut convertir directement en bouchons par le procédé du moulage, ou dans laquelle, quand elle est sèche, on taille des bouchons en opérant comme il vient d'être dit.

4° On fait quelquefois des bouchons avec du caoutchouc râpé, par le procédé du moulage à chaud. Parfois aussi, on les découpe dans des blocs obtenus comme il a été dit. Dans ce dernier cas, on mouille ordinairement l'instrument tranchant avec une lessive de potasse ou de soude caustique. Plusieurs fabricants préfèrent employer le carbonate de soude. De plus, afin d'éviter le rétrécissement en diamètre, ils pressent fortement le caoutchouc sur un liège, jusqu'à ce que le bouchon ait été complétement isolé par le couteau.

§ 5. — KAMPTULICON.

Les Anglais ont donné le nom de *Kamptulicon*, d'un mot grec qui signifie « courber », à une matière élastique qui est faite d'un mélange de liége râpé, de caoutchouc en pâte et de bourre de coton. On remplace quelquefois le caoutchouc par de l'huile de lin ou de noix lithargirée, rendue solide par la vulcanisation.

Le kamptulicon est surtout employé pour faire des tapis et pour former, dans les salles très fréquentées, un sol inusable et sur lequel les chaussures les plus grossières ne produisent aucun bruit. On a proposé d'en appliquer une couche épaisse sur la muraille intérieure des navires afin de diminuer les dégâts produits par les projectiles.

§ 6. — CALFATAGE AU CAOUTCHOUC.

R. F. Brooke, ingénieur américain, a proposé d'utiliser le caoutchouc pour le calfatage des navires et des embarcations en bois. Deux procédés peuvent, dit-il, être employés.

1° On pratique une rainure sur champ dans toute l'étendue des bordages qui doivent être en contact, on introduit dans cette rainure un cylindre de caoutchouc, et l'on force les bordages à presser l'un sur l'autre.

2° On fixe tout simplement une bande de caoutchouc entre les deux bordages.

D'après l'inventeur, les joints, quel que soit le procédé qu'on emploie, sont beaucoup plus étanches que par la méthode ordinaire.

§ 7. — COURROIES.

Pour faire les courroies, on découpe des toiles de coton ou de chanvre, on les enduit de caoutchouc liquide ou plutôt pâteux, puis on les applique les unes sur les autres et, à l'aide d'une pression convenable, on les fait adhérer de la manière la plus intime.

Le nombre des bandes de toile dépend naturellement de l'épaisseur qu'on veut donner aux courroies.

Quelquefois, pour que les courroies soient plus solides, on coud les différentes toiles après qu'elles sont collées.

Nous entrerons dans de plus grands détails sur cette fabrication, où elle a plutôt sa place véritable, dans l'un des chapitres consacrés à la vulcanisation.

§ 8. BONNETERIE.

« Parmi les applications qui ont été faites du caoutchouc dans la bonneterie on remarque surtout celle qui a pour but de garnir d'une ceinture élastique les bas, gants, jupons de femme, caleçons, bonnets de coton, etc., qui doivent ainsi rester intimement adhérents sur les parties du corps où on les applique, sans le secours de ces liens toujours incommodes et qui ont d'ailleurs quelques inconvénients pour la santé des individus.

« La manière de garnir ainsi l'entrée ou l'ouverture des gants, des bas, des caleçons, des jupons de femme, avec un bandeau élastique qui les maintient à leur place, paraît bien simple. Cependant elle a donné lieu à l'invention de divers instruments et procédés que nous croyons utile de rappeler en peu de mots, mais qui ne paraissent pas avoir complètement atteint le but.

« D'abord les uns ont pris des bandes de caoutchouc et les ont introduites entre les deux surfaces du tissu ou du tricot rabattu à cet effet. Ce mode a présenté des inconvénients et des difficultés, ainsi qu'il est aisé de le concevoir. En effet, si au moment où l'on renfermait la bande de caoutchouc dans le tissu rabattu, cette bande était à l'état naturel, il s'en suivait qu'elle n'avait plus ensuite la force de ressort nécessaire pour serrer fortement la partie qu'elle devait embrasser ; d'un autre côté, si on l'étirait lors de son introduction, il arrivait qu'en revenant sur elle-même, elle faisait faire au gant ou au bas un grand nombre de plis peu agréables. On a bien cherché à éviter ces grimaces en rétrécissant l'entrée des bas ou des gants, mais il a toujours été difficile d'ajuster ainsi l'élasticité du tricot et celle de la gomme, et souvent même le rétrécissement était devenu tel qu'il était impossible de chausser, mettre ou coiffer les articles sans les ouvrir au-delà du terme de leur extension ou sans en rompre les mailles. Ce procédé est donc peu répandu, s'il n'est même abandonné aujourd'hui.

« Le second moyen qu'on a mis en usage a consisté à prendre des bandes du tissu élastique en gomme dont on fabrique actuellement les bretelles, et dont le mode de fabrication est bien connu, et à le coudre sur l'ouverture des objets de bonneterie ou à l'introduire entre les doubles du tricot rabattu. Ce moyen a présenté les mêmes inconvénients que le précédent, et n'a pas eu plus de succès.

« Il faut remarquer, en outre, que ces bandes ou ces tissus ont besoin pour embrasser les jambes, les bras, la tête ou le corps, d'être rapprochés et cousus par leurs extrémités, et que dans ces points de jonction qui ne sont plus élastiques, il y a une prompte détérioration, le fil de soie, de lin ou de coton dont on se sert pour faire cette réunion coupant très promptement la bande ou le tissu dans les tiraillements qu'on opère pour élargir les ouvertures au moment où l'on va revêtir les objets.

« Le troisième moyen a consisté à former un tissu avec le fil de caoutchouc, c'est-à-dire à le tisser sur un métier comme le galon, et à en former des bandes qu'on découpe suivant la largeur voulue pour en former, après en avoir réuni les bouts, des espèces de jarretières ou des ceintures qu'on cousait sur le bord des bas, gants, caleçons, jupons, etc. Ce moyen, qui offre une partie des défauts des précédents, ne s'est pas beaucoup propagé, et nous ne nous rappelons même pas d'avoir vu beaucoup d'articles de bonneterie qui fussent établis d'après ce principe.

« Un quatrième moyen, qui a eu un peu plus de vogue et qui est encore appliqué, consiste, au moment où les objets sont sur le métier, à faufiler avec une longue aiguille d'acier des fils de caoutchouc dans toutes leurs mailles jusqu'à une certaine distance, afin d'y former des bandes élastiques et susceptibles d'embrasser fortement les parties du corps sur lesquelles on les applique. Ce moyen n'est pas mauvais et il n'a contre lui que la longueur du procédé pour introduire ainsi le fil de gomme dans tous les intervalles du tricot.

« Enfin, nous venons de voir divers articles de bonneterie rapportés d'Angleterre, où l'on a employé tout récemment un cinquième moyen qui aurait peut-être dû se présenter l'un des premiers à l'esprit des inventeurs, et qui se réduit tout simplement à se servir du fil de caoutchouc comme du fil ordinaire, c'est-à-dire à en faire sur le métier à bas un tricot dans une certaine hauteur de bande qu'on détermine, et à continuer ensuite avec la laine ou le coton le travail comme à l'ordinaire, en passant dans la dernière maille du fil de gomme la première maille de ces matières textiles.

« Dans ce procédé, on ne se sert pas du caoutchouc en fil étiré qu'on fait ensuite revenir sur lui-même par la chaleur, mais du fil revenu déjà à son état naturel et avec toute son élasticité. Ce fil, dans certains produits, est enveloppé comme à l'ordinaire d'un autre fil végétal ou animal en spirale, tandis que, dans d'autres, il est à nu.

« Nous devons dire que ce dernier moyen nous a paru présenter de l'avantage sur les précédents sous le rapport de la pression égale et uniforme qu'il donne sur les parties du corps où les vêtements sont appliqués, et que le tricot de caoutchouc offre une facilité d'extension et d'élasticité vraiment extraordinaire. Nous craignons seulement que les fils de coton ou de laine ne coupent un peu trop promptement les mailles de caoutchouc dans lesquelles ils sont passés, ce qui serait un inconvénient auquel les fabricants devraient chercher à apporter remède. »

(*Technologiste.*)

§ 9. — RELIURE AU CAOUTCHOUC.

On a eu plusieurs fois l'idée de substituer des dissolutions de caoutchouc à la colle ordinaire dans la reliure des livres. Voici ce que dit à ce sujet l'anglais Dowsett, l'un de ceux qui se sont plus particulièrement occupés de cette innovation.

« Par ma nouvelle méthode perfectionnée de relier, j'évite toute espèce de points et de couture, soit pour unir ensemble les feuilles ou pages d'un livre, soit pour les attacher au dos extérieur et à la couverture ; par elle, en outre, je ne me sers plus, pour le dos intérieur d'un livre, des fortes et épaisses couches de la colle et de la glu employées maintenant. Je remplace enfin tous les moyens usités dans la reliure en formant tout simplement un dos intérieur d'une telle solidité, que les feuillets ou pages lui restent pour toujours attachés. Ce dos est en même temps tellement élastique, que lorsque le livre est ouvert, il reste de lui-même en cet état, sans bouger ni remuer, et qu'il forme en même temps, par le plat des deux côtés, une surface parfaitement unie et du même niveau.

« Ce procédé qui s'applique à toutes les branches qui se rattachent à la reliure sous quelque dénomination qu'elles puissent être, est, pour le brochage surtout, d'une grande valeur, puisqu'il procure plus d'un tiers d'économie dans le temps actuellement nécessaire à brocher. Pour arriver aux résultats ci-dessus énoncés, je procède comme suit : je rends siccative de l'huile de lin par de violentes ébullitions ;

lorsqu'elle est presque sèche, je la fais dissoudre dans huit fois son poids d'esprit de térébenthine, deux fois et demie son poids d'éther, cinq fois son poids de camphre, de naphte ou de toute autre huile essentielle ; au lieu d'huile de lin, je puis employer et j'emploie également la gomme élastique, et même le bitume élastique qui découle des fissures du toit schisteux des mines de plomb du Derbyskire, et je les dissous de la même manière, par l'éther, la térébenthine et les huiles essentielles, en suivant toujours les proportions énoncées ci-dessus.

« Ma composition étant ainsi préparée, je l'étends par couches horizontales et successives ; deux généralement suffisent sur de la toile de coton, de la soie, du cuir, enfin sur toute espèce d'étoffe d'un tissu flexible, en ayant soin, toutefois, qu'une seule surface de l'étoffe reçoive la composition. En même temps, pour préparer le livre que je dois relier, je le mets dans une presse à couper, pour lui rogner une partie du dos, laissant en dedans de la presse autant de la marge du dos que possible. Pour avoir néanmoins en dehors de la presse une portion du dos du livre haute de 3 à 4 lignes (anglaises), en sus de cette partie du dos que je dois enlever, je place sur les bords de la presse, près du livre, deux lattes de la même hauteur que la partie du livre que je désire conserver ; j'affermis ces deux lattes pour qu'elles n'empêchent point l'action du fût ou du couteau. Je presse alors fortement mon livre, et le fût, en passant le long de la presse enlève seulement la partie que je veux rogner, puisque, en retirant les deux lattes, j'ai de libres sur le dos du livre, et ce en dehors de la presse, 3 ou 4 lignes en sus de ce que j'ai coupé. J'applique alors sur cette partie du dos du livre qui dépasse la presse ou les deux planches entre lesquelles je puis avoir placé mon livre avant de le mettre en presse, deux ou trois couches de la composition, en commençant par une plus déliée que les subséquentes, et en prenant soin de ne les appliquer l'une après l'autre que lorsque la précédente est sèche ; quand elles le sont toutes, ce qui arrive en peu d'instants, je place sur le dos du livre ainsi enduit un morceau de l'étoffe que j'ai préparée, comme déjà décrite en lui donnant la dimension du dos du livre, plus néanmoins des bords capables de servir à l'adhésion de la reliure ou couverture que je désire adapter au livre. Je frotte fortement avec un instrument cylindrique le dos, à l'effet que la matière dont l'étoffe est enduite, et celle du livre, ne forment plus qu'un seul et même tout ; si je désire que mon livre soit relié à la manière dite Bradel, je procède alors en suivant la méthode ordinaire employée à cet égard.

« Le dos du livre étant parfaitement achevé, la reliure, en tout ce qui concerne l'application de la couverture et du brochage, est continuée et finie de la même manière qu'elle l'est actuellement par les moyens habituellement usités. Je dois faire observer que, pour éviter que l'effet du fût ou couteau, en passant sur les parties du dos du livre au fur et à mesure que la coupure s'opère, rende le dos entièrement lisse par ce frottement et empêche que les couches de composition que j'applique adhèrent, je rends ce même dos raboteux en le raclant avec un couteau, du verre ou tout autre instrument capable de produire le même résultat.

« Dans la formation d'un registre ou d'un grand livre qui demande encore plus de solidité, je puis ne pas couper la partie qui doit former le dos, et procéder comme il suit : je place l'une contre l'autre chaque feuille de papier, et je prends soin, en les mettant à la presse, que les plis, en s'approchant, forment une surface parfaitement unie et plate ; je les presse fortement et j'applique mes couches de composition et l'étoffe qui doit former la seconde partie du dos, de la même manière que lorsque le dos est coupé. Après cette opération, je termine la reliure du volume comme d'habitude.

« Ce moyen serait également applicable aux livres, s'ils étaient composés et imprimés par simples feuilles de quatre pages seulement ; il est aussi applicable aux gravures, dessins, plans, musiques, lettres copiées par la machine, journaux que l'on désire conserver par séries, albums, livres de dessin, mémorandums, agendas et atlas, cartes de géographie, etc., etc. Pour les cartes de géographie et autres surfaces de dimension qui demandent, à cause de leur valeur, plus de soin pour leur préservation, je les plie en deux ; aux plis extérieurs je colle un tissu léger de coton, de soie, de toile, etc., et, lorsque ces plis sont secs, je les mets à la presse, je les enduis et je les finis comme je viens de l'indiquer pour les registres et grands livres.

« Pour brocher, je mets en presse trois ou quatre rangs de livres de quatre, cinq, six chacun, et même plus, si ma presse est assez grande pour les contenir, je les arrange, les presse et les coupe de la manière déjà décrite ; je les enduis tous ensemble, les couvre tous également de l'étoffe enduite, et quand cette opération est finie, je les ôte de la presse, et avec un couteau bien aiguisé, je sépare chaque livre l'un de l'autre, et lui mets ensuite sa couverture, suivant l'usage accoutumé.

« Que ce soit de l'éther ou de l'huile essentielle qui ait servi à faire la dissolution, il faut toujours opérer à froid et boucher hermétiquement le vase qui contient l'huile de lin, ou la gomme, ou le bitume. On peut, lorsque la composition est préparée, augmenter ses facultés siccatives en y joignant une petite quantité de litharge.

« En employant le caoutchouc pour arriver plus facilement à le dissoudre, il faut l'exposer à l'action d'une forte colonne de vapeur d'eau bouillante; après quoi, lorsqu'il est bien gonflé, on le retire, on le sèche en l'exposant à une chaleur modérée, et on le coupe par petits morceaux à l'aide d'un couteau qu'il faut mouiller un peu; il reçoit alors bien plus vite l'effet des dissolvants.

« Soit qu'on ait employé l'éther ou quelque autre huile essentielle, il faut également, pour activer la composition et le séchement de ses couches sur l'étoffe et le papier, que la température soit celle de 25 degrés.

« La couverture des livres peut aussi s'achever à l'aide de la composition; elle est alors imperméable.

« La susdite composition est applicable à la fabrication de toute espèce de carton, au lieu et de la même manière qu'avec la glu ou la colle ordinaire, et en mettant une couche entre deux ou plusieurs feuilles de papier. Ce carton ainsi produit peut être employé à la fabrication des chapeaux, à l'emballage, à la confection des cartouches et autres munitions de guerre, à envelopper les corps morts, enfin à la fabrication de divers objets d'art, d'industrie et de commerce, et à tout ce qui demande à être préservé de l'eau, de l'humidité et de l'air.

Depuis l'invention de mon procédé, j'y ai introduit les perfectionnements qui suivent :

« 1º Lorsque les livres, registres, cahiers, albums, atlas, etc., sont pliés en feuilles simples, j'en forme le dos comme ceux des registres, des grands livres, décrits ci-dessus ; mais lorsqu'ils sont pliés par sections, in-4º, in-8º, in-12, etc., etc., je suis obligé d'en couper le dos pour leur appliquer ma méthode. Pour obvier à cet inconvénient de couper le dos et de rendre ainsi les feuillets ou pages séparés et indépendants les uns des autres, j'emploie le moyen suivant :

« A l'aide d'un couteau, d'une scie, ou de tout autre instrument tranchant capable de remplir le même but, je fais au dos des livres, registres, cahiers, albums, atlas, etc., etc., au lieu de les couper, des incisions ou crans horizontaux, de la même manière que l'on fait les grecques. Je règle la profondeur et la quantité de ces incisions ou crans, suivant le format du livre, registre, etc., etc., en prenant soin d'en faire un en haut et un autre en bas, le plus près possible des extrémités du dos, là où plus tard j'attache la tranche-file. Je remplis, avec une préparation d'huile de lin ou de caoutchouc liquide, les incisions ou crans, en observant que je dois parfaitement enduire tous les feuillets ou pages qui ont été touchés par l'action du couteau ou de la scie. Je fais entrer ensuite dans chaque incision ou cran un morceau d'huile de lin rendue siccative, ou de gomme élastique pareille à celle déjà connue dans le commerce, puis j'y introduis du coton, de la laine, du chanvre ou toute autre matière filamenteuse. Lorsque le tout est bien sec, je finis le dos et j'applique mon étoffe comme je l'ai déjà décrit.

« Ce nouveau perfectionnement conserve les dos

entiers, les rend plus solides, plus compactes, et leur fait recevoir plus aisément ce qu'on appelle le mors, ainsi que l'action du marteau, lorsque le dos doit être fait rond.

« Je remplis également les crans ou incisions de ma solution que j'ai rendue blanche, et même, au moyen d'essences, je lui ôte son odeur désagréable.

« Je forme aussi le dos extérieur, ou une partie du dos extérieur, des livres, registres, cahiers, albums, atlas, etc., etc., leurs coins ou toute autre partie sujette à une friction continuelle, en y appliquant, soit un morceau d'huile de lin rendue siccative, soit un morceau de caoutchouc ; et je remplace aussi les dos et coin de cuivre, de fer, tôle, etc., etc.

« 2° Comme la tranche-file, telle qu'elle est maintenant fabriquée, empêche le dos des livres, registres, albums, atlas, etc., etc., de s'ouvrir, par la résistance qu'elle offre, soit que les livres soient reliés par l'ancienne méthode, soit même lorsqu'ils le sont par ma nouvelle, avec dos coupé ou dos non coupé, je remplace cette tranche-file par un morceau d'huile de lin rendue siccative ou de gomme élastique, et je les colore pour imiter la tranche-file. Je fabrique même cette tranche-file de la même manière qu'elle est faite maintenant et pour le même emploi ou pour tout autre, en remplaçant le carton et le papier roulé dont on se sert pour la fabriquer, par un morceau de gomme élastique, d'huile de lin rendue siccative, ou du fil élastique de gomme, déjà connu dans le commerce. Cette nouvelle tranche-file, ainsi fabriquée, étant appliquée, suivant l'usage ordinaire, au dos, rend l'ouverture du livre plus facile, plus ferme et plus solide.

« 3° J'ai pensé que les compositions d'huile de graine

et de bitume préparées de la manière indiquée ci-dessus, pouvaient être appliquées aux tissus, aux étoffes, aux toiles, aux papiers, aux fils, et, en général à tout produit industriel, flexible ou ployant, et remplacer entièrement le caoutchouc ou gomme élastique dans tous les usages auxquels l'art et l'industrie l'appliquent maintenant, puisque les qualités de mes compositions sont exactement les mêmes et produisent surtout les mêmes effets sur l'air et sur l'eau, et offrent en outre une plus grande élasticité, sans craindre les effets atmosphériques d'une manière aussi sensible que le caoutchouc.

« Pour fabriquer, à l'aide de ces compositions, des tissus, des étoffes, des toiles, des papiers imperméables et capables de résister à l'effet de l'air, outre le moyen si simple relatif au papier, j'en forme des feuilles en les faisant passer entre deux cylindres de la largeur exacte des produits auxquels les feuilles doivent être appliquées ; j'alimente les cylindres avec la composition suivant l'épaisseur et la longueur que je veux donner aux feuilles, et, pour empêcher leur adhésion à tout corps étranger, je les reçois dans un réservoir d'eau au fur et à mesure que l'action des cylindres opère sur la matière qui leur est présentée. La longueur des feuilles peut être indéfinie, et elle dépend de la longueur du produit auquel elles doivent être appliquées. J'essuie parfaitement mes feuilles avant de les poser entre les deux corps avec lesquels elles sont destinées à n'en faire qu'un seul ; je les soumets, ainsi arrangées, à l'action des cylindres que j'ai eu le soin de chauffer pour augmenter l'adhésion des trois corps entre eux, et, pour rendre cette adhésion encore plus positive, je puis soumettre le tout à une action réitérée des cylindres.

« Avec les feuilles d'huile de graine de lin ou de bitume, obtenues par le moyen ci-dessus énoncé, je fabrique toute espèce d'instruments et d'ustensiles semblables à ceux fabriqués avec le caoutchouc, tels que des fils, des blocs, des tuyaux de pompe, des canules, des bougies, des bas, des souliers, des pantoufles, des socques, des bretelles, des bandes de billard, des balles, des ballons ; en un mot, ces feuilles remplacent le caoutchouc dans tous les usages auxquels l'art et le commerce le destinent.

« Les produits fabriqués avec mes compositions d'huile de graine de lin et de bitume ont la même élasticité et repoussent les effets de l'air et de l'eau comme le caoutchouc, et ont sur lui le grand avantage que le savon et les corps gras ne leur font point perdre et ne peuvent altérer aucune de leurs qualités et propriétés. »

§ 10. — MANIÈRE DE FIXER LE CAOUTCHOUC AUX MÉTAUX ET AUX BOIS.

On a quelquefois besoin de relier entre eux, au moyen du caoutchouc, des tuyaux métalliques dans lesquels circulent des liquides, de la vapeur d'eau ou d'autres gaz. Il est alors indispensable d'empêcher les fuites.

Plusieurs procédés ont été proposés pour cela. D'après le *Dingler Polytechnischer Journal*, la composition suivante, qui réussit également bien sur le bois, produit l'effet voulu :

Gomme laque.............. 1 gramme.
Ammoniaque concentrée.... 10 —

On fait dissoudre à froid la gomme dans l'ammoniaque, ce qui exige trois ou quatre semaines, au bout desquelles on obtient une liqueur très limpide qui ramollit le caoutchouc et permet de l'appliquer sans difficulté sur les joints. L'ammoniaque s'évapore et le caoutchouc se durcit et adhère si parfaitement au métal et au bois qu'il devient absolument imperméable aux liquides et aux gaz.

§ 11. — IVOIRE ARTIFICIEL.

Le caoutchouc naturel est quelquefois employé pour imiter l'ivoire. En conséquence, le produit obtenu est appelé *ivoire artificiel*. On lui donne aussi le nom d'*ivoire végétal* pour le distinguer de l'ivoire vrai, qui, ainsi que tout le monde le sait, est de nature animale.

Parmi les procédés en usage, l'un des meilleurs, sinon le meilleur, est celui de M. Eugène Turpin, de Paris. Il consiste à incorporer de la magnésie au caoutchouc, puis à comprimer ce mélange à une haute pression, dans des moules chauffés convenablement. La matière qui résulte de l'opération a une homogénéité parfaite, une densité égale à celle de l'ivoire, une élasticité aussi grande et une ténacité telle qu'une bille de billard peut tomber de 20 mètres de hauteur, sur le pavé, sans se rompre.

M. Marquard, ingénieur américain, opère différemment :

« On traite d'abord 1 kilogr. de caoutchouc pur, par environ 15 à 16 litres de chloroforme, puis, après que cette gomme a été complètement dissoute, on sature la solution avec du gaz ammoniac. Lorsque le caoutchouc a été ainsi parfaitement blanchi, ce dont on peut s'assurer au moyen d'échantillons qu'on lave de temps à autre, on cesse le courant gazeux et la solution est versée dans une chaudière pourvue d'un agitateur, et lavée à l'eau chaude jusqu'à ce qu'on l'ait débarrassée de l'agent de blanchiment, ce qu'on obtient par des agitations multipliées. Pendant ce lavage, on élève la température, dans la chaudière, à 80°C environ, afin d'évaporer le chloroforme qui reste encore dans la gomme, et qu'on reçoit par un système de tuyaux dans un appareil de condensation, pour s'en servir de nouveau.

« Le produit de cette distillation qui reste dans la chaudière est une masse écumeuse qu'on comprime, met en presse et fait sécher, puis enfin qu'on traite encore par une faible portion de chloroforme pour en faire une pâte.

« Cette pâte est mélangée intimement avec du phosphate de chaux ou du carbonate de zinc broyés très finement, afin de lui donner du corps et l'apparence d'une farine humide. En cet état, on la presse dans des formes ou des moules qu'on a fait chauffer, pour lui donner de la consistance et en chasser les dernières traces de chloroforme. Enfin, aussitôt qu'on la retire des moules, on la met sur le tour pour lui donner les formes les plus variées.

« Les articles ainsi préparés sont blancs, et ont l'aspect de l'ivoire. Pour imiter le corail, les perles, l'émail, différents bois, etc., il suffit de mélanger intimement à la masse, au moment où l'on ajoute le phosphate de chaux, les matières colorantes voulues, à l'état sec et dans un très grand état de division. »

TROISIÈME PARTIE

CAOUTCHOUC VULCANISÉ

NOTIONS PRÉLIMINAIRES

Avant la découverte de la sulfuration, appelée vulgairement *vulcanisation*, le caoutchouc présentait l'inconvénient de s'amollir excessivement aux températures comprises entre 30 et 50 degrés, et de durcir au point de perdre son élasticité à partir de zéro. Il en résultait que les objets fabriqués ne pouvaient servir dans les pays chauds ni dans les pays froids. On a vu précédemment qu'on était parvenu à remédier à ces inconvénients en le combinant avec le soufre, et que cette innovation capitale qui a complétement transformé l'industrie caoutchoutière, avait pris naissance en 1839, aux États-Unis d'Amérique, d'où elle avait immédiatement pénétré en Europe par l'Angleterre.

Le *caoutchouc vulcanisé* n'est donc autre chose que du caoutchouc ordinaire qui a été combiné avec une certaine quantité de soufre, environ 1 à 2 centièmes de son poids. Par cette opération, en apparence fort simple, on lui communique des propriétés spéciales qui proviennent, c'est du moins l'opinion admise, de ce que, par l'action du soufre, la partie grasse et visqueuse du caoutchouc naturel, celle qui durcit par le froid et se ramollit et fond par la chaleur, s'est convertie en la partie solide et nerveuse, en sorte que la masse entière ne possède plus que les propriétés de cette dernière.

CHAPITRE PREMIER

Propriétés.

Comme nous venons de le dire, la vulcanisation communique au caoutchouc des propriétés spéciales; mais elle devient aussi une cause d'altérations qu'on peut heureusement combattre avec succès. Nous passons en revue les unes et les autres.

1. — Action du froid.

Le caoutchouc vulcanisé ne durcit pas au froid ; il conserve toute son extensibilité, toute son élasticité au-dessous de zéro, et si, après l'avoir pressé ou étiré, on l'abandonne à lui-même, il reprend exactement sa forme et ses dimensions premières.

2. — Action de la chaleur.

Il ne se ramollit pas à la chaleur ; à plus forte raison, il ne fond pas : au contraire, il devient nerveux. Il conserve également toute son extensibilité et toute son élasticité jusqu'à plus de 180 degrés, et ce n'est qu'au delà de 200 degrés qu'il commence à fondre. Toutefois, la disparition de la matière grasse fait qu'il a perdu sa propriété adhésive, en sorte qu'il ne peut plus se souder à lui-même.

3. — Action des dissolvants.

Il n'est plus susceptible de se dissoudre. Quand on le plonge dans les dissolvants du caoutchouc ordinaire, il se gonfle bien, jusqu'à augmenter neuf fois de volume; mais, après l'évaporation du liquide qui l'avait pénétré, il reprend sa forme et ses dimensions primitives. Tout ce qu'on peut obtenir, c'est de le réduire en pâte par le broyage et la chaleur combinées.

4. — Action de l'air.

Il résiste infiniment mieux que le caoutchouc naturel aux influences atmosphériques prolongées, ainsi qu'aux acides, aux alcalis et à la lumière.

5. — Altérations.

En résumé, le caoutchouc vulcanisé possède toutes les propriétés du caoutchouc normal, moins la propriété adhésive, et il n'en a pas les inconvénients. Toutefois, il a aussi des défauts.

Après un temps plus ou moins long, il s'y développe une sorte de fermentation acide qui diminue sa souplesse et sa résistance, et parfois le détériore complètement.

Une légère humidité intérieure, emprisonnée pendant deux ou trois mois dans une feuille de caoutchouc, suffit pour amener cette altération.

Une haute température prolongée, surtout au-dessus de 130 degrés, amène le même genre d'altération. En outre, dans ce dernier cas, le caoutchouc durcit et devient dur à la surface.

On combat ces deux inconvénients avec succès en traitant les objets vulcanisés par des bains bouillants de potasse ou de soude caustique. Toutefois, ces bains sont sans action sur les objets un peu épais. On peut alors avoir recours aux procédés de vulcanisation Gérard.

Une autre cause d'altération tient au contact du caoutchouc vulcanisé avec certains métaux, tels que l'or, l'argent, le cuivre, le plomb, le fer; il se forme des sulfures noirs résultant de la réaction du soufre sur ces corps. L'emploi des dissolutions alcalines permet aussi de remédier à cet inconvénient, dans une certaine mesure.

Enfin, l'action de l'air donne lieu à une altération non moins grave et ayant les mêmes effets que les précédentes. M. Gérard a reconnu qu'on peut la prévenir en ajoutant au caoutchouc, avant la vulcanisation, un peu de brai sec ou de goudron de houille.

Observations complémentaires.

Les observations qui suivent sont empruntées à M. Payen. Elles serviront de complément à ce qui précède.

« Si l'on maintient pendant deux ou trois heures, une lame de caoutchouc de 2 à 4 millimètres d'épaisseur dans le soufre fondu, à la température de 115 à 120 degrés, cette lame absorbe du soufre liquide par une capillarité agissant comme pour l'eau, au point que son poids augmente de 10 à 15 centièmes. Aucun changement sensible n'est intervenu dans les propriétés de la matière organique, qui peut encore se souder avec elle-même. On n'aperçoit pas plus de changement quand le soufre est introduit soit en dissolution dans le sulfure de carbone (et que ce dernier composé a été volatilisé), soit en poudre par voie de malaxation à la température de 25 à 40 degrés ; seulement sa porosité est un peu amoindrie.

« Si alors on élève la température de 132 à 140 degrés, la transformation s'opère en quelques minutes. Si l'on prolongeait l'action, le produit pourrait perdre son extensibilité, devenir dur et fragile. L'altération se prononcerait d'autant plus que le caoutchouc, aux températures de 132 à 140 degrés, serait en contact avec des proportions plus grandes de soufre. Il pourrait, dans un excès de soufre à la température prolongée de 135 à 145 degrés, retenir en combinaison jusqu'à 48 centièmes du poids total des deux substances, même après le traitement par la soude ou la potasse caustique qui enlèvent le soufre non combiné.

« Dès que la réaction du soufre commence et pendant tout le temps qu'elle s'effectue à ces températuratures, il se produit une combinaison du soufre avec une faible quantité d'hydrogène de la substance organique, et par conséquent une formation continuelle de gaz acide sulfhydrique dont le soufre peut absorber près d'un volume égal au sien. De ce fait résulte un fait curieux quand on agit dans un bain de soufre : au moment où l'abaissement de la température a lieu, le soufre, en cristallisant, met en liberté une partie de l'hydrogène sulfuré, et celui-ci, rencontrant les cristaux, s'interpose entre eux et y reste, en sorte que peu à peu la masse demi-fluide se tuméfie graduellement jusqu'à augmenter de 15 à 20 pour 100 de son volume primitif. On sait que le contraire a lieu, pendant la cristallisation du soufre pur, c'est-à-dire qu'il y a une contraction manifeste lors du refroidissement et de la cristallisation du soufre exempt d'acide sulfhydrique.

« La combinaison de 1 à 2 centièmes de soufre n'altère pas sensiblement les rapports entre les éléments de la substance organique, qui sont, comme on sait, représentés par la formule C^8H^7, huit équivalents de carbone et sept équivalents d'hydrogène.

« Le caoutchouc sulfuré au point convenable ne contient en combinaison que 1 à 2 centièmes de son poids de soufre. Tout le reste, formant parfois 5 à 15 pour 100, peut en être extrait par plusieurs traitements dans les solutions aqueuses de soude ou de potasse caustique chauffées à 100 degrés : il est simplement interposé dans les pores du soufre.

« Le soufre combiné se trouve inégalement réparti, en proportions graduellement décroissantes de l'intérieur de chacun de ses pores, dans l'épaisseur de la matière organique comprise entre ces cavités minuscules. Aussi peut-on apercevoir sans le microscope des cercles concentriques qui indiquent cette décroissance.

« Le soufre en excès non combiné est éliminé peu à peu soit spontanément, soit par suite de l'action mécanique qu'exercent alternativement les dilatations et les contractions qui dilatent et resserrent successivement les pores du caoutchouc. C'est à cette cause que sont dues les efflorescences si connues du caoutchouc sulfuré. Elles se montrent également quand le soufre pulvérulent a été simplement malaxé avec le caoutchouc.

« Plusieurs agents chimiques effectuent plus vite et plus complètement l'élimination du soufre interposé. Telles sont, comme nous venons de le dire, les dissolutions aqueuses et à 100 degrés de potasse ou de soude caustique ; on peut même les employer à froid, en les renouvelant un grand nombre de fois, à plusieurs jours d'intervalle, pendant environ un mois.

« Le sulfure de carbone, la benzine, l'essence de térébenthine et l'éther absolu peuvent également enlever l'excès de soufre non combiné, en le dissolvant. Dans cette circonstance, l'action de l'éther offre une particularité remarquable. Une faible portion est d'abord dissoute et va se déposer sur les parois du vase en particules cristallines ; puis graduellement de nouvelles quantités se dissolvent, prennent le même chemin et vont joindre les cristaux déjà déposés, qu'ils rendent bientôt assez volumineux pour montrer à l'œil nu leurs formes octaédriques.

« L'éther et le sulfure de carbone, maintenus longtemps en contact avec le caoutchouc vulcanisé, retiennent en dissolution 4 à 5 centièmes du caoutchouc, qu'on peut isoler en évaporant à plusieurs reprises et reprenant chaque fois par l'éther, qui élimine le soufre libre, puis par l'alcool anhydre, qui enlève 1 à 1.50 de matière grasse.

« Le caoutchouc ainsi extrait peut être séparé en deux parties : l'une très ductile, dissoute par la benzine, qui la dépose en s'évaporant ; l'autre, plus tenace, moins extensible, non dissoute. Ces deux parties viennent de l'intérieur des lames, à une certaine profondeur où la combinaison est moins intime et moins abondante en soufre que près de la superficie.

« Le défaut d'homogénéité dans la combinaison du soufre avec la substance organique est plus sensible dans deux méthodes de vulcanisation que nous décrivons plus loin.

« Après sa vulcanisation, le caoutchouc est encore formé de deux parties douées de cohésions et de solubilités inégales ; on parvient à le reconnaître en maintenant une lanière plongée pendant deux mois dans un mélange de sulfure de carbone 10 et d'alcool anhydre 1. La portion dissoute se compose du soufre interposé, qu'on enlève, après dessiccation, par une solution de soude caustique ; il reste alors la substance organique la moins agrégée, peu résistante, jaunâtre, translucide. La partie non dissoute reste sous la forme de lanière tenace, devenue plus brune et moins transparente. Voici les proportions obtenues dans l'essai, outre la substance grasse :

Partie insoluble tenace........	65
Partie soluble molle..........	25
Soufre en excès..............	10
	100

« Les objets vulcanisés appliqués sur les métaux, notamment sur l'argent, l'or, le cuivre, le plomb, le fer, agissent par leur soufre interposé : ils sulfurent plus ou moins promptement les surfaces métalliques mises en contact avec eux. Parmi ces objets, les rondelles placées entre les brides de tubes transmettant la vapeur d'eau à quatre ou cinq atmosphères, exposées, par conséquent, à 145 ou 153 degrés de température, perdent bientôt leur élasticité, deviennent dures et cassantes, par l'effet de la combinaison qui se propage entre le soufre libre et le caoutchouc qui le recèle dans ses pores. On évite, en grande partie, ces inconvénients au moyen de la désulfuration par les solutions alcalines caustiques. »

CHAPITRE II

Pratique de la vulcanisation.

NOTIONS PRÉLIMINAIRES

Vulcaniser le caoutchouc, c'est le sulfurer, c'est-à-dire y incorporer du soufre. Cette opération, fort simple en apparence, ne laisse pas de présenter pour le fabricant de grandes difficultés. En premier lieu, elle est peu facile à régler; en second lieu, elle exige que les procédés varient suivant la nature du caoutchouc; en troisième lieu, on ne peut juger de sa réussite qu'au bout d'un temps très long, qui est ordinairement de plusieurs mois. Enfin, les déchets n'ayant plus la propriété de se souder, il est difficile de les utiliser.

Les procédés de sulfuration sont assez nombreux; mais quelques-uns seulement ont pu devenir pratiques. C'est de ceux-là surtout que nous allons parler, en ayant soin de faire connaître leurs avantages et leurs inconvénients. Dans tous les cas, on peut les ranger dans quatre groupes dictincts, savoir :

Procédés par immersion dans un bain de soufre,

Procédés par introduction de soufre ou d'un sulfure dans la masse et application de la chaleur pour réaliser la combinaison,

Procédés par trempage dans une dissolution d'un composé sulfureux,

Procédés par immersion dans une dissolution de sulfure alcalin avec application de la chaleur sous pression.

§ 1. PROCÉDÉ GOODYEAR.

C'est le procédé le plus généralement employé. Il consiste à mélanger au caoutchouc une quantité donnée de soufre, et à produire la combinaison au moyen de la chaleur. A la différence des autres procédés qui laissent au hasard la dose de soufre à incorporer, il permet de déterminer cette dose avec une très grande exactitude.

On commence par peser le soufre, lequel est généralement de 7 à 10 pour 100 du caoutchouc employé. Cela fait, on mélange les deux substances, soit au moyen d'un pétrisseur, ou mieux d'un mélangeur, soit à l'aide d'un dissolvant, et quand la masse forme un tout parfaitement homogène, on la travaille comme à l'ordinaire pour la convertir en fils, en feuilles, en plaques, en tubes, en chaussures, en objets quelconques.

Ce sont les objets confectionnés que l'on soumet à l'action de la chaleur. Pour cela, on les introduit dans une chaudière hermétiquement close où l'on fait arriver de la vapeur à une pression convenable, généralement à quatre atmosphères ; un séjour de deux ou trois heures dans la chaudière suffit ordinairement pour produire l'effet voulu. Les figures 33 et 34, pl. III, représentent cette chaudière, en coupe dans la première, vue extérieurement dans la seconde. Les pattes $aaaa$ servent à maintenir le couvercle quand il a été mis en place, après l'introduction des objets, x est le tuyau qui amène la vapeur, m un manomètre, z un robinet de vidange.

Pour certains articles, on remplace les chaudières par des étuves dont la température varie de 130 à 150 degrés. Tel est, entre autres, le cas des chaussures vernies dont la vapeur altèrerait le vernis.

Qu'on emploie la chaudière ou l'étuve, le résultat est le même. Le soufre se trouve combiné à la dose voulue et, de plus, il est réparti dans la masse avec une régularité en quelque sorte mathématique.

§ 2. — PROCÉDÉ HANCOCK.

Ce procédé, le second par ordre chronologique, consiste à plonger le caoutchouc dans du soufre fondu.

Les objets en caoutchouc naturel étant entièrement façonnés, on les tient dans une étuve pendant vingt-quatre à trente-six heures. Cette opération a pour but : d'une part, de donner aux soudures le temps de se consolider; d'autre part, et surtout, de débarrasser le caoutchouc des traces d'humidité ou d'huile essentielle qu'il a retenues des manipulations antérieures, et qui sont, en partie, emprisonnées dans la masse. Si l'on ne prenait pas cette précaution, c'est-à-dire si l'on n'avait pas soin de faire sécher le caoutchouc à fond avant de le plonger dans le bain de soufre, la chaleur de celui-ci y déterminerait des ampoules qui gâteraient les objets.

Les objets à vulcaniser doivent donc être absolument secs. On les met alors dans le soufre fondu, marquant de 130 à 135 degrés, et on les y maintient pendant deux ou trois heures. Comme ils sont beaucoup plus légers que l'eau, on les empêche de surnager en posant dessus des poids, des réglettes, etc. De plus, on plonge dans le bain, en même temps qu'eux, des petits morceaux de caoutchouc attachés à autant de fils de fer qui permettent de les retirer et de les immerger à volonté. Ces morceaux se nomment *témoins* parce qu'ils servent à suivre la marche de la sulfuration, et, comme ils ont exactement la même épaisseur que les objets, les indications qu'ils fournissent sous ce rapport ne laissent rien à désirer.

Une fois que les objets sont dans le soufre, la vulcanisation ne tarde pas à commencer. Le caoutchouc s'empare d'abord du soufre par simple capillarité, il peut en absorber ainsi jusqu'à moitié de son poids, et, pendant qu'a lieu cette absorption, de brun il devient orangé. Si on le retire du bain dans cet état, après une immersion d'environ vingt minutes, il possède encore la propriété de se souder à lui-même et il peut être travaillé comme à l'état normal; mais, peu d'instants après, la combinaison réelle s'effectue, et elle est complète après deux à trois heures. Pendant qu'elle s'opère, il ne cesse de se dégager du soufre fondu des bulles d'hydrogène sulfuré qui déterminent souvent des soufflures dans les objets.

C'est, a-t-on vu, par l'examen des témoins que l'on juge de la marche de l'opération. Toutefois, il faut une assez grande habitude pour reconnaitre quand elle est positivement terminée, c'est-à-dire quand l'immersion a été suffisamment prolongée pour que la quantité de soufre convenable se soit combinée. Une immersion trop courte aurait, en effet, pour inconvénient de rendre le caoutchouc trop mou, tandis qu'une immersion trop prolongée le rendrait trop ferme et finirait même par lui donner la dureté du bois.

Quand les objets sont vulcanisés au point voulu, on les met immédiatement dans l'eau froide. Ils ont la surface recouverte d'une couche de soufre qui n'y adhère que mécaniquement. Par le refroidissement subit qu'elle éprouve, cette couche se fendille, et il suffit de la gratter légèrement avec la lame d'un couteau pour la faire tomber.

Après l'enlèvement de la couche superficielle, le caoutchouc conserve toujours une certaine quantité de soufre non combiné, c'est-à-dire à l'état de simple mélange. Toutefois, ce soufre non combiné ne reste pas longtemps dans la masse. En effet, par suite d'un travail qui se fait dans celle-ci, il est rejeté peu à peu à la surface, en sorte qu'il n'y en a bientôt plus à l'intérieur.

Au reste, si l'on veut se débarrasser, aussitôt après la vulcanisation, du soufre non combiné, il suffit de faire bouillir les objets dans une dissolution de soude ou de potasse caustique concentrée. Le caoutchouc absorbe par capillarité la dissolution alcaline, et celle-ci dissout et entraîne le soufre en excès. Il n'y a plus alors qu'à laver à grande eau, pour éliminer le sulfure de potassium qui s'est formé.

Le procédé Hancock présente de très grands inconvénients, qui proviennent, pour la plupart, de ce qu'il est excessivement difficile à régulariser. En premier lieu, la température du bain n'est jamais uniforme, parce que le soufre, qui est mauvais conducteur du calorique, s'échauffe trop au fond de la chaudière et vulcanise trop les objets qui y sont placés. En second lieu, il est absolument impossible d'obtenir à coup sûr une vulcanisation constamment semblable. En troisième lieu, lorsque l'épaisseur du caoutchouc dépasse, même seulement atteint certaines limites, 6 à 8 millimètres par exemple, les bulles d'hydrogène sulfuré ne pouvant traverser la masse y déterminent presque toujours des boursouflures et, d'un autre côté, le soufre ne pouvant arriver au centre qu'avec difficulté, il en résulte que l'extérieur est trop vulcanisé, et que l'intérieur ne l'est pas assez.

§ 3. PROCÉDÉ PARKES.

Il consiste à traiter le caoutchouc par un liquide qui possède la propriété de se combiner, à froid, avec sa partie grasse, en lui donnant les qualités de la partie solide.

Le liquide employé est le chlorure ou protochlorure de soufre. Une très petite quantité suffit pour opérer la vulcanisation, que l'auteur appelle *changement*. Ce composé agit sur les corps gras ou les huiles absolument comme le soufre à chaud, il les coagule instantanément, mais sans dégagement d'hydrogène : la masse se prend en une gelée transparente et élastique.

Voyons maintenant comment on opère dans la pratique.

Dans un vase de grès on mélange une partie en poids de chlorure de soufre et 40 à 50 parties, également en poids, de sulfure de carbone, et l'on y plonge les objets à vulcaniser. Le liquide pénètre la matière organique, la gonfle, l'attaque en éliminant l'hydrogène et y dépose le soufre qui, abandonnant la combinaison instable qu'il formait avec le chlore, s'unit au caoutchouc.

Au sortir du bain, les objets sont suspendus dans une chambre chauffée à 26 degrés, on laisse évaporer le dissolvant, on lave à grande eau et l'on fait sécher.

La durée de l'immersion varie suivant l'épaisseur des objets. Deux minutes environ suffisent pour une feuille épaisse d'un millimètre. Quand l'épaisseur est plus grande, l'immersion doit durer plus longtemps, mais alors on s'expose à dépasser le terme convenable de la vulcanisation. Pour éviter cet inconvénient, Parkes conseille de diminuer la proportion de chlorure. G. Gérard préfère ne rien changer à la composition du bain et à la durée de l'immersion, mais plonger aussitôt les objets dans l'eau froide. Le dissolvant et le chlorure ont ainsi le temps de s'introduire jusqu'au centre du caoutchouc sans rester trop longtemps en contact avec leurs parties superficielles, et le dissolvant ne peut s'évaporer, retenu qu'il est par l'eau dans laquelle les pièces sont placées. Quand on juge que le caoutchouc a été également imbibé, on le retire de l'eau et l'on fait évaporer le dissolvant.

La vulcanisation au chlorure de soufre se recommande par une grande rapidité, mais on lui reproche de ne pas se faire régulièrement quand l'épaisseur des objets dépasse 3 ou 4 millimètres. En outre, au bout de peu de temps, il se manifeste dans le caoutchouc qui y a été soumis une réaction acide très forte qui l'altère gravement et par suite de laquelle il devient tellement fragile qu'il se brise au moindre effort. Cette circonstance en a fait presque entièrement abandonner l'usage.

On doit à Parkes d'autres procédés de sulfuration aujourd'hui également abandonnés ou du moins peu employés. Tels sont les suivants :

1º On tient plongés en vase clos, durant trois heures, les objets à vulcaniser, dans une solution, à 25 ou 30 degrés Baumé, de polysulfure de potassium, à la température de 140 degrés, puis on soumet à des lavages dans l'eau pure. Au bout de ce temps, le soufre se trouve combiné au caoutchouc dans la proportion convenable. Ce procédé est applicable aux objets de peu d'épaisseur.

2° On suspend des feuilles de caoutchouc dans une chambre de plomb ou de fer dont les parois intérieures sont recouvertes d'une couche de gomme-laque ; puis on y fait arriver pendant une heure un mélange de :

Gaz sulfureux.............. 10 volumes.
Chlore.................... 1 —

et renfermant de la vapeur de perchlorure de carbone ou d'un autre dissolvant, pour ramollir le caoutchouc et faciliter l'action du mélange gazeux.

3° Pour vulcaniser par la voie sèche, on prend :

Caoutchouc................ 4 à 5 kilog.
Chlorure de soufre solide..... 500 gram.

On mélange bien dans la machine à pétrir ; le temps nécessaire à cette opération dépend de la vitesse de la machine et de la masse employée ; il faut donc de temps à autre en détacher quelques lanières et essayer si l'élasticité s'est suffisamment développée. Quand la modification est opérée, on retire la masse et on la comprime dans une forme encore chaude.

On peut aussi traiter de cette manière un mélange de caoutchouc et de gutta-percha.

§ 4. — PROCÉDÉS GÉRARD.

Premier procédé.

Ce procédé consiste à traiter le caoutchouc par le persulfure de potassium, c'est-à-dire par le produit que les anciens chimistes appelaient *foie de soufre*.

Après avoir préparé une solution de persulfure marquant 25 à 30 degrés Baumé, on y plonge les objets pendant trois ou quatre heures. L'opération se fait dans un appareil clos et à la température d'environ 150 degrés.

Le caoutchouc se vulcanise très bien et régulièrement, et, quand il a été lavé avec soin, il présente une surface lisse et douce au toucher comme du velours. En outre, il n'éprouve aucune réaction acide.

Le procédé Gérard n'a qu'un tort : c'est de ne pouvoir s'appliquer qu'aux objets de peu d'épaisseur, comme d'ailleurs ceux de Parkes et de Hancock.

2ᵉ Procédé (*Caoutchouc alcalin*).

Un autre procédé, dû au même inventeur, permet de prévenir ou, du moins, d'atténuer beaucoup, pour les blocs d'un certain volume, les altérations spontanées du caoutchouc sulfuré, résultat qu'on ne peut obtenir, avec les dissolutions alcalines, que pour les objets de faible épaisseur. Il consiste essentiellement à mélanger au caoutchouc une matière terreuse pouvant, par sa grande finesse, se mêler intimement à la masse, et la matière employée est la chaux légèrement hydratée.

Après avoir saupoudré 100 parties de caoutchouc avec un mélange de 6 parties de soufre et de 6 à 10 parties de chaux pulvérulente, on incorpore les substances d'une manière intime, en les passant à plusieurs reprises entre les cylindres écraseurs, chauffés intérieurement à 45 ou 50 degrés par un courant de vapeur. La masse est ensuite convertie, comme à l'ordinaire, en blocs, en feuilles, en objets de tout genre.

Les objets sont ensuite sulfurés en les tenant immergés en vase clos, pendant une heure et demie à trois heures, suivant leur épaisseur, dans un bain d'eau ou de vapeur, à la température de 140 degrés.

Comme, par l'espèce de lavage qu'elle éprouve, leur surface perd une partie du soufre et de la chaux, il en résulte qu'elle est moins sulfurée, par conséquent plus souple, tandis que, dans les procédés ordinaires, la couche superficielle se trouve plus fortement vulcanisée et, par suite, plus dure, plus cassante. D'un autre côté, la présence de la chaux dans le caoutchouc s'oppose, d'une part, au dégagement intérieur de l'hydrogène sulfuré qui donnerait lieu à des soufflures ; d'autre part, à ce que le caoutchouc, même longtemps chauffé entre les brides des tuyaux à vapeur, puisse prendre un excès de soufre, car celui-ci formerait plutôt un sulfure et un hyposulfite alcalins.

Le caoutchouc ainsi vulcanisé a reçu le nom de *caoutchouc alcalin*. D'après l'inventeur, il a toutes les qualités de celui qui a été traité par le soufre ou les sulfures, et il lui est supérieur en ce qu'il est plus tenace et qu'il peut résister, sans altération, pendant plusieurs années, à des températures de 180 degrés, ce qui permet de l'employer avec le plus grand succès pour les joints des chaudières, des tuyaux de vapeur, etc., c'est-à-dire dans les circonstances où le caoutchouc vulcanisé usuel ne serait d'aucun usage ou du moins ne le serait que pour fort peu de temps.

§ 5. — PROCÉDÉ BURKE.

Ce procédé consiste dans l'emploi du sulfure d'antimoine précipité.

« On prend une quantité quelconque de sulfure d'antimoine en poudre et l'on ajoute 1 partie de cette poudre à environ 25 parties de carbonate de soude cristallisé, ou 20 parties de carbonate de potasse dissous dans 250 ou 300 parties d'eau. Le tout est bouilli dans une chaudière en fer pendant une demi-heure ou trois quarts-d'heure, au bout desquels on arrête l'ébullition, et on laisse pendant quelques minutes précipiter les matières non dissoutes. La liqueur qui surnage est filtrée encore chaude, et l'alcali est saturé par de l'acide chlorhydrique ajouté en léger excès, ce qui donne lieu aussitôt à un abondant précipité rouge-orangé. Ce précipité constitue le soufre doré d'antimoine, ou comme on dit aussi, le kermès minéral, et c'est ce composé d'antimoine que l'on combine en mélange avec le caoutchouc.

« Ce précipité rouge ou composé d'antimoine, ayant donc été bien lavé avec de l'eau chaude pour enlever l'excès d'acide, est séché à une basse température, puis broyé et se trouve alors propre à être employé. On le pétrit ou le mélange avec le caoutchouc seul ou combiné avec la gutta-percha, suivant le degré d'élasticité qu'on désire obtenir ; puis le tout est soumis à une température élevée qui varie de 125 à 130° centig., soit dans une étuve, soit dans une chaudière, avec pression de vapeur ou bien exposé aux rayons du soleil. Le caoutchouc ainsi préparé est beaucoup amélioré, non seulement sous le rapport de sa force et de son élasticité, mais encore de la faculté de résister à l'influence des rayons solaires et de conserver sa douceur et sa flexibilité à une basse température. »

Le procédé Burke a sur la plupart des autres l'avantage de ne pas donner d'efflorescences de soufre à la surface du caoutchouc. En outre, les objets vulcanisés ne s'altèrent pas au contact des métaux.

§ 6. — PROCÉDÉ HUMPHREY.

Ce procédé repose encore sur l'emploi du chlorure de soufre; mais, au lieu du sulfure de carbone pour dissolvant, on se sert du pétrole qui paraît préférable à l'auteur au triple point de vue de l'économie, de l'hygiène publique et de la santé des ouvriers.

« Il est nécessaire, dit Humphrey, que le pétrole destiné à cet usage soit parfaitement déshydraté, car le chlorure de soufre se décompose immédiatement au contact de l'eau. Pour cela, on verse le pétrole du commerce dans un vase pourvu d'un agitateur et on y ajoute 10 pour 100 d'acide sulfurique concentré. On agite le mélange continuellement et avec force, puis on laisse l'acide se déposer. On décante le pétrole dans un récipient bien sec, on y ajoute de 200 à 250 grammes de chaux vive en poudre par hectolitre de pétrole et une petite quantité de peroxyde de manganèse et on distille ainsi le dissolvant nécessaire à la vulcanisation du caoutchouc.

« L'oxyde de manganèse a la propriété de débarrasser le pétrole de tout acide sulfureux qui aurait pu se former par l'action de l'acide sulfurique sur cette huile.

« Le procédé suivant est excellent pour s'assurer si le pétrole est propre à dissoudre le chlorure de soufre.

« Si l'on immerge un petit morceau de potassium, qu'on vient de couper, dans du pétrole ordinaire ou dans ses produits, et que sa surface se ternisse rapidement, on ne peut pas douter de la présence de l'eau ; mais si un morceau semblable de potassium est plongé dans le pétrole déshydraté, comme on l'a dit ci-dessus, la surface fraîche n'éprouve aucun changement, quelle que soit la durée de cette immersion. »

§ 7. PROCÉDÉ GAULTIER DE CLAUBRY.

Dans le procédé de Parkes, on peut, d'après Balard, remplacer le chlorure par le bromure de soufre.

De son côté, Gaultier de Claubry a proposé l'emploi d'un mélange de soufre et de chlorure de chaux qui produit du chlorure de soufre. Voici ce que dit ce dernier :

« Si l'on mélange ensemble, à la température ordinaire et par simple agitation, de la fleur de soufre et du chlorure ou hypochlorite de chaux sec, il se mafeste aussitôt une forte odeur de chlorure de soufre.

« En triturant le mélange, la température s'élève, le soufre se ramollit, et tout se prend en masse avec dégagement de vapeur.

« Quand le soufre se trouve en grand excès relativement au chlorure, et qu'on s'est borné à mêler les deux corps sans frottement, si l'on ajoute le produit au caoutchouc, la vulcanisation s'opère soit à la température ordinaire, soit à une douce chaleur, et s'applique aux objets de toute épaisseur.

« Quand le chlorure est en excès, la température, même si l'on procède par simple agitation, s'élève tellement qu'il devient impossible de tenir entre les mains, le vase qui contient le mélange. Si ce vase a été bouché, l'action devient tellement énergique que le bouchon est lancé avec violence; quelquefois même, le vase est brisé avec une grande explosion. »

Le procédé Gaultier de Claubry n'est donc qu'une modification de celui de Parkes, dont il a les avantages et les inconvénients.

§ 8. — PROCÉDÉ SCHWANITZ.

C. Schwanitz, de Berlin, ajoute de la glycérine au soufre et vulcanise dans un bain de glycérine. D'après lui, le caoutchouc ainsi préparé acquiert des propriétés qui le protègent contre les huiles et les graisses, sans préjudice de ses autres qualités dues à la sulfuration. Voici comment il s'exprime dans son brevet (10 nov. 1877) :

« Le caoutchouc est pressé entre des cylindres maintenus chauds, après avoir été additionné soit de glycérine pure, soit d'un mélange de glycérine pure et des substances métalliques ou minérales employées ordinairement (blanc de zinc, craie, céruse, fleur de soufre, etc.). On peut se servir, par exemple, du mélange suivant :

Caoutchouc..............	3.000 grammes.
Craie lavée.............	3.000 —
Glycérine..............	500 —
Litharge...............	100 —
Fleur de soufre	100 —

« Ce mélange est transporté dans un bain de glycérine, puis on l'introduit dans un vase fermé où il subit l'action de la vapeur d'eau à une pression de deux atmosphères environ. Suivant les dimensions des objets, l'exposition à la vapeur est continuée pendant un temps plus ou moins long. Pour beaucoup d'objets, le traitement par la glycérine pure suffit pour atteindre le but. »

§ 9. — DÉSULFURATION ET DÉSINFECTION DU CAOUTCHOUC VULCANISÉ, UTILISATION DES DÉCHETS.

Il est souvent nécessaire dans la fabrication du caoutchouc vulcanisé ou d'articles fabriqués avec cette matière, et après que le travail de la vulcanisation a été opéré, d'extraire ou de séparer quelques portions du soufre ou l'excès de ce corps, qui reste interposé dans les pores du caoutchouc, ou qui est combiné avec lui, en un mot, de régler les proportions relatives entre le soufre et le caoutchouc dans la matière vulcanisée pour les adapter aux applications spéciales auxquelles on destine celle-ci.

Il faut aussi pouvoir utiliser ou employer les débris ou les rognures de caoutchouc vulcanisé qui s'accumulent dans les fabriques de ce produit, et par quelque procédé facile et économique, extraire le soufre de ces rognures, ou du moins les débarrasser suffisamment de la quantité de soufre qu'elles renferment pour laisser le caoutchouc dans un état propre à être attaqué par les dissolvants ordinaires, par conséquent pour le rétablir et le mettre dans un état à être travaillé de nouveau sous un état quelconque, lui restituer la qualité adhésive qu'il a perdue par la vulcanisation, enfin le rendre apte à être vulcanisé de rechef avec le soufre ou autres matières.

Pour atteindre le but proposé, MM. Christophe et G. Gidley recommandent de procéder de la manière suivante :

« On fait macérer le caoutchouc vulcanisé dans une solution **chaude** d'un **carbonate alcalin** ou dans une solution **d'hydrate de chaux**, ou enfin dans de l'eau chaude tenant en suspension de la chaux caustique, jusqu'à ce que, par l'action de l'alcali ou de la chaux, on ait extrait la quantité de soufre requise, c'est-à-dire qui réduit les proportions relatives du soufre et du caoutchouc à celles nécessaires pour les applications particulières, ou pour que ce produit-résidu puisse être redissous par les dissolvants ordinaires, et au besoin vulcanisé de nouveau.

« Si le caoutchouc ne consistait pas en rognures, il faudrait le réduire en morceaux menus pour faciliter l'action de l'alcali ou de la chaux, et plus est élevée la température de la solution ou de l'eau, plus l'opération est rapide. Nous employons ordinairement la chaleur de l'eau bouillante, et par raison d'économie, nous faisons d'abord bouillir avec la chaux qui enlève le soufre à la surface ou à une faible profondeur au-dessous de la surface du caoutchouc, puis nous évacuons la solution et la chaux, et nous faisons bouillir dans la solution de carbonate de soude. Au bout de peu de temps, tout l'excès de soufre ou le soufre non combiné est extrait et rendu soluble, ainsi que d'autres matières qui contiennent des impuretés, et qui se sont introduites dans le caoutchouc pendant la sulfuration ou après la fabrication. Dans cet état, ce caoutchouc désulfuré est soluble dans l'essence de térébenthine, le naphte, le chloroforme et autres liquides employés ordinairement pour dissoudre ou amollir le caoutchouc.

« On peut employer à cette désulfuration le carbonate de potasse, mais celui de soude est plus économique.

« Quand on traite le caoutchouc vulcanisé par la solution de carbonate de soude, il se dégage de l'acide carbonique, et il se forme graduellement un sulfure ou polysulfure de l'alcali, qu'on peut utiliser. Mais si on trouve que les composés sulfurés, qui se forment ainsi et qui se dissipent en partie dans l'atmosphère pendant l'opération, donnent lieu à quelque objection, on ajoute à la solution bouillante un oxyde métallique, par exemple celui de cuivre ou un carbonate métallique, susceptible de former, avec le soufre enlevé par l'alcali, un sulfure insoluble qui ne se dissipe pas dans l'air. »

Le caoutchouc vulcanisé possède presque toujours une odeur plus ou moins forte d'œufs pourris. Cela tient au dégagement d'hydrogène sulfuré qui a lieu au contact de l'air, et qui provient lui-même de la décomposition graduelle et spontanée qu'éprouve la matière organique par le soufre en excès.

Cette odeur est évitée en grande partie quand on traite les objets sulfurés par les solutions alcalines, ainsi que cela a lieu dans certains procédés de vulcanisation.

Beaucoup d'autres moyens ont été proposés, mais aucun n'a eu de succès pratique à cause de la tendance énergique que possède le caoutchouc d'absorber et de retenir les odeurs.

D'après Bourne, on désinfecte complétement le caoutchouc vulcanisé en le recouvrant de poussier de charbon, puis le soumettant, pendant quelques heures, à une température de 60 à 70 degrés, qui, insuffisante pour altérer la forme des objets fabriqués, l'est assez pour déterminer l'absorption des gaz odorants. Voici quelques détails sur le procédé de cet inventeur :

« Le procédé Bourne est basé sur l'affinité si puissante que possède le charbon en général, et spécialement le charbon d'os, pour toute espèce d'odeurs, et sur sa grande capacité d'absorption pour les substances gazeuses. La difficulté pratique consistait à rechercher le moyen d'employer ce corps, de manière à ce qu'il n'occasionnât pas d'avaries aux articles avec lesquels on pouvait le mettre en contact, mais cette difficulté a été surmontée par les moyens les plus simples.

« Le mode d'application varie nécessairement suivant la nature des articles qu'on traite ainsi. Généralement parlant, ces articles sont introduits sur des tablettes dans une étuve ou chambre chauffée, posés sur une couche mince de charbon, puis recouverts avec cette substance et exposés à une température de 40° à 80° C. pendant trois à six heures, après quoi on les enlève du charbon, n'ayant éprouvé d'autre changement que celui, fort important, d'avoir été débarrassés de leur odeur et d'être incapables de communiquer une saveur quelconque aux liquides ou autres substances avec lesquelles on les met en contact. Moyennant quelques précautions, on peut traiter de cette manière les tissus les plus délicats, sans altérer leur substance ou leur aspect.

« Le mode le plus convenable d'application de la chaleur est l'eau chaude ou la vapeur dont on entoure l'étuve ou la chambre dans laquelle les objets sont disposés.

« Un avantage considérable de ce procédé, c'est qu'avec un grand nombre d'articles vulcanisés, il peut être exécuté en même temps que le chauffage ou l'opération par laquelle s'opère la vulcanisation, et que les articles quittent l'étuve vulcanisés et débarrassés de toute odeur. Il s'applique également au caoutchouc en feuilles, aux tissus imperméables, aux vêtements et autres articles fabriqués avec ces tissus après qu'ils ont été confectionnés.

« L'emploi de ce procédé a permis à l'inventeur de produire des diaphragmes flexibles dans un tel état de pureté qu'on peut immédiatement les employer sur les vins les plus délicats et autres liquides. Le diaphragme lui-même est une invention destinée à établir dans les tonneaux ou autres vaisseaux des chambres ou séparations distinctes au moyen de cloisons flexibles qui s'appliquent alternativement sur la partie supérieure et sur la partie inférieure du vaisseau ou dans une position intermédiaire quelconque, de façon que, quelle que soit la quantité de liqueur contenue à l'intérieur, l'air, malgré qu'il exerce toujours une pression par l'intermédiaire du diaphragme, soit séparé de ce liquide par un bouclier imperméable. Il en résulte qu'on évite les effets nuisibles et même désastreux d'une exposition à l'air atmosphérique, et qu'on peut extraire du tonneau telle portion qu'on désire du liquide qu'il contient, sans qu'il y ait introduction d'air sur la portion restante. On assure que, de cette manière, on a conservé dans des futailles du vin et de la bière dont on soutirait de temps à autre des portions pendant six et même douze mois, sans qu'il se soit développé de fermentation acide ou putride. Le procédé s'applique, du reste, à d'autres liquides employés dans l'économie domestique ou à des produits pharmaceutiques, à des liqueurs expérimentales de physique, de chimie, etc., liquides qui sont aussi parfaitement garantis que si les vaisseaux étaient complétement chargés.

« D'autres applications de cette invention sont celles des soupapes dites élastiques. Dans l'une de ces applications, la soupape est destinée à l'évacuation des produits gazeux de la fermentation, tels que l'acide carbonique qui se génère dans la fermentation des moûts de vin, de bière, etc. ; dans l'autre, au contraire, à l'admission de l'air, pour permettre aux liquides de s'écouler par des robinets ou autres orifices.

« Dans le premier cas, une rondelle de caoutchouc vulcanisé recouvre un petit orifice par lequel le gaz peut s'échapper, mais ce gaz rencontre sur son passage le caoutchouc qui, retenu avec force sur les

Caoutchouc.

bords de cet orifice, est libre de se distendre et, par cette distension, présente un grand nombre de trous très petits qui ont été préalablement percés dans son épaisseur. Lorsque la pression cesse, la rondelle, revenant sur elle-même, redevient plate et les trous se referment. Le degré de pression que peuvent supporter ces perforations, avant de s'ouvrir, peut être réglé à l'avance et ajusté à tel degré qu'on désire.

« Sous l'autre forme de soupape, un petit cylindre en caoutchouc, fermé par le bout supérieur, est inséré sur un cylindre correspondant, en bois, portant un trou au centre et fortement lié sur son bord supérieur. Ce caoutchouc porte un certain nombre de fentes verticales qui traversent sa substance et qui, lorsqu'on ouvre un écoulement au liquide par un orifice, sont soumises à la pression de l'air, cèdent à cette pression et s'ouvrent de façon à laisser cet air entrer dans le vaisseau, dans la même quantité qu'on soutire du liquide. Lorsqu'on arrête cet écoulement, les bords des fentes se rapprochent, de manière à s'opposer à l'échappement du liquide ou des gaz dans une direction opposée. Si par hasard il y a pression à l'intérieur sur la surface du caoutchouc, cette pression tend seulement à fermer plus complètement les fentes, et ainsi, tout en offrant une introduction suffisante de l'air, la soupape oppose une résistance convenable à sa sortie. »

D'après Hancock, on débarrasse également le caoutchouc sulfuré de sa mauvaise odeur et, en même temps, on le rend moelleux, en le traitant comme il sera dit plus loin en parlant de la gutta-percha spongieuse.

CHAPITRE III

Usages du Caoutchouc vulcanisé.

NOTIONS GÉNÉRALES

Le caoutchouc vulcanisé a presque tous les usages du caoutchouc naturel. De plus, il reçoit une multitude d'applications spéciales auxquelles ce dernier ne pourrait se prêter. Enfin, la plupart des articles faits en caoutchouc ordinaire ne sont mis dans le commerce qu'après avoir été plus ou moins sulfurés.

§ 1. — PRINCIPAUX USAGES.

Enumérons maintenant les principaux emplois du caoutchouc sulfuré. Avec ce produit, on fabrique :

Des fils, des lacets, des tissus, des tricots, des bretelles, des bracelets, des gants, des jarretières et tout ce qui fait partie du domaine de la passementerie ;

Des objets de sellerie, des manteaux, des bottes et des souliers, des tuyaux de tous diamètres pour gaz, liquides, communications acoustiques ;

Des oreillers, des coussins à air de toute forme pour voitures, chaises, divans, fauteuils, lits ordinaires, des matelas et colliers de sauvetage, etc.;

Des balles pleines ou creuses, des ballons creux, des jouets de toute espèce ;

Des clapets pour les appareils à eaux gazeuses, des soupapes pour baignoires, bassins, citernes, machines à vapeur, machines soufflantes, pompes, etc.;

Des paillassons pour portes externes, des tapis

moulés ou gaufrés de toute nuance, qui ont l'avantage d'amortir le bruit des pas et de résister aux influences de l'humidité ;

Des feuilles unies ou non pour baignoires, bateaux insubmersibles, ceintures et autres appareils de sauvetage, chaussures, bâches, manteaux, équipements de chasse et de marine, sacs, tabliers, gazomètres, vases et récipients de toute forme et de toute grandeur, etc.;

Des bandes pour billards, des cordes, courroies et lanières pour toute sorte d'usages ;

Des ressorts pour pianos, serrures, loquets, sonnettes, portes battantes, voitures, machines, etc.;

Des rondelles et tampons pour les locomotives et les wagons de chemin de fer ;

Des rondelles et des rouleaux annulaires pour fermeture hermétique des robinets, soupapes, joints des tuyaux, etc. ;

Des rouleaux d'encrage pour impressions typographiques et lithographiques, des rouleaux porte-couleur pour impressions sur étoffes, des rouleaux de pression pour les papeteries, les ateliers d'indiennerie, de gaufrage, etc. ;

Des accumulateurs de force pour lever les poids, du cuir artificiel pour cardes, semelles de chaussures, etc. ; des effaçoirs pour l'écriture et le crayon, etc. ; des meules et des pierres artificielles à aiguiser et polir, etc. ;

Des dentiers, des bonnets à glace, des matelas et coussins hydrostatiques, des lits à eau, des alèses avec cylindres conducteurs, des tubes alimentaires, des irrigateurs, des clysoirs, des brosses pour frictions sèches, des pelotes, des tissus élastiques pour bas à varices, des pessaires, des sondes, des bandages herniaires, des bandages pour fractures, des membres artificiels et autres appareils chirurgicaux, etc.

§ 2. — MATIÈRES ACCESSOIRES.

Le caoutchouc vulcanisé est souvent additionné de diverses substances minérales, telles que le sulfate de baryte, le sulfate de chaux, la chaux pulvérulente, la craie, la litharge, etc., afin d'augmenter sa résistance à la compression et de favoriser la répartition de la chaleur dans sa masse. Ainsi modifié, il est employé avec avantage pour la fabrication des tampons de choc, des plaques destinées à servir de matelas entre les parois des navires cuirassés, des rouleaux de pression, des soupapes et des clapets, etc.

Les substances qui précèdent accroissent notablement la densité du caoutchouc, en sorte qu'il n'est pas rare de la voir atteindre 1,6 et même 1,7. Dans certains cas, au lieu d'augmenter la densité, on cherche, au contraire, à la diminuer. On mélange alors au caoutchouc, soit de la râpure de liège ou de la sciure de bois, soit de la ouate ou de la bourre de coton. En procédant ainsi, on obtient des tapis très légers et très élastiques d'un excellent usage. Comme on l'a vu, le produit appelé *kamptulicon* est formé de liège râpé et de caoutchouc.

Enfin, en malaxant le caoutchouc vulcanisé avec du verre en poudre, du silex broyé et autres matières dures, on prépare des pâtes qui servent à faire des meules et des pierres artificielles à aiguiser.

Voici, à titre d'exemples, quelques-uns des mélanges qu'on emploie le plus :

1º. — Tapis de pied.

Caoutchouc......................	50
Linge effiloché..................	15
Oxyde de zinc...................	25
Soufre...........................	4
Chaux............................	5
Craie............................	6
	105

Les 5/100 de chaux suffisent pour absorber l'acide sulfhydrique continuellement produit durant la sulfuration et éviter les soufflures.

2º. — Pâte pour tubes, balles et ballons à parois épaisses.

Caoutchouc......................	59
Oxyde de zinc...................	35
Soufre...........................	5
Chaux............................	1
	100

3º. — Pâte pour produits poreux, spongieux et doux propres à rembourrer les fauteuils, matelas, coussins, selles, tampons divers, etc.

Caoutchouc......................	48
Sulfure d'antimoine..............	6
Carbonate de chaux...............	10
Soufre...........................	1
	65

On peut remplacer : 1º le sulfure d'antimoine par tout autre sulfure analogue ; 2º le carbonate de chaux par celui d'ammoniaque ou par une substance pouvant donner un produit volatil. En outre, quand on veut avoir un produit très doux et très léger, il faut humecter le caoutchouc avec un dissolvant. Les matières sont mélangées dans le pétrisseur et chauffées jusqu'à 225 degrés environ.

§ 3. — COLORATION ET TEINTURE.

La coloration et la teinture du caoutchouc vulcanisé se font comme celles du caoutchouc naturel. En conséquence, nous n'y reviendrons pas.

CHAPITRE IV

Balles et Ballons à jouer.

NOTIONS PRÉLIMINAIRES

Il a été question précédemment de la fabrication des balles à jouer en caoutchouc souple. Nous allons nous occuper ici de celles de ces balles pour lesquelles on emploie le caoutchouc vulcanisé.

§ 1. — BALLES.

Ainsi qu'on l'a vu, il y a des balles pleines et des balles creuses. Qu'on emploie le caoutchouc ordinaire ou le caoutchouc vulcanisé, elles se font absolument de la même manière, sauf, dans ce dernier cas, le travail nécessaire pour l'incorporation du soufre.

1. — Balles pleines.

Pour les balles pleines, on prend comme matière première l'un des rouleaux fournis par l'agglomération au loup; mais, pour former ce rouleau, on a eu soin d'ajouter au caoutchouc, pendant le pétrissage, 6 à 8 pour 100 de fleur de soufre. Le rouleau est alors soumis à l'action d'une râpe, après quoi on traite la masse pulpeuse comme il a été dit ci-dessus. Enfin, après le moulage, on plonge les moules dans un cylindre fermé hermétiquement, dont on élève la température à 140 degrés, au moyen de l'injection d'un courant de vapeur, afin de produire la sulfuration.

§ 2. — BALLES CREUSES.

Les lames creuses se confectionnent avec les mêmes lames dont il a été question, sauf que celles-ci, ont été additionnées, pendant leur préparation, d'une quantité convenable de soufre. On découpe dans ces lames les quatre segments de sphère, on réunit ces derniers sur les bords et l'on place les enveloppes, ainsi obtenues, entre les deux coquilles d'un moule que l'on maintient fermé à l'aide d'un étrier à vis de pression. Il n'y a plus alors qu'à introduire les moules dans le cylindre à vulcaniser, et à élever à 140 degrés, par un courant de vapeur, la température de cet appareil.

§ 3. — BALLONS.

Il y a deux espèces de ballons : les *ballons ordinaires*, qui sont gonflés avec de l'air comprimé, et les *ballons à gaz*, qui sont remplis de gaz hydrogène.

1. — Ballons ordinaires.

Les *ballons ordinaires* se font absolument, sauf les dimensions, comme les balles creuses. Ils exigent cependant une opération particulière par suite de la nécessité où l'on est de les insuffler afin d'augmenter leur consistance et leur élasticité. Cette insufflation s'effectue comme il a été dit en parlant des ballons en caoutchouc souple, et il faut avoir bien soin de n'employer que ce même caoutchouc pour former le petit disque ; autrement, on ne pourrait boucher le trou du chalumeau.

Pour faire un ballon, il faut donc découper quatre segments de sphère et les souder en y ajoutant intérieurement un petit disque de caoutchouc normal. Le ballon une fois formé, on le place entre les coquilles d'un moule, qu'on introduit ensuite dans le cylindre à sulfuration où il est soumis à une température de 135 degrés. Après le démoulage, on laisse refroidir le ballon, après quoi on l'insuffle comme nous l'avons décrit.

2. — Ballons à gaz hydrogène.

Ces ballons ont été inventés, il y a une douzaine d'années, par un industriel de Saint-Denis, nommé Gillard. Dans le principe, ils étaient uniquement destinés à l'amusement des enfants ; mais plusieurs grands magasins de nouveautés ayant eu l'idée d'en faire un moyen de réclame, il n'en a pas fallu davantage pour donner à leur fabrication une importance relativement considérable.

Les ballons dont il s'agit ont généralement 4 à 8 décimètres cubes de capacité. Ils doivent être assez légers pour s'enlever spontanément quand ils sont remplis de gaz hydrogène, sous une légère pression. En conséquence, il est nécessaire que le poids de l'enveloppe, plus celui du gaz qui la remplit, soit moindre qu'un égal volume d'air. Le volume d'air déplacé étant, par exemple de 5 litres et pesant 6 grammes 466, à zéro et sous la pression de 0ᵐ760, tandis que le gaz hydrogène, sous le même volume, pèse seulement 0 gr. 448, il faut que l'enveloppe pèse moins que la différence, c'est-à-dire moins que 6 grammes 018 : si son poids est de 4 grammes, la force ascensionnelle sera équivalente au poids de 2 grammes 218, sauf l'augmentation de densité qu'éprouve l'hydrogène par la pression d'environ 0,1 d'atmosphère, ou de 0 gr. 0448, pour gonfler l'appareil. On parvient, d'une manière fort simple, à réunir ces conditions.

On emploie des feuilles de caoutchouc de Para d'excellente qualité, épaisses de 1 millimètre, obtenues par le procédé de l'agglomération et découpées mécaniquement, et, à l'aide de modèles en carton, on y taille quatre segments dont les dimensions varient nécessairement suivant le volume des ballons qu'on veut produire. Supposons qu'il s'agisse de fabriquer un ballon ayant, une fois gonflé, de 25 à 28 centimèt. de diamètre. Les segments auront un diamètre égal aux 4 dixièmes du ballon, soit pour chacun à 10 centimètres, et ils seront terminés, vers leur extrémité inférieure, par un prolongement de 15 millimètres de longueur sur 5 millimètres de largeur. De cette manière, après leur soudure, ils formeront une sphère creuse terminée par un petit tube long de 12 millimètres et large de 7.

L'opération doit se faire dans une pièce dont la température ne descende pas au-dessous de 25 degrés ni ne dépasse pas 28 degrés. On commence par chauffer les feuilles à 45 ou 50 degrés. Elles sont ensuite étendues sur une table, puis taillées avec des ciseaux coupant très bien et très net.

Les segments préparés, il s'agit de les souder. A

cet effet, on en prend deux et on les rapproche, sur deux de leurs bords, en les frappant, à mesure du contact, avec un marteau, sur une petite bigorne. On fait ensuite la même opération sur deux autres segments. On obtient ainsi deux calottes, dont on réunit, de la même manière, les bords libres, et l'on a un ballon muni d'un goulot et un peu déprimé.

Les ballons étant formés, on les vulcanise en les plongeant, pendant deux secondes, dans un mélange de 4 à 5 parties de sulfure de carbone, après quoi on les suspend dans une chambre aérée pour laisser volatiliser ce dernier.

Les ballons conservent souvent leur couleur naturelle. D'autrefois, on les teint en bleu ou en rouge. Cette dernière couleur est celle que l'on préfère généralement. Elle n'est autre qu'une solution d'orcanette par l'éther ou l'alcool, mais surtout par le sulfure de carbone. Quand on emploie celui-ci, ce qui est le cas le plus fréquent, on prend 1 kilogramme d'orcanette et 5 kilogrammes de sulfure, et on les tient en contact pendant 3 heures.

La teinture se pratique après la vulcanisation, quand le sulfure de carbone s'est volatilisé. Elle consiste en une immersion, dont la durée doit être aussi courte que possible. Si l'on veut obtenir une couleur plus intense, il faut répéter l'opération.

Quand la teinture est sèche, on souffle les ballons au vent, en d'autres termes, on les gonfle d'air avec un soufflet. Cette opération se fait par le goulot ; elle a pour objet de les rendre plus faciles à gonfler par le gaz.

Le gonflement par le gaz nécessite naturellement l'emploi d'un gazomètre. Il s'effectue sous la pression d'environ 1 mètre de hauteur d'eau, et, quand il est terminé, un bout de fil serré et noué autour du goulot empêche le gaz de s'échapper trop vite.

CHAPITRE V

Tubes et Tuyaux.

Les tubes et les tuyaux en caoutchouc sulfuré se font absolument comme ceux en caoutchouc naturel, sauf que la pâte renferme 4 à 5 pour 100 de soufre. Quand les soudures sont faites, on procède à la vulcanisation. A cet effet, on les enveloppe d'une toile, puis on les introduit, munis de leurs mandrins, dans un cylindre vertical de 12 à 13 ou 14 mètres de hauteur, qui se ferme hermétiquement, et dans lequel on les soumet, pendant 1 heure ou 1 heure et demie, à une température de 132 à 140 degrés et une pression de 3 atmosphères. Au bout de ce temps, on laisse refroidir et on retire les mandrins. S'ils avaient contracté quelques adhérences, on détruirait celles-ci en injectant de l'eau avec une petite pompe entre eux et la paroi du tube.

CHAPITRE VI

Meules et pierres artificielles à aiguiser.

NOTIONS PRÉLIMINAIRES

En agglomérant avec du caoutchouc vulcanisé et des huiles lourdes de houille des sables quartzeux, du silex broyé, des poudres d'émeri, on obtient des meules artificielles qui, suivant la nature, la proportion et le degré de finesse de ces matières, sont propres à user, polir, affûter les outils, instruments et autres objets de fer, de fonte, d'acier, de bronze, de cuivre. etc., et, en général, tous les corps durs. En France, la fabrication de ces meules a été créée, il y a une vingtaine d'années, par M. Deplanque. Nous allons dire en quoi elle consiste d'après la description qu'en a donnée M. Payen.

§ 1. — FABRICATION DES MEULES.

Dans une chaudière d'une disposition spéciale on met 85 kilogrammes de débris et rognures de caoutchouc vulcanisé, puis on élève la température jusqu'à 220 ou 230 degrés et, au bout de deux heures, on ajoute 3 kilogrammes d'huile lourde, afin de faciliter la répartition de la chaleur et de hâter la fusion. Le caoutchouc fond peu à peu. Deux heures après, on ajoute de nouveau 3 kilogrammes d'huile lourde, et l'on fait une addition semblable au bout de deux autres heures, en ayant soin, chaque fois et dans les intervalles, de brasser le mélange. De cette manière, on se trouve avoir introduit dans la chaudière, dans l'espace de six heures, 9 kilogrammes d'huile lourde, dont la plus grande partie s'est volatilisée et a été dirigée au dehors, où elle s'est dispersée dans l'atmosphère.

Au bout de ce temps, c'est-à-dire six heures, le caoutchouc est parfaitement fluide. A ce moment, on le soutire au moyen d'un ajutage à clapet intérieur, on y délaye 12 kilogrammes de fleur de soufre, et enfin l'on y verse 525 à 618 kilogrammes de la matière pulvérulente qu'on a choisie, sable, silex ou émeri. On a ainsi une pâte épaisse que l'on rend plus homogène en la malaxant entre deux cylindres déchiqueteurs d'acier, ayant 30 centimètres de diamètre, tournant en sens contraire avec des vitesses inégales, l'un faisant 2 tours et l'autre 6 par minute. Ces cylindres sont creux et chauffés intérieurement à 50 ou 60 degrés par un courant de vapeur. En outre, ils sont renfermés dans une enveloppe en tôle munie d'un tuyau, par lequel les vapeurs huileuses qui se produisent pendant le travail sont dirigées dans une cheminée qui les envoie au dehors.

Quand on juge que le malaxage est terminé, la pâte est portée entre deux autres cylindres disposés comme les précédents, mais tournant, l'un et l'autre avec une égale vitesse de 1 tour par minute. Elle en sort sous la forme d'une lame ou plaque d'une épaisseur que l'on règle à volonté en rapprochant plus ou moins les cylindres, et qui est habituellement de 5 à 90 millimètres.

La lame ainsi obtenue est étendue sur une table que l'on a saupoudrée de talc afin d'empêcher l'adhérence. On saupoudre également la plaque par dessus, puis on la découpe avec un emporte-pièce circulaire. Le disque résultant de cette opération est recouvert d'une couche de talc sur ses deux faces, ainsi que sur la tranche, après quoi on l'introduit dans un anneau de fonte et on le porte sur le plateau d'une presse hydraulique, où on le soumet à une pression de 150 à 200,000 kilogrammes. Cette pression se donne à froid. Quand elle est donnée, on extrait le disque de son anneau, en se servant d'une presse à vis, et on le replace sous l'emporte-pièce qui, du même coup, y pratique un trou au centre et en retranche les bords irréguliers.

Chaque disque ainsi moulé, pressé et régularisé, est prêt à recevoir la sulfuration qui doit lui communiquer la ténacité et la dureté nécessaires. Cette opération s'effectue dans un cylindre en tôle hermétiquement clos et muni d'une double enveloppe dans laquelle circule un courant de vapeur à 5 atmosphères. On chauffe jusqu'à ce que la température intérieure arrive à 140 degrés environ, et on la maintient durant sept à huit heures, au bout desquelles on laisse refroidir et l'on défourne.

« Les meules artificielles ainsi préparées, dit Payen, ont une homogénéité et une ténacité telles que chacune d'elles montées sur un arbre de tour et serrée entre une embase et un écrou, avec interposition d'épaisses rondelles de cuir, peut résister à un mouvement de rotation de 1,500 à 2,000 tours par minute. Les plus volumineuses ayant 60 centimètres de diamètre et 7 centimètres et demi d'épaisseur, pèsent 40 kilogrammes ; les plus petites ont 28 centimètres de diamètre et 4 millimètres d'épaisseur ; entre ces dimensions, les épaisseurs varient d'un millimètre. Pour l'affûtage et le creusage des dentures des grandes scies, les épaisseurs sont généralement comprises entre 4 et 20 millimètres. C'est surtout dans cette dernière application que les meules artificielles offrent de grands avantages, comparativement avec l'emploi des limes, pour affûter et creuser les dentures des scies droites et des scies circulaires ; elles offrent une double économie des deux-tiers de la main-d'œuvre et de l'usé des outils. En outre, on les emploie avec avantage pour ébarber, blanchir, dégrossir et polir divers objets de fer, de fonte et d'acier. Les machines destinées à les faire agir sur les scies droites et les scies circulaires leur impriment un mouvement rotatif de 800 à 2,000 tours par minute. »

§ 2. — FABRICATION DES PIERRES A AIGUISER.

Les pierres à aiguiser et affûter les outils tranchants se font absolument comme les meules dont il vient d'être question, c'est-à-dire avec des pâtes formées de caoutchouc vulcanisé, d'huile lourde de goudron de houille et de matières dures en poudre, sable quartzeux, silex, émeri. On leur donne la forme voulue au moyen d'emporte-pièces.

CHAPITRE VII

Tapis de pied.

Sauf la sulfuration, la fabrication des tapis en caoutchouc vulcanisé se fait absolument comme celle des tapis en caoutchouc ordinaire. Toutefois, nous décrirons sommairement un procédé, dû à M. G. Gérard, qui permet d'obtenir avec une extrême facilité des tapis d'une seule pièce, soit unis, soit ornés, ayant 2 à 3 mètres de long et 1 m. 30 à 1 m. 50 de large.

Après avoir préparé, comme à l'ordinaire, une pâte de caoutchouc contenant 5 pour 100 de son poids de soufre tamisé fin, on la convertit par le laminage à chaud en une plaque ou bande de la longueur, de la largeur et de l'épaisseur voulues. Il n'y a plus alors qu'à la vulcaniser et, en même temps à y produire, s'il y a lieu, les figures et autres ornements qu'elle doit présenter.

Pour effectuer cette double opération, on emploie une presse spéciale (fig. 19, pl. I) dite *presse à vulcaniser*, et des moules rectangulaires en fonte.

A la partie inférieure de la presse se trouve une espèce de coffre, aussi en fonte qui, haut d'environ 50 centimètres, se ferme hermétiquement au moyen d'une plaque épaisse de même matière, et que l'on peut, à volonté, mettre en communication avec un générateur de vapeur : deux vis verticales en fer permettent d'exercer une forte pression sur ce couvercle.

Les moules se composent de deux pièces : celle de dessous, qui est la principale, a la forme d'une boîte peu profonde, tandis que la seconde est une simple plaque qui entre exactement dans la première, mais en la dépassant d'une certaine quantité. Pour les tapis unis, les deux pièces ont leurs parois polies. Pour les tapis ornés, l'une porte en creux et l'autre en relief les dessins qu'on veut produire, les saillies de l'une correspondant exactement aux creux de l'autre. Quand on veut s'en servir, on les frotte avec un linge gras ou, ce qui est préférable, imprégné d'eau de savon : autrement le démoulage pourrait offrir des difficultés.

Les plaques de caoutchouc étant prêtes à subir la vulcanisation, on en met une dans chaque moule, on place plusieurs moules dans le coffre de la presse, on pose le couvercle, par-dessus, puis on fait agir les vis. Au moment où la pression produit son effet, on injecte dans le coffre de la vapeur à 4 atmosphères, de manière à élever la température de l'intérieur des moules jusqu'à 140 degrés. L'opération dure une heure et demie. Quand elle est terminée, on laisse refroidir, puis on démoule.

On peut obtenir des tapis infiniment plus longs. Il

suffit pour cela, d'abord de se procurer une lame de caoutchouc de la longueur qu'on désire, puis de pratiquer sur cette lame, à la suite les unes des autres, autant d'impressions semblables qu'elle peut en contenir, en ayant soin de raccorder exactement les moules de façon à ne pas vulcaniser une seconde fois les parties extrêmes déjà sulfurées, ce qui aurait l'inconvénient de les durcir outre mesure.

Nous avons supposé, dans ce qui précède, que le caoutchouc seul constitue la pâte des tapis. En la formant de 50 parties de caoutchouc, 15 de linge effiloché, 25 d'oxyde de zinc, 4 de soufre, 5 de chaux et 6 de craie, on a un produit à la fois plus dense, plus durable et plus économique.

CHAPITRE VIII

Lanières et Courroies.

NOTIONS PRÉLIMINAIRES

Les lanières et courroies en caoutchouc vulcanisé se font comme celles en caoutchouc naturel, en découpant des feuilles de caoutchouc pur ou des toiles caoutchoutées, l'interposition d'un tissu dans ces dernières ayant pour but d'augmenter leur résistance et d'assurer la permanence de leurs dimensions transversales. Toutefois, en raison de leur destination particulière, celles qui doivent servir à transmettre l'action des moteurs aux machines exigent des qualités spéciales, qui ont été l'objet des recherches de nombreux inventeurs.

Après avoir exposé comment elles se faisaient autrefois, nous dirons comment elles se fabriquent aujourd'hui dans l'une des plus importantes maisons de Paris.

1. — Ancien procédé.

Après avoir confectionné la courroie ainsi qu'il a été dit précédemment, mais en employant du caoutchouc additionné de soufre, on l'enroule le plus fortement sur elle-même autour d'un tambour en tôle, puis on place le tout dans une chaudière et l'on fait arriver la vapeur pour opérer la vulcanisation.

Cette façon de procéder est très défectueuse. En premier lieu, la pression tend à faire pénétrer la vapeur dans l'intérieur de la courroie, ce qui empêche l'adhérence des toiles. En second lieu, la capillarité fait absorber l'humidité par chacun des fils des tissus et il en résulte que le caoutchouc lui-même ne se colle, au moment de la vulcanisation, que très imparfaitement sur les toiles devenues humides.

Dans ces conditions la courroie manque d'homogénéité et ne résiste pas longtemps aux efforts qu'elle doit supporter.

2. — Nouveau procédé.

Dans ce procédé, les inconvénients qui viennent d'être indiqués sont évités, et les diverses parties de la courroie ne forment en quelque sorte qu'un seul corps, condition indispensable de bon fonctionnement et de longue durée. Ce qui le distingue particulièrement, c'est le mode de vulcanisation, qui se fait par la chaleur sèche, au moyen de presses très puissantes chauffées par un courant de vapeur. Afin d'en donner une idée plus complète, nous allons exposer comment les choses se passent chez MM. Aubert et Gérard, ses inventeurs, et nous prendrons la fabrication au moment même où elle commence.

Le caoutchouc brut est successivement trempé dans l'eau chaude, déchiqueté, lavé, séché, aggloméré, puis soigneusement malaxé, avec 5 pour 100 de son poids de soufre tamisé très fin, entre des cylindres creux, chauffés à 50 ou 60 degrés par un courant de vapeur. Le résultat de l'opération est une pâte bien homogène, que l'on fait pénétrer dans les interstices d'une forte toile longue de 10 à 50 mètres et large d'un mètre. Pour effectuer cette pénétration, on emploie une machine que les inventeurs appellent *spreader*, c'est-à-dire fouleuse.

Cette machine se compose essentiellement de trois cylindres creux en fonte, ayant chacun 36 centimètres de diamètre, et disposés l'un au-dessus de l'autre, dans un même plan vertical. Ils sont chauffés par la vapeur qui arrive par l'axe de leur arbre tournant. Tous les trois sont munis d'une roue dentée, mais celle du cylindre du milieu a un diamètre de 24 centimètres, tandis que le diamètre de chacune des deux autres est de 48 centimètres, c'est-à-dire double. C'est le cylindre médian qui reçoit le mouvement, et qui, par conséquent, le communique aux autres ; mais l'inégalité du diamètre de leurs roues dentées respectives, fait que ce cylindre tourne deux fois plus vite que le cylindre supérieur et le cylindre inférieur.

Quand la machine marche, la toile qui reçoit le caoutchouc éprouve un frottement tellement énergique que la pâte la pénètre complétement. On prépare de la même manière un certain nombre de toiles, puis, les superposant, au nombre de 3 à 10, entre les cylindres chauds d'un laminoir, elles adhèrent intimement entre elles. Il n'y a plus alors qu'à découper au couteau mécanique la pièce ainsi produite, suivant la largeur des roues qu'elles doivent faire tourner. Pour donner aux courroies une plus grande force et rendre leurs bords unis, on peut les envelopper d'une toile semblable à celles qui les constituent, et placer sur le joint une bande moins large qui rend toute l'enveloppe solidaire avec les tissus sous-jacents.

La vulcanisation a lieu après ces diverses opérations. Elle exige l'emploi de presses en fonte et de moules en fer, établis sur les mêmes principes que les presses et les moules dont il a été question en parlant des tapis de pied.

Ces presses se composent de deux tables en fonte, à double fond, munies de très fortes nervures pour empêcher toute flexion, et ayant chacune une de leur surfaces parfaitement dressée. L'une de ces tables est fixée solidement sur le sol, sa partie dressée en dessus. L'autre table est placée exactement au-dessus, sa partie dressée en dessous. Inutile d'ajouter qu'elles sont reliées à des colonnes et autres pièces, et que le tout est disposé de manière que la table supérieure puisse descendre sur l'inférieure en exerçant une pression très considérable. Enfin, on peut injecter un courant de vapeur dans le double fond de chacune d'elles : un manomètre indique la tension de cette vapeur et, par suite, la chaleur qu'elles peuvent communiquer au contact.

Les presses peuvent avoir des dimensions très variables. Dans celles qu'on emploie assez généralement, on donne aux tables 3ᵐ50 de longueur, sur 1ᵐ20 de largeur et 0ᵐ70 de hauteur ou épaisseur ; elles fournissent facilement, sans aucune flexion, une pression de 700,000 kilogrammes.

Les moules présentent l'aspect de rainures rectangulaires et polies dont la longueur est égale à celle de la presse, tandis que la profondeur et la largeur varient suivant l'épaisseur et la largeur des courroies qui doivent y être placées. Chacun est pourvu d'une plaque de fer polie en dessous, qui y entre exactement, mais en la dépassant en dessus de 10 à 12 millimètres.

Pour rendre plus claire la description de ces appareils, supposons que l'on ait à vulcaniser une courroie de 100 millimètres de largeur sur 10 millimètres d'épaisseur.

« On prendra pour faire le moule une bande de fer d'une longueur appropriée à celle de la presse (3 mètres par exemple), d'une épaisseur de 26 millimètres et d'une largeur de 140 millimètres. On la creusera dans le sens de sa longueur au moyen de la machine à raboter, sur une largeur de 100 millimètres et une profondeur de 15 millimètres ; il restera donc de chaque côté un rebord de 20 millimètres de largeur.

« Pour former le couvercle, on choisira une bande de fer rabotée avec soin, et ayant une longueur égale à celle du moule, une largeur de 100 millimètres et une épaisseur de 20 millimètres. »

Le moule et son couvercle étant prêts, on les savonne légèrement, puis on place la courroie dans le moule et l'on pose le couvercle sur la courroie. On porte alors le tout sur la table inférieure de la presse, on fait descendre la table supérieure et, pendant que la pression s'exerce, on envoie de la vapeur à 4 ou 5 atmosphères dans les deux tables. L'on comprend que sous l'action de la table supérieure, le couvercle du moule comprime fortement la courroie et en rapproche toutes les parties de la façon la plus intime. D'un autre côté, la chaleur donnée aux tables se communique d'abord au moule, puis à la courroie et amène la vulcanisation de cette dernière. Pour que la vulcanisation se fasse d'une manière convenable, il faut que la température intérieure du moule atteigne 140 degrés. Elle n'exige pas plus d'une heure.

On conçoit qu'en raison de leur longueur les courroies ne peuvent pas être vulcanisées en une seule fois. On est donc obligé de les traiter par portions successives. Après en avoir sulfuré une quantité égale à l'étendue des moules, on enlève cette quantité et l'on en place une quantité égale dans les mêmes moules, et l'on continue ainsi jusqu'à la fin. Pour éviter que les extrémités de chaque tronçon ne puissent être trop vulcanisées, ce qui les rendrait trop dures, on a soin d'évaser légèrement les moules aux deux bouts : grâce à cette disposition, les sections des courroies ne sont pas deux fois sulfurées à leurs points de démarcation. On peut donc par ce moyen faire des courroies d'une longueur illimitée. Quant à leur qualité, elle est très supérieure à celle des anciennes courroies vulcanisées à la chaudière. En effet, il ne peut plus y avoir trace d'humidité dans les fils de la toile, puisqu'ils ne sont plus en contact avec la vapeur, et la pression considérable à laquelle ils sont soumis dans le moule au moment de la vulcanisation, leur donne une homogénéité impossible à obtenir avec l'ancien procédé.

COMPARAISON DES COURROIES DE TRANSMISSION EN CAOUTCHOUC VULCANISÉ AVEC LES COURROIES ORDINAIRES EN CUIR.

M. Payen a établi que les courroies en caoutchouc vulcanisé sont beaucoup moins chères que celles en cuir. D'après ses calculs, une courroie en caoutchouc fabriquée par le procédé Aubert et Gérard, et ayant 30 mètres de longueur, 30 centimètres de largeur et 2 centimètres d'épaisseur, ne revient, y compris la clouure en rivets de cuivre des extrémités, qu'à 400 ou 500 francs, tandis que, dans les mêmes conditions, une courroie en cuir coûterait environ 1,400 francs. Des calculs d'autres savants ont donné des résultats analogues.

Ces mêmes courroies présentent bien d'autres avantages sur celles de cuir. En premier lieu, elles sont toujours droites et ne font jamais le serpent. En second lieu, elles sont insensibles aux variations atmosphériques, c'est-à-dire de la sécheresse et de l'humidité et, une fois tendues à leur point, elles ne s'allongent pas indéfiniment comme fait le cuir. En troisième lieu, leur résistance à la traction est, à section égale, infiniment supérieure. Enfin, leur durée est beaucoup plus grande.

Plusieurs savants se sont livrés à des expériences relatives à la résistance et à la traction que présentent les courroies en caoutchouc comparées à celles de cuir. Tels sont, entre autres M. Ogier et Tresca.

M. Ogier s'est uniquement occupé des courroies en toile et caoutchouc et des courroies en cuir.

Nous ne donnerons, d'après le *Technologiste*, que les conclusions de ses études.

1° La résistance à la traction, des courroies caoutchouc et toile, par millimètre carré de section, est au moins égale à celle des courroies cuir, prises dans les mêmes conditions de solidité.

2° Cette résistance est indépendante des dimensions, longueur, largeur, épaisseur.

Il y a donc intérêt à donner la préférence aux courroies caoutchouc, toutes les fois que les conditions de l'effort à transmettre entraînent l'emploi de courroies d'une grande largeur et d'une forte épaisseur.

3° Les courroies en cuir étant généralement regardées comme pouvant, dans de bonnes conditions de marche, supporter une charge de $0^k 250$ par mm² de section, on peut en toute sécurité, appliquer ce chiffre au calcul de la section d'une courroie en toile et caoutchouc, quelles que soient ses dimensions.

4° Le caoutchouc, placé à l'extérieur, n'augmentant en rien la résistance de la courroie, il y a avantage à employer les courroies sans caoutchouc à l'extérieur qui, à poids égal, donnent une résistance supérieure.

5° Sous une même charge, l'allongement élastique des courroies cuir est double de celui des courroies caoutchouc et toile, et, qui plus est, tandis que, pour une charge de $0^k 250$ par millimètre carré de section, l'allongement permanent des courroies cuir est à peu près égal au 1/5 de leur allongement élastique, dans les courroies mixtes, et sous cette même charge, l'allongement permanent est presque nul.

Les expériences de M. Tresca ont été plus générales et, par suite plus complètes. Elles ont compris les courroies en caoutchouc et toile de fabrication française et de fabrication anglaise, les courroies en caoutchouc seulement, les courroies en gutta-percha et les courroies en cuir. Elles ont été faites au Conservatoire des Arts et Métiers.

« Le caoutchouc et la gutta-percha pouvant, dit M. Tresca, être façonnés au laminoir, en bandes de longueur indéfinie, avec des épaisseurs et des largeurs arbitraires, l'emploi de ces substances présente, sous ce rapport, des facilités que celui du cuir, qui doit être pris seulement sur le dos de l'animal, en bandes de largeur et de longueur restreintes, ne peut comporter.

« Il nous a, en conséquence, paru que des expériences faites avec soin, et d'une manière comparative, sur les trois substances, présenteraient quelque intérêt, et nous avons compris dans la même série les courroies en caoutchouc doublées de toile. Les tissus anglais appropriés à cet usage différant un peu des nôtres, nous avons dû, d'ailleurs, opérer distinctement sur les uns comme sur les autres.

« Le tissu français est une grosse toile de coton de 45 duites au décimètre, comprenant 110 fils de chaîne pour la même largeur. Il pèse 0^k981 par mètre sur une largeur de 1^m03. La chaîne est formée de 3 fils tordus ensemble, ainsi que la trame.

« Le tissu anglais ressemble beaucoup au précédent. Il compte 52 duites par décimètre et 85 fils de chaîne; mais les fils sont de composition différente, savoir : 6 fils tordus pour la trame et 7 pour la chaîne. Il pèse 1 k. 086 par mètre sur une largeur de 1^m05.

« Ces tissus, qui ont, sous le rapport de l'épaisseur,

une grande ressemblance avec les toiles à voiles, entrent dans la fabrication des courroies en plusieurs doubles repliés les uns sur les autres, et comprenant entre eux le caoutchouc qui les relie et qui fait complètement corps avec eux. Dans certains cas, on a pris soin de laisser une paroi de la toile apparente sur chacune des faces de la courroie. Nous dirons que le tissu est intérieur toutes les fois qu'il n'est apparent sur aucune face de la bande, qui est alors complétement lisse.

1. — Mode d'expérimentation.

« Pour éviter, autant que possible, la déformation des extrémités des courroies qui devaient être soumises successivement à des efforts considérables, nous avons fait construire des mâchoires en tôle de toute la largeur de la plus grande courroie. Ces mâchoires emprisonnaient, sur une certaine longueur, l'extrémité de la bande à essayer, et étaient réunies entre elles au moyen d'un nombre suffisant de boulons assez serrés pour que le frottement dans les mâchoires surpassât la résistance propre de la pièce elle-même. Pour obtenir ce résultat, il a été nécessaire de strier les surfaces intérieures des plaques de tôle qui formaient ainsi sur la courroie en expérience des empreintes très favorables à la solidarité de tous les éléments de l'assemblage.

« Les efforts étaient produits à l'aide de la presse hydraulique dont est muni le banc d'épreuve du Conservatoire des Arts et Métiers ; ils étaient, en outre, mesurés par la romaine mise en jeu par la mâchoire fixe, et qui était chargée d'un poids curseur et de rondelles en plus ou moins grand nombre suspendues à l'extrémité du levier.

« Les allongements étaient observés entre deux repères préalablement tracés à une petite distance de chaque mâchoire, au moyen d'une mesure divisée que l'on maintenait, à chaque observation, en coïncidence avec l'un des repères par l'une des extrémités.

« Dans le plus grand nombre de circonstances, on a pu se rendre compte, par le même moyen, de l'allongement permanent que conservait la longueur comprise entre les deux repères après le déchargement.

« Ces éléments principaux étant connus, on a calculé les allongements par mètre de longueur, et les charges correspondantes par millimètre carré de section, et représenté ensuite, par les diagrammes, la relation entre ces deux données. Nous verrons que, dans certains cas, il a été utile d'opérer de même, par rapport aux sections variables de la pièce, au moment où l'observation des charges était faite. »

2. — Courroies en cuir.

« Les expériences ont été faites, d'abord sur trois courroies en cuir de bonne qualité qui ont été prises pour servir de comparaison avec les autres courroies.

« L'une de ces courroies ayant 29 millim. de largeur sur 5 millim. d'épaisseur, c'est-à-dire 145^{mm^2} de section, s'est rompue sous un effort de 400 kilog., après un allongement de 412 millim., ce qui représente un effort de 2 k. 76 par millim. carré de section et un allongement de 248 millim. par mètre courant de longueur.

« La deuxième courroie essayée avait 61 millim. de largeur, 5 millim. 1/2 d'épaisseur, soit 335^{mm^2} de section. La charge de rupture a été de 1 k. 50 par millim.

carré de section, l'allongement de 188 millim. par mètre courant de longueur.

« Le troisième essai a été fait sur une courroie fabriquée par M. Scellos et de même dimension que la dernière. La rupture a eu lieu sous une charge de 2 k. 09 par mètre carré. L'allongement, au moment de la rupture, était de 161 millim. par mètre de longueur.

« Il résulte de ces expériences que la courroie type a rompu sous une charge de 2 k. 758 par millimètre carré de section primitive, qu'elle a donné lieu, jusqu'à cette limite, à des allongements croissant d'une manière un peu moins rapide que les charges, et qu'elle a pu s'allonger, dans ces conditions, jusqu'à 248,8 sur 1,700 millimètres, soit de 0,15 de sa longueur primitive. Les deux autres se sont rompues respectivement à 1 k. 493 et 2 k. 091 par millim. carré de leur section première ; mais la rupture a eu lieu dans les joints, auxquels on n'avait su donner la même résistance qu'au corps même de la pièce. »

3. — Courroies en gutta-percha.

Les expériences ont été continuées sur une courroie en *gutta-percha* de 140 millim. de largeur, 8 millimètres 1/2 d'épaisseur, soit 1,190 millim. carrés de section. Sous une charge de 0 k. 366 à 0 k. 360 par millimètre carré de section, la courroie en gutta-percha s'allonge indéfiniment. Ces allongements croissent d'ailleurs beaucoup plus rapidement que les charges, même à partir d'une charge de 100 gr. par millim. carré, et l'on peut dire, en conséquence, qu'elle est déjà excessive au point de vue de la non déformation permanente de la courroie.

4. — Courroie en caoutchouc.

« Nous venons de voir que, pour le cuir, les allongements dus aux charges successives diminuent à mesure que la tension augmente, tandis que le phénomène inverse se produit pour la gutta-percha, qu'il est possible d'amener à un état de fluidité.

« Les courroies en caoutchouc et toile se comportant comme le cuir, il nous parut nécessaire d'examiner ce qui adviendrait avec une courroie homogène de caoutchouc, afin de constater que l'homogénéité de la matière se traduit toujours par des effets analogues à ceux qui sont observés sur les métaux.

« Nous avons, en conséquence, essayé une courroie en caoutchouc vulcanisé de 98 millim. sur 5,5 de section transversale, et nous l'avons soumise aux efforts de traction sur une longueur de 2 mètres.

« Dans la première expérience, il a été facile de reconnaître que les allongements augmentaient plus rapidement que les charges; mais la rupture s'est produite dans une des attaches pour une tension de 0 k. 464 par millim. carré de la section primitive.

« Une deuxième expérience faite dans des conditions identiques, et sur une même longueur de 2 mètres, a démontré que les allongements étaient devenus plus considérables pour les mêmes charges ; mais comme nous l'avons reconnu par des expériences spéciales faites sur les métaux, la matière, par le fait du premier chargement, est devenue, en même temps, plus élastique, et les allongements sont restés proportionnels jusqu'à la rupture, qui s'est encore produite dans une des attaches.

5. — Courroies en caoutchouc et tissu.

« Nous avons opéré séparément sur les échantillons de la fabrication française et de la fabrication anglaise, avec tissu apparent ou non apparent, mais l'on verra que ces distinctions étaient pour ainsi dire inutiles, et que toutes les courroies mixtes se sont comportées presque identiquement de la même façon.

6. — Courroie en caoutchouc et quatre épaisseurs de tissu anglais intérieur.

« Cette double expérience démontre nettement que la courroie ainsi construite conserve toute son élasticité jusqu'à la charge de 1 kil. 067 par millimètre carré, et qu'elle est même très peu altérée pour une charge double, puisqu'elle n'a conservé, pour cette dernière charge, qu'un allongement permanent de 21,5 millimètres par mètre.

« Cependant les allongements partiels, pour des surcharges successives égales entre elles, vont constamment en diminuant, et elles auraient continué, sans doute, à suivre la même décroissance, si l'on avait pu élever davantage la tension, sans déterminer de rupture dans les points d'attache.

7. — Courroie en caoutchouc et deux épaisseurs de tissu anglais intérieur.

« Cette courroie, dont la section est un peu plus grande que celle de la précédente, mais qui en diffère surtout par le rapport de ses deux dimensions transversales, s'est comportée exactement comme elle.

« La rupture a toutefois eu lieu entre les points de repère, ce qui permet de compter sur une résistance effective de 2 kil. 649 par millimètre carré. L'allongement total s'élève alors à 219 millimètres par mètre et cependant le retrait se fait régulièrement, lors du déchargement, puisque la longueur finale 2,046 entre les repères ne dénote qu'un allongement permanent de 23 millimètres par mètre.

8. — Courroie en caoutchouc et six épaisseurs de tissu anglais intérieur.

« Dans les deux premières expériences, la rupture s'est produite dans les attaches, sous des charges de 0 kil. 952 et 1 kil. 079 par millimètre carré, sans allongement permanent. Dans la troisième expérience, la rupture a encore eu lieu dans une attache, mais seulement sous une charge de 2 kilog.

« La longueur de 1^m.70 entre les repères, avant cette expérience, a été portée, après le déchargement, à 1^m.725, accusant ainsi un allongement permanent de 25 millimètres, ou de 14,7 millimètres par mètre.

9. — Courroie en caoutchouc et deux épaisseurs de tissu français intérieur.

« Les résultats sont, pour ainsi dire, identiques aux précédents, bien que la rupture ait eu lieu entre les repères, sous une charge de 2 kilog. 143 par millimètre carré. Les allongements suivent la même loi que précédemment, et sont représentés par des chiffres presque équivalents. La substitution d'un tissu à l'autre n'a aucunement modifié les propriétés élastiques de la matière.

10. — Courroie en caoutchouc et trois épaisseurs de toile, tissu anglais apparent.

« Les courroies en caoutchouc présentent un grave inconvénient sous le rapport du défaut d'adhérence; elles sont trop lisses, et cet inconvénient peut être très heureusement atténué en disposant le tissu interposé de manière qu'il soit apparent sur les deux faces extérieures. Les inégalités et la compressibilité des mailles lui donnent, sous ce rapport, un avantage marqué.

« Cette disposition ne saurait, d'ailleurs, modifier les propriétés mécaniques de la courroie, et les expériences suivantes n'ont fait que confirmer cette déduction *à priori*.

« Une courroie établie dans ces conditions, a cependant résisté jusqu'à une charge de 3 k. 3 par millimètre carré entre les repères, mais les allongements qu'elle a subis sont très peu différents des précédents pour les mêmes charges.

11. — Courroie en caoutchouc et six épaisseurs de toile, tissu anglais apparent.

« Deux expériences ont été faites sur cette courroie, qui s'est d'abord rompue dans une attache, sous la charge de 1 kil. 482 par millimètre carré, en conservant un allongement permanent de 13 millimètres par mètre, dont nous n'avons pas tenu compte dans le second essai. Celui-ci a pu être continué jusqu'à 2 kil. 037, et a permis de constater un nouvel allongement permanent de 4 millimètres seulement, ou de 4 : 1,70 = 2,35 millimètres par mètre.

12. — Courroie en caoutchouc et trois épaisseurs de toile, tissu français apparent.

« Cette petite courroie s'est rompue entre les repères, sous une charge de 2 kil. 3 par millimètre carré, en prenant des allongements un peu plus grands que les deux courroies précédentes.

13. — Essais faits sur toile seule.

« *Tissus anglais*. — Pour mettre en évidence la part qu'il convient d'attribuer, dans la résistance totale, à la présence du tissu, on a plié en sept épaisseurs la largeur tout entière d'une pièce, absolument comme elle est repliée dans les courroies en caoutchouc et toile. On a ainsi formé une lanière de 0^m.15 de largeur dont les différents plis ont été rendus solidaires par des coutures transversales faites de 0^m.20 en 0^m.20, et l'on a soumis cette lanière aux mêmes expériences que précédemment. Le tissu interposé dans la courroie n° 1 est absolument dans les mêmes conditions sous le rapport de la garniture en toile.

« Deux expériences ont été faites successivement sur ce tissu ; les allongements dus à chaque nouvelle charge d'abord très grands, se sont successivement réduits, jusqu'aux dernières charges. Cette réduction successive des allongements doit, sans aucun doute, être attribuée à l'interposition des fils transversaux de la trame, qui, au-delà d'une certaine limite, ne permettent plus aux fils longitudinaux de se redresser.

« *Tissu français.* — Les mêmes dispositions ont conduit à des résultats tout à fait analogues, mais les allongements ont toujours été moindres pour les mêmes charges. Le tissu était notablement plus résistant.

14. — Influence du tissu interposé.

« Les tissus jouissent de la propriété de donner lieu à des allongements qui croissent moins rapidement que les charges, et ce caractère s'étant retrouvé dans les expériences faites sur les courroies en caoutchouc et tissu, il nous a paru convenable d'examiner de plus près la mesure de leur influence dans les propriétés élastiques des courroies où ils sont employés.

« Pour la faire ressortir de la manière la plus complète, nous comparerons la courroie n° 1, avec le tissu anglais qui entre dans sa composition, en faisant toutefois remarquer que cette courroie, d'une largeur de 0^m.15, ne renferme que six épaisseurs de tissu au lieu de sept.

« Pour chaque allongement constaté, nous pouvons, avec les données numériques des expériences, isoler la part du tissu seul, ainsi que le montre l'exemple suivant : sous la charge de 500 kilog., la courroie n° 1 s'est allongée de 58 millimètres par mètre, et nous apprenons par l'expérience n° 13 que l'on obtient, au moyen de 100 kilog., un allongement à peu près égal, 59 au lieu de 58, pour sept épaisseurs de tissu. En admettant qu'entre ces limites de 58 à 59 millimètres, et de six à sept épaisseurs, les allongements sont proportionnels aux charges, celle qui donnera pour six épaisseurs un allongement de 58 millimètres se calculera par le produit

$$100 \times \frac{58}{59} \times \frac{6}{7} = 84.2$$

« Dans la charge de 500 kilog. nécessaire pour déterminer ce même allongement dans la courroie mixte, le tissu entre donc pour 84 kil. 2 ou pour 0,168.

« Nous avons fait le même calcul pour les allongements respectifs les plus voisins les uns des autres, et nous avons formé le tableau ci-contre : (page 216).

« La part de résistance venant du tissu s'élève successivement de 0,168 à 0,261 ; elle grandit naturellement avec les charges, par suite de la loi que nous avons reconnue par l'expérience.

« Quant aux charges supportées par le caoutchouc, et qui sont calculées par différence, dans la dernière colonne du tableau, il serait facile de montrer, par une représentation graphique, qu'elles sont très exactement proportionnelles aux charges, conformément à ce que nous avions reconnu directement.

CHARGES totales. (1)	ALLONGEMENTS correspond^{ts} par mètre.	CHARGE supportée par les six épaisseurs de tissu (3).	RAPPORT entre 1 et 3.	CHARGE supportée par le caoutchouc seul.
500^k.	58.0	84.2	0.168	416^k
800	85.0	174.5	0.218	626
1100	110.0	263.1	0.239	873
1300	121.0	340.6	0.262	959
1500	133.5	420.7	2.261	1079

15. — Conclusions.

« Pour tirer quelque conclusion des indications qui précèdent, nous avons réuni dans un tableau spécial, tous les résultats relatifs aux allongements par mètre, croissant depuis 20 millimètres jusqu'à 200, en groupant ces résultats pour chaque matière, et pour chacun des allongements comparatifs (page 217).

« 1º On reconnaît, à l'inspection de ce tableau, que les courroies en cuir présentent les allongements les plus variables, ce qui tient, sans aucun doute, à ce qu'on est obligé de les soumettre, avant leur emploi, à des tensions préalables, afin d'éviter que le même effet ne se produise pendant leur fonctionnement.

2º En moyenne le cuir s'allonge d'un dixième de sa longueur primitive, pour une charge de 0 k. 77 par millimètre carré, les courroies en caoutchouc et toile pour 0 k. 70, le caoutchouc pour 0 k. 27, la gutta-per-

DÉSIGNATION des COURROIES.		CHARGES PAR MILIM.tre CARRÉ CORRESPONDANT AUX ALLONGEMENTS PAR MÈTRE DE								OBSERVATIONS.
		20 mill.	25 mill.	50 mill.	75 mill.	100 mill.	125 mill.	150 mill.	200 mill.	
Cuir............	1	»	»	0.21	0.38	0.62	0.86	0.19	1.89	Rupture à 2,76
	2	»	»	0.16	0.30	0.45	0.60	0.90	1.50	— à 1,49
	1	»	0.29	0.55	0.80	1.15	1.49	1.87	1.60	— à 2,09
Gutta-percha....	2	0.16	»	»	0.43	0.63	0.84	1.12	1.34	
	3	»	»	0.26	0.28	0.31	0.32	0.33	0.33	
	1	»	»	0.10	0.12	0.16	0.20	0.36	0.36	kil.
	2	»	»	0.18	0.20	0.24	0.26	0.35	0.35	
Caoutchouc.....	1	0.9	0.12	0.18	0.23	0.30	0.37	»	»	Rupture à 0,46
	2	0.6	0.11	0.15	0.20	0.26	0.33	0.40	»	— à 0,46
	3	0.8	0.12	0.17	0.22	0.28	0.30	0.40	»	— à 1,10
	1	0.13	0.15	0.27	0.32	0.80	1.07	»	»	— à 2,33
	2	»	»	»	»	»	»	1.47	2.23	— à 2,65
	3	0.18	0.17	0.34	0.52	0.75	1.00	1.35	2.22	— à 0,952
	1	0.10	0.12	0.26	0.44	0.63	0.88	1.25	»	— à 1,08
	2	»	»	»	»	»	0.95	1.39	»	— à 1,00
Mixtes.........	3	0.6	0.12	0.19	0.31	0.63	0.95	1.64	»	— à 2,14
	1	»	»	0.25	0.42	0.71	1.10	1.50	3.00	— à 3,30
	2	»	0.10	0.30	0.45	0.70	1.05	1.29	»	— à 1,48
	1	»	»	0.25	0.40	0.62	0.92	1.66	»	— à 2,04
	2	»	»	0.17	0.30	0.62	1.02	1.62	»	— à 2,30
	1	»	»	0.25	0.45	0.78	1.19			
	2	»	0.11	0.25	0.41	0.70	1.02	1.47	2.52	

Caoutchouc.

cha pour 0 k. 25 ; on voit, à ce premier point de vue, que les courroies mixtes se rapprochent beaucoup des courrroies en cuir.

« 3° Mais un allongement double, qui est produit sur le cuir par une charge de 1 k. 66, exige 2 k. 52 par millimètre carré, avec le tissu de caoutchouc et toile.

« 4° L'industrie a donc imité, avec avantage, la propriété que possède le cuir de donner lieu à des allongements qui croissent beaucoup moins rapidement que les charges.

« 5° Cette propriété caractéristique et très intéressante, au point de vue de l'usage, est certainement due, dans un cas, comme dans l'autre, aux obstacles qui s'opposent au redressement des fibres longitudinales, savoir : les fils de chaîne, dans les tissus, les matières agglutinées dans les alvéoles, pour les cuirs.

« 6° Ces deux sortes de courroies peuvent être employées sous une charge habituelle de 1 kilogramme par millimètre carré.

« 7° Les courroies en caoutchouc, sans tissu, et les courroies en gutta-percha, ne doivent pas être soumises à un effort supérieur à 0 k. 25 par millimètre carré. A la température de 20°, la gutta-percha s'étire indéfiniment sous une charge de 0 k. 35. Le caoutchouc se rompt à 0 k. 40.

« 8° La gutta-percha peut être employée avec grand avantage dans tous les cas où la transmission est sujette à être mouillée par de l'eau froide, mais il faut éviter avec soin de l'exposer aux rayons solaires ; au reste, les débris, qu'il est souvent difficile de soustraire à la convoitise des ouvriers, se moulent avec assez de facilité pour être employés, pour ainsi dire, indéfiniment.

« 9° Le caoutchouc vulcanisé se détériore surtout par le défaut d'usage, et devient très cassant; l'emploi du tissu rend son usage plus certain et plus prolongé.

« 10° Enfin, ce mode de fabrication se prête facilement à des dimensions que le cuir ne comporte pas, et c'est surtout pour les transmissions à grand effort qu'il convient de le réserver, en ne portant jamais la tension au delà de 0 k. 50 par millimètre carré. »

CHAPITRE IX

Rouleaux d'encrage pour impressions typographiques et lithographiques.

C'est Pfnos, de Darmstadt, qui dès 1841, a proposé de se servir du caoutchouc vulcanisé pour la confection des rouleaux des presses typographiques et lithographiques.

Le caoutchouc doit être en feuilles d'environ 5 décimillim. d'épaisseur, cette épaisseur se prêtant mieux à l'application sur un cylindre en bois.

On prend une feuille de caoutchouc un peu plus longue que le cylindre à recouvrir, mais d'une largeur un peu inférieure au développement du rouleau; on la coupe en ligne droite, et en réunissant les deux côtés par les bords, on forme une sorte de tuyau, qui s'obtient très aisément, par la facilité avec laquelle le caoutchouc se soude aux endroits fraîchement coupés. Toutefois, pour éviter que la suture ne se défasse par portion, il est bon d'employer un dissolvant, par exemple, une dissolution de caoutchouc dans le sulfure de carbone.

Lorsque le tuyau est préparé, on le vulcanise par le procédé de Parkes.

Pour cela, on plonge le tuyau pendant deux minutes dans un mélange formé de :

Sulfure de carbone..... 40 parties.
Chlorure de soufre..... 1 —

Puis on retire du bain et on fait sécher à 25 ou 30 degrés centigrades. Enfin, on fait bouillir pendant une heure dans une lessive faible de potasse ou de soude.

Si la feuille de caoutchouc devait être plus épaisse, on emploierait un peu moins de chlorure de soufre, et on le laisserait un peu plus de temps en contact avec le liquide.

Quand la vulcanisation est terminée, on passe le cylindre en bois dans le tuyau, après toutefois l'avoir recouvert avec de la flanelle.

On ajoute ensuite un disque à chacune des extrémités de ce cylindre, mais l'expérience est nécessaire pour démontrer si, en employant de l'encre un peu forte, il ne serait pas utile d'augmenter l'épaisseur de la feuille de caoutchouc; s'il ne faudrait pas interposer une couche de gutta-percha (ou son mélange avec du caoutchouc), ou une couche de telle autre substance qui permettrait de fixer convenablement le tuyau de caoutchouc vulcanisé.

L'anglais Moulton a imaginé de former ses rouleaux avec du caoutchouc amené à l'état de mousse ou d'éponge, et qu'il appelle, en conséquence, *caoutchouc en mousse*. Voici ce qu'il dit à ce sujet :

« On prend du caoutchouc vulcanisé ordinaire et on le réduit en poudre. On place cette poudre dans un moule et on l'expose une seconde fois à la température de vulcanisation qui la convertit en une substance homogène, spongieuse ou mousseuse. Cette substance est revêtue d'une chemise en caoutchouc et soufre et soumise de nouveau à la température de la vulcanisation, afin de vulcaniser cette chemise, après quoi le rouleau est préparé et tout prêt à servir.

« Le résultat de ce procédé est un objet composé d'une matière homogène, de la consistance de la mousse, et hermétiquement enfermée dans une enveloppe de caoutchouc.

« Les avantages que possèdent ces rouleaux pour les impressions sont importants. Ils ont une grande durée à raison du caractère invariable de la matière ; la température ne les affecte pas ; ils sont constamment doux et élastiques ; ils exigent rarement des lavages et, quand on les lave pour changer d'encre ou de couleur, ils sont prêts immédiatement à servir.

« Une expérience qui a duré trois mois dans une imprimerie où les labeurs sont actifs a constaté ces résultats. Pendant cette période, il aurait fallu trois rouleaux ordinaires ; quant à leurs autres qualités, le témoignage des ouvriers les a confirmées amplement. »

CHAPITRE X

Semelles de chaussures.

Le caoutchouc sert, depuis longtemps, à confectionner des semelles de chaussures, mais, au lieu d'être simplement faites suivant les procédés usuels, c'est-à-dire découpées dans des feuilles d'épaisseur convenable, puis vulcanisées, celles dont il va être question résultent d'une fabrication spéciale dont tous les détails ont été étudiés avec soin.

Les nouvelles semelles sont une des plus intéressantes inventions de MM. Aubert et Gérard. Elles peuvent être cousues, clouées ou vissées comme celles de cuir, dont elles ont toute l'apparence, la dureté et la résistance, mais auxquelles elles sont supérieures sous le triple rapport de la durée, de l'imperméabilité et du bon marché. A ces avantages, elles en joignent d'autres qui tiennent à leur mode de fabrication ou qui sont propres à leur nature, et cette qualité se rencontre surtout dans les sortes épaisses. Ainsi, elles présentent une solidité que les semelles de cuir ne peuvent jamais avoir, et cela se conçoit puisque ces dernières résultent toujours de la réunion de plusieurs morceaux, tandis que celles de caoutchouc sont faites, y compris le talon, d'une seule et unique pièce qui est prise dans une matière complétement homogène. Ainsi encore, en raison du peu de conductibilité du caoutchouc pour la chaleur, elles empêchent le froid du sol de se communiquer à la plante des pieds, ce que le cuir ne fait pas. De plus, elles peuvent supporter une application de chaleur assez forte sans se détériorer. Ici encore, se manifeste leur supériorité sur celles de cuir. En effet, pendant que le cuir se racornit, se durcit, se casse, en un mot se brûle, quand il est soumis à une température qui dépasse 100 degrés, le caoutchouc peut résister sans altération à des températures de 180 degrés. Cette propriété rend les semelles en caoutchouc très précieuses pendant l'hiver, car combien, aux époques de grands froids, de semelles de cuir sont mises promptement hors de service pour avoir été présentées sans précaution devant un feu un peu ardent.

« La masse qui compose les semelles en question est formée de caoutchouc mélangé de matières filamenteuses pour diminuer son élasticité et augmenter sa ténacité, et d'une quantité plus ou moins grande de soufre, suivant qu'on veut les obtenir, après la vulcanisation, plus ou moins dures.

« La fabrication proprement dite est assez simple. Le mélange du caoutchouc et des diverses substances étant fait avec les cylindres mélangeurs en usage, on le tire en feuille sans fin, d'environ un millimètre d'épaisseur, entre des cylindres lamineurs chauffés. Cette feuille est alors coupée en grands carrés ayant pour dimension la largeur initiale de la feuille, et que l'on met les uns sur les autres jusqu'à ce que leur ensemble ait l'épaisseur voulue pour le genre de semelles qu'on veut faire. Toutefois, en superposant ces carrés, on place ceux des numéros pairs (2, 4, 6, 8) dans le sens du laminage et ceux des numéros impairs (1, 3, 5, 7) en sens inverse, c'est-à-dire en travers. Voici le motif de cette disposition. Lors du laminage, la masse du pain de caoutchouc mélangé est entraînée très fortement par l'adhésion qu'elle contracte avec les surfaces des deux cylindres; mais, comme en raison du rapprochement de ces derniers, une très faible partie passe au moment du laminage, la presque totalité se trouve donc constamment repoussée en arrière; il en résulte que toutes les substances fibreuses et filamenteuses, qui nagent en quelque sorte dans cette masse constamment étirée dans le même sens, arrivent elles-mêmes à se trouver placées parallèlement les unes aux autres, leur axe étant naturellement tourné dans la direction du laminage. Si donc on ne croisait pas les feuilles ou, ce qui revient au même, les carrés qu'on y a découpés, de manière à croiser aussi les matières fibreuses, on obtiendrait des semelles d'une nature inégale, très raides dans un sens et faciles à plier dans l'autre.

« Les carrés ayant été superposés comme il vient d'être dit, jusqu'à ce qu'ils forment l'épaisseur voulue, on les découpe au moyen d'emporte-pièces de grandeurs variées. On a ainsi des semelles plates sans talon et également épaisses dans toutes leurs parties. Cela fait, on se procure les talons de la même manière, et on les colle aux semelles à l'aide d'un peu de caoutchouc dissous.

« On obtient ainsi des semelles garnies de leurs talons, mais d'une forme assez grossière. Ordinairement on applique un morceau de très forte toile sur leur partie intérieure, afin d'augmenter la solidité de la couture ou du vissage; on le fait toujours pour les semelles minces. Dans tous les cas, c'est par le moulage que l'on donne aux semelles la forme qu'elles doivent définitivement conserver. Les moules sont en fonte et composés de deux pièces principales qui s'appliquent exactement l'une sur l'autre, et dont l'intérieur est travaillé et poli avec soin.

« Les semelles étant entoilées ou non, on les range sur une table creuse chauffée par une injection de vapeur, afin de les ramollir et de faciliter l'opération du moulage. On fait également chauffer les moules sur la même table ou sur une table semblable. Il n'y a plus alors qu'à placer chaque semelle dans le moule correspondant, et à serrer graduellement celui-ci, au moyen de plaques boulonnées, jusqu'à ce que ses deux parties viennent à se joindre. Un léger excédant de matière qui a été donné à la semelle pour obtenir un bon moulage, sort peu à peu entre le joint, pendant le serrage.

« Quand les moules ont été serrés à point, on les introduit dans une chaudière à vulcaniser, et on les chauffe à trois atmosphères de pression, pendant une heure et demie. Après cette dernière opération, qui constitue la vulcanisation, on retire les semelles, et on les ébarbe légèrement au bord qui correspond au joint des moules. »

CHAPITRE XI

Obturateurs pour fusils.

On sait que certains fusils à chargement par la culasse ne possèdent qu'une fermeture imparfaite. Dans le fusil prussien par exemple (tel du moins qu'il était en 1871), la partie légèrement conique qui termine le verrou mobile portant l'aiguille, vient seulement s'appuyer sur le bas du canon, ajusté également d'une manière un peu conique, et il est maintenu dans cette position par une poignée qui fait embrayage en entrant dans une encoche ménagée dans le canon. Quelque soin qu'on ait mis dans l'exécution première de ce mode de fermeture, il devient tout à fait illusoire quand on a tiré un certain nombre de coups. En effet, l'énorme effort de recul que chaque explosion de la poudre applique au verrou donne du jeu à ce dernier, en sorte qu'au bout d'un temps assez court il n'est plus possible de se servir de l'arme en la mettant à l'épaule, parce qu'on se brûlerait infailliblement la figure.

Dans d'autres fusils du même système, notamment dans le chassepot, le verrou entre librement dans l'intérieur de la culasse du canon, mais il a son extrémité garnie d'une petite rondelle de caoutchouc sulfuré, qu'on nomme *obturateur*. Grâce à cet artifice, les choses se passent tout autrement que ci-dessus. Au moment de la détonation, les gaz de la poudre viennent faire pression, et sur la balle qu'ils doivent chasser, et sur la rondelle de caoutchouc qu'ils tendent à aplatir. En s'aplatissant, cette rondelle tend nécessairement à augmenter de diamètre, mais, comme elle est enfermée dans l'intérieur du canon, elle ne peut le faire que d'une manière insensible, car elle rencontre immédiatement la paroi intérieure de ce dernier, contre laquelle elle est appliquée avec une force si énorme qu'elle empêche l'échappement de la moindre trace de gaz. L'obturation est donc complète.

Avec des rondelles fabriquées avec soin, on peut

tirer deux mille coups sans qu'elles éprouvent une détérioration sensible. MM. Aubert et Gérard sont parvenus à les produire aussi parfaites qu'il soit possible de les désirer en les composant de cinq couches de caoutchouc différentes. La première couche et la cinquième, c'est-à-dire celles qui forment le dessous et le dessus, sont faites d'un caoutchouc dont la dureté est presque égale à celle de la baleine, et l'épaisseur de chacune d'elles est d'un millimètre. La seconde couche et la quatrième ont également un millimètre d'épaisseur, mais leur caoutchouc, un peu moins dur, a la consistance d'un cuir un peu ferme. Quant à la troisième, celle qui occupe le centre, elle est formée d'un caoutchouc souple, mais cependant très nerveux et résistant, et son épaisseur est de six millimètres.

Les différents degrés de dureté que doivent avoir les couches de caoutchouc sont obtenues en mélangeant à ce dernier une quantité plus ou moins grande de soufre. Il faut, bien entendu, appliquer une chaleur assez forte, pour réaliser la vulcanisation, et par suite le durcissement. Or, il arrive qu'au moment où la chaleur commence à faire fondre le soufre, un échange a lieu entre les surfaces en contact des différentes couches, celles qui en contiennent le plus en cédant une partie à celles qui en renferment le moins, et il résulte de cet échange, qu'une fois l'opération terminée, aucune ligne de démarcation ne peut s'apercevoir ni même exister entre elles. L'obturateur est donc une petite rondelle d'une seule et même nature, devenant progressivement plus dure vers ses deux extrémités. Cette progression de résistance du caoutchouc fait que, lors de l'inflammation de la poudre et de l'aplatissement de l'obturateur. celui-ci s'applique graduellement contre la paroi intérieure du canon, sans qu'on ait à craindre quelque déchirure sur les angles, ni à redouter le contact du feu, lequel, s'il agissait sur la partie souple, la brûlerait et la fondrait légèrement.

La fabrication des rondelles est en elle-même fort simple. Par les procédés usuels, on mélange le caoutchouc et le soufre, puis l'on en confectionne des plaques de l'épaisseur voulue. A l'aide d'emporte-pièces on découpe ensuite ces plaques, après quoi on distribue les rondelles dans des moules polis intérieurement, qu'on soumet à l'action de presses à vulcaniser.

CHAPITRE XII

Tampons pour chemins de fer.

Les tampons de choc pour les voitures des chemins de fer se font habituellement avec des mélanges de caoutchouc, de chaux en poudre, de craie, de sulfate de baryte et autres matières analogues. Nous reproduisons ci-après, sur leurs propriétés, un mémoire de M. de Bergue, l'un des industriels français qui se sont le plus occupés de leur fabrication.

« On a adressé aux tampons en caoutchouc sulfuré un reproche qui ne me paraît pas mérité : on a dit que leur force de résistance était trop considérable, et qu'en cas de collision, le convoi pourrait se briser avant qu'ils se soient complétement développés, ou aient produit tout leur effet. A ce sujet, je ferai remarquer que les tampons les plus efficaces, en cas de collision, seraient ceux qui opposeraient le plus haut degré de résistance avec la course la plus considérable, preuve que leur force maxima n'excède pas la pression que pourraient soutenir sans détérioration les pièces des sous-châssis. Or, la force de résistance d'un couple de tampons en caoutchouc n'excède pas 20 tonnes, et il y a aujourd'hui plusieurs milliers de ces couples qui fonctionnent et dont beaucoup ont été, à diverses époques, comprimés jusqu'à leur limite extrême sans que les wagons aient été brisés. Il résulte que leur force n'excède pas une limite utile ou pratique, et que, par conséquent, ils doivent être beaucoup plus efficaces en cas de collision que tous les autres tampons ayant la même course, et un tiers seulement de leur résistance.

« D'un autre côté, il est bon de rappeler que les tampons ne sont pas seulement nécessaires en cas de collision, mais qu'ils ont une utilité générale pour amortir les chocs des convois, au départ et à l'arrivée aux stations, ainsi que dans les déchargements ; et pour qu'ils soient appropriés à ce service, il faut que leur force de résistance soit comparativement très petite au commencement de la course. Or, jusqu'à présent, il n'y a pas de ressort qui réunisse ces propriétés à un degré aussi éminent que le caoutchouc sulfuré; il y a plus, c'est que cette matière cède avec tant de facilité au commencement de la course, qu'on a jugé utile de comprimer de 25 millim. les quatre anneaux de chaque tampon avant que leur jeu commençât.

« Si l'immense force de résistance de ces tampons était une objection sérieuse, rien ne serait plus facile que de la réduire à un degré requis quelconque, simplement en diminuant le diamètre et l'épaisseur des anneaux, ce qui en même temps diminuerait les frais; mais, dans mon opinion, se serait détruire une des propriétés les plus précieuses de ces tampons.

« On a fait une comparaison entre les rapports relatifs de résistance effective d'une couple de tampons de 30.48 décimillim. de course, avec ressort ordinaire en feuilles, et une couple de tampons de wagons en caoutchouc, mais suivant moi ce mode de comparaison n'est pas exact. On a supposé que les tampons en caoutchouc n'ont que 381 millim. de course, avec une résistance finale de 3 tonnes, c'est-à-dire 3 tonnes $\times$ 381 = 1143 de résistance réelle pour une couple de tampons en caoutchouc, et puis on a indiqué 305 millim. comme la course d'un ressort en feuilles, avec une force de 2 tonnes 3/4, ce qui donnerait 305 $\times$ 2.75 = 83,875 pour résistance effective, le rapport étant à fort peu près de 1 à 7.34.

« Mais, en ce qui concerne les tampons en caoutchouc, la longueur de la course est exactement de 762 millim., et la résistance maxima, de 20 tonnes par couple; et, comme cette énorme résistance est surtout accumulée vers la fin de la course, ainsi qu'on le verra par les détails de l'expérience qu'on rapportera plus loin, on voit qu'il n'est pas exact de prendre pour la résistance moyenne la moitié de ces chiffres. Mais supposons, pour se renfermer dans une limite, qu'il suffise de prendre le quart seulement de la résistance maxima ou 5 tonnes, comme la résistance moyenne d'une couple de tampons : alors on aura 5 $\times$ 762 = 3,810, de résistance effective.

« Quant au ressort en feuilles, on indique 2 tonnes 3/4, comme la résistance du ressort pour une couple de tampons avec $0^m.305$ d'action ou de jeu ; mais ces 2 tonnes 3/4 sont la résistance maxima du ressort infléchi, et ramené à la ligne droite, et comme ce ressort est en acier et que sa résistance n'augmente pas dans le même rapport composé que celle du caoutchouc, on doit regarder fort à peu près la moitié du maximum comme la résistance moyenne pendant la course, c'est-à-dire, $1,375 \times 300 = 4,125$ de résistance effective, d'où il résulterait que le rapport entre la force effective, d'une couple de tampons de wagons en caoutchouc, de $0^m.0762$ de jeu et une couple de ressorts-tampons ordinaires, en feuilles de $0^m.305$ de jeu, serait comme 3810 à 4125, ou comme 15 est à 16.24, au lieu d'être comme 1 est à 7.34.

« C'est peut-être ici l'occasion de faire remarquer que, les tampons en caoutchouc ne sont pas bornés à $0^m.0762$ de course ; quelques-uns ont jusqu'à $0^m.1143$ et d'autres même jusqu'à $0^m.1524$ dans les voitures de voyageurs, et leur force de résistance est augmentée en proportion ; mais cette augmentation occasionne un surcroît de dépense d'une importance majeure dans les circonstances présentes ; d'ailleurs, une longue pratique a démontré que des tampons de $0.^m0762$ de jeu suffisaient parfaitement pour tous les genres de wagons de marchandises, et même pour les trucks de bestiaux, les wagons de bagages, etc. La dimension des anneaux de caoutchouc, dans ces tampons de $0^m.0762$ de jeu, est $0^m.1396$ de diamètre et $0^m.317$ d'épaisseur.

« Relativement à la durée du caoutchouc sulfuré, on a cité les rubans élastiques dans les machines à faire le papier, qui se sont entièrement pourris. Mais il suffira de rappeler que la plupart de ces cordons n'ont jamais été sulfurés, et avaient été fabriqués par le procédé dit de la *conversion;* seulement le public n'a pas su faire la différence. Les anneaux de caoutchouc employés dans les tampons ont tous été vulcanisés, et beaucoup d'entre eux que j'ai eu l'occasion d'examiner après plusieurs années de service, ne m'en ont pas représenté encore un seul qui fût en mauvais état.

« On a prétendu que dans les tampons à cylindre extérieur, le piston plein était guidé sur un espace trop limité, ce qui le rend plus sujet à rompre le cylindre en cas de choc oblique. Mais il est nécessaire de faire remarquer qu'on a obvié à ce défaut dans les tampons en caoutchouc, où la longueur de la portée s'étend depuis l'ouverture du cylindre jusqu'à l'extrémité de l'épaulement sur la plaque de fond ; la tige étant disposée pour former un corps solide avec le piston.

« Le tampon en caoutchouc est, à mon avis, supérieur aux autres tampons extérieurs, en efficacité et en durée ; il est aussi compacte et aussi économique, et la résistance y commence très graduellement dès l'origine de la course et augmente jusqu'à acquérir un degré très élevé vers la fin, sans jamais arriver à un arrêt mort, sous une pression modérée comme les autres tampons ; la pression y est répartie uniformément sur toute la surface de la plaque du fond, ce qui paraît plus avantageux pour préserver le wagon de toute avarie; la matière élastique n'y est pas d'ailleurs exposée à se rompre comme l'acier dans les ressorts en spirale, en hélices ou dans d'autres formes.

« Le tableau suivant présente la compression réelle, éprouvée par un de ces tampons de wagons en caoutchouc, de $0^m.0762$ de jeu ou course pour les pressions croissantes, depuis 1/4 jusqu'à 10 tonnes, dans des expériences faites avec le plus grand soin avec une machine construite pour cet objet.

Pression en tonnes.	Jeu ou action en millimètres.
» 1/4	3.17
» 1/2	15.86
» 3/4	26.94
1	34.06
1 1/4	42.93
1 1/2	44.34
1 3/4	48.30
2	51.47
2 2/3	56.40
3	60.18
4	64.95
5	69.68
6	71.28
7	72.85
8	74.11
9	75.24
10	76.20

« M. H. Wright a dit que sur North-Staffordshire-Railway, dont les vagons ont été pourvus de tampons en caoutchouc, il n'avait pas remarqué que la matière fît défaut dans un seul cas. Le seul inconvénient qu'on leur ait trouvé s'est présenté dans les corps en fonte qui ont rompu au collet du cylindre dans plusieurs circonstances, inconvénient qu'on répare aisément, et d'ailleurs il serait facile de le prévenir en modifiant ces corps.

« C'est précisément ce que j'ai fait par une modification que j'ai apportée à la forme de ces corps en fonte, et l'on peut voir dans la figure 1, pl. III, le mode de construction actuel du tampon en caoutchouc. »

CHAPITRE XIII

Ressorts pour voitures.

La supériorité que présentent les ressorts en caoutchouc sulfuré sur les ressorts ordinaires en acier a été constaté un grand nombre de fois. Nous emprunterons les faits suivants à une note de MM. de Bergue et Fuller.

Il y a quelques années, une occasion de se former une idée de la solidité des ressorts en caoutchouc vulcanisé s'est présentée en Angleterre, sur un chemin de fer de la ville de Hull. « Une machine locomotive pourvue de tampons sulfurés étant sortie des rails, presque toutes les pièces en métal ont éprouvé de très fortes avaries et des ruptures graves, tandis que les rondelles et les ressorts en caoutchouc n'ont pas subi le plus léger dommage.

« Un autre avantage de ces ressorts, c'est la facilité avec laquelle ils obéissent au premier contact, parce qu'ils sont plus flexibles et plus élastiques que ceux en acier. De plus, leur force de résistance croît avec une telle rapidité sous l'influence de la pression qu'il n'y a pas le moindre danger à craindre que la tête du tampon éprouve un choc ou un coup sec, avantage qu'on ne saurait trop apprécier dans le cas de collisions.

« Enfin, un autre mérite distinct, qui a bien aussi son importance, c'est la facilité avec laquelle on peut régler la force. En effet, il est évident, à l'inspection des rondelles, que leur force de résistance est d'abord proportionnelle au carré de leur rayon ou mieux à leur aire ou superficie, et ensuite au rapport qui existe entre cette aire et leur épaisseur. Ainsi une rondelle d'une aire superficielle quelconque, mais d'une épaisseur de 8 centim., serait bien plus aisément comprimée et réduite à la moitié de son volume, qu'une rondelle de 4 centim. d'épaisseur, la forme convexe prise par le caoutchouc étant dans ce dernier cas beaucoup plus soudaine et exigeant un effort de plus du double de la part de la force qui comprime.

« Il résulte de cette observation qu'en employant un plus grand nombre de feuilles de tôle pour opérer l'isolement des rondelles dans une longueur donnée, on est en mesure de régler ces ressorts avec la plus grande exactitude.

« Le prix de ces ressorts paraît aussi être moindre que celui des ressorts en acier, et déjà plusieurs locomotives, tenders, diligences, wagons, sont pourvus de tampons construits comme il vient d'être dit, et en activité journalière et avec succès sur différents chemins de fer Anglais ; on a même entrepris déjà des expériences l'hiver dernier à Saint-Pétersbourg et en d'autres points, pour s'assurer si ces ressorts n'étaient point affectés par un froid intense, et les résultats ont été très satisfaisants.

« Un grand nombre de rondelles ont été soumises à une pression de 60 à 1,000 tonneaux, et réduites à une épaisseur de 1 millim. 1/2 sans éprouver la moindre avarie et en reprenant immédiatement leur forme aussitôt qu'on a fait cesser la pression. Une de ces rondelles a même été mise dernièrement sous un marteau à vapeur de M. Nasmith, et après avoir reçu 200 coups n'a éprouvé aucun dommage.

« On se propose aussi d'appliquer ces rondelles à faire les ressorts qui portent la locomotive, le tender et les voitures de voyageurs, et ceux des barres de tirages. »

Les applications indiquées ci-dessus ont été réalisées par M. de Bergue lui-même et, après lui, par beaucoup d'autres. Les figures 2 à 24, pl. III, montrent comment.

« Fig. 4, vue de côté d'une partie de voiture de voyageurs pour chemin de fer, représentant un nouveau système de ressorts de suspension, et quelques modifications dans le ressort de tampon appliqué extérieurement.

« Fig. 5. Vue du ressort de suspension.

« Dans cette combinaison, les guide-axes ordinaires disparaissent et sont remplacés par deux pièces en fer forgé aa, fixées solidement au châssis de la voiture, à une distance de 50 à 60 centimètres de chaque côté de l'axe, et réunies l'une à l'autre par une tringle d'écartement en fer ff, fixée à leur extrémité inférieure.

« A chacune de ces pièces est boulonnée une douille en fonte b, à deux oreilles. Elle est représentée en coupe du côté gauche, pour faire voir la forme conique des trous traversés par un des bouts des tirants cc.

« L'autre extrémité de ces tirants se termine par une chape qui reçoit entre ses deux joues une des oreilles fondues de chaque côté de la boîte d'essieu d,

« laquelle les tirants sont réunis par un tourillon traversé d'une clavette.

« L'objet des trous coniques dans les douilles, et les chapes à l'extrémité des tirants, est de permettre à ces dernières pièces d'osciller dans toutes les directions et de suivre ainsi les mouvements de la boîte d.

« gg, sont des ressorts composés, ainsi qu'on le voit par la section du côté gauche, de plaques en fonte de la forme indiquée, espacées de rondelles en caoutchouc vulcanisé. Le nombre des rondelles varie suivant le plus ou moins d'action que l'on veut obtenir du ressort.

« Les bouts extérieurs des tirants cc traversent les centres des plaques et rondelles, et reçoivent à leur extrémité un écrou serré plus ou moins contre la plaque extérieure, qui comprime les rondelles entre les plaques extérieure et intérieure; celle-ci étant retenue par la douille b, la compression des rondelles en caoutchouc laisse aux tirants cc un certain degré d'élasticité, mais qui n'est rendu sensible que par une extrême puissance.

« La plaque extérieure porte un large rebord cylindrique qui recouvre tout le système de rondelles, afin de les protéger contre tout accident.

« Cette combinaison a pour but de réunir la boîte l'essieu à la voiture, tout en lui conservant quelque peu d'action élastique en tout sens.

« Ce système peut seul suffire pour les ressorts de suspension et notamment pour les voitures légères ; mais lorsqu'ils devront supporter un poids considérable, celui des voitures de chemin de fer, par exemple, je préfère combiner avec eux les deux colonnes élastiques cc, qui vont être décrites.

« *h* est une plaque en tôle fixée par des vis au-dessous du châssis de la voiture.

« *ii* sont deux broches en fer tournées, cylindriques, et ayant un collet ou tête au sommet qui sert à les suspendre à la plaque *h*, à travers laquelle ces broches passent librement jusqu'à la tête, pour laquelle une entaille suffisante est faite dans le bois du châssis.

« La plaque *h* étant fixée à sa place, les broches *ii* auront assez de jeu pour osciller en tous sens dans un rayon de 5 centimètres environ de la verticale.

« La boîte d'essieu *d* porte de chaque côté un rebord en forme d'équerre, percé de deux trous dans lesquels passent librement les extrémités inférieures des broches *ii*. Ces trous sont coniques, pour permettre les oscillations des broches ; pour les empêcher de jouer, on pourrait garnir l'intérieur des trous en cuir ou en gutta-percha. Les rebords, à trous coniques, présentent une surface horizontale qui supporte les colonnes *ce* composées de rondelles élastiques divisées par des plaques métalliques à centre conique ; le nombre et les dimensions des unes et des autres pourront varier suivant le poids à supporter ; les broches *ii* forment le centre de ces colonnes.

« La voiture est représentée avec une charge ordinaire, les tirants *ce* étant dans ces conditions, sur un plan horizontal. L'épaulement, que l'on remarque sur les tirants *ee*, en cas de bris du tirant opposé, viendrait appuyer contre la douille *b*, empêcherait un trop grand déplacement de l'axe des roues et préviendrait ainsi tout accident.

« Sur la figure 3 se trouve aussi représenté un tampon de voiture de voyageurs avec application extérieure des ressorts en caoutchouc vulcanisé. Ce système de tampon ne diffère de celui que j'ai déjà breveté que sur deux points :

« 1° L'encaissement de l'appareil pour le protéger contre tout accident ou cause de détérioration.

« 2° La forme peu différente des plaques métalliques.

« m fait voir, en section, un tube en fonte de forme cylindrique à l'intérieur et conique en dehors, avec une base carrée, fondue de la même pièce, qui se fixe à l'extrémité du châssis au moyen d'un boulon à chaque angle du carré. La longueur de ce tube est égale à environ la moitié de la longueur des ressorts, et son diamètre intérieur est suffisant pour recevoir le tube n, en laissant du jeu entre les deux. Cette dernière pièce, en fer forgé ou en tôle, est brasée ou rivée à la tête des tampons, et enveloppe l'autre moitié du ressort; ce tube entre, comme je l'ai déjà dit, dans l'encaissement m ; l'ensemble formant ainsi une espèce de télescope qui protège complétement le ressort sans lui ôter la liberté d'agir.

« L'amélioration que j'ai introduite dans la forme des plaques d'intersection, fig. 5, consiste dans le raccourcissement du cône, qui permet de supprimer la cavité qu'il était nécessaire de réserver dans chacune des plaques, pour recevoir le sommet du cône de la plaque précédente, puis dans la nervure ou bourrelet que j'ajoute à la circonférence des plaques, et dont le but est d'obtenir une plus grande force dans ces pièces avec moins d'épaisseur, comme aussi d'imposer une certaine limite à l'expansion des rondelles en cas de collision.

« La tige conductrice du tampon p, est, comme d'usage, en fer forgé.

« La figure 6 représente, en élévation, une partie du wagon pour marchandises, avec application de mes nouveaux ressorts de suspension et de tampon.

« La figure 7 est une vue de bout du même, avec la longrine du châssis, figurée en section.

« La figure 8 représente en élévation l'extrémité du châssis avec une section du ressort du tampon faite suivant *ab* de la figure.

« La figure 9 est une section faite suivant *cd* de la figure 10.

« La figure 10 est une section suivant *ef* de la figure 6.

« La figure 11 est une coupe des plaques métalliques à recouvrement.

« Dans la figure 6, *a* est une boîte d'essieu qui porte de chaque côté une forte projection *dd*, sur laquelle le poids du wagon se trouve supporté par deux colonnes de rondelles en caoutchouc vulcanisé, séparé par des plaques métalliques ; on comprendra facilement que, dans le présent arrangement, les gardes des essieux sont formées par les deux tiges verticales en fer *bb*, qui servent en même temps de guides pour les rondelles et plaques ; ces broches sont d'une force suffisante et sont rendues solidaires avec la plaque boulonnée au châssis. Les extrémités inférieures des broches passent librement dans les trous percés au centre des épaulements *dd*, et sont réunies ensemble par une bande de fer plat, *e*, qui réunit, en outre, les unes aux autres les gardes des deux axes, et pourrait, au besoin, se recourber verticalement à chaque extrémité pour être fixée au châssis.

« Le ressort de suspension se compose d'un nombre variable de rondelles en caoutchouc formant deux colonnes, une de chaque côté de l'axe. La rondelle supérieure de chaque colonne est protégée par un cercle conique, fondu avec la plaque c, et chacune des plaques intermédiaires, représentées, fig. 11, porte un cercle pour protéger la rondelle qui vient directement sous elle et qu'elle recouvre. La rondelle inférieure, plus exposée que les autres à l'huile ou à la malpropreté, pourrait être faite en bois, ou bien encore elle pourrait être en fonte et ferait partie de la boîte d'essieu a.

« a, fig. 8 et 9, est une boîte en fonte, rectangulaire, s'emmanchant librement sur l'extrémité de la longrine du châssis, dont les angles sont protégés par un encaissement en fer forgé ou en tôle.

« b, fig. 9, est une forte barre en fer plat, servant de guide à la boîte A, à laquelle elle est solidement rivée, l'autre extrémité de la barre faisant coulisse dans la gâche C. L'intervalle entre la barre b et le châssis est rempli par une épaisseur de bois qui laisse cependant la liberté d'action à la barre parallèle b.

« La barre b se termine par un talon qui, venant porter contre la gâche C, empêche le tampon de rétrograder au-delà du point convenable.

« d' est un guide semblable à b, mais de moindre dimension, et placé au-dessous du châssis, ainsi qu'il est représenté en élévation fig. 6, et en section, fig. 8.

« $eeee$, sont quatre plaques oblongues en caoutchouc vulcanisé, mais d'une nature particulière ; les surfaces en sont inégales et hérissées d'aspérités et de parties creuses, ressemblant assez à la contexture de l'éponge. Entre chacune de ces plaques est une plaque en fer forgé, de forme oblongue et de dimension suffisante pour se mouvoir librement dans la boîte A. Les plaques en fer et celles en caoutchouc, sont traversées et retenues à leurs places par les deux tiges cylindriques ff, en fer forgé, le long desquelles elles glissent avec aisance.

« Ces tiges sont rivées par un bout au fond de la boîte a, l'autre extrémité entrant dans des trous de même diamètre, percés dans les longrines du châssis suivant leur axe. Une pièce de bois forme, comme à l'ordinaire, la tête du tampon.

« Les figures 12 et 13 représentent un autre système de tampon applicable aux locomotives, tenders, wagons de marchandises ou autres véhicules de chemin de fer.

« a, fig. 12, est la section d'un cylindre en fonte portant à un bout une forte embase, dont la forme sera déterminée de manière à s'ajuster le plus commodément possible sur le wagon, auquel elle sera fixée par des vis ou boulons.

« La figure 13 en représente une moitié de forme carrée. Une petite saillie intérieure, fendue à l'orifice du cylindre a, en rétrécit l'ouverture; cette saillie est alésée au diamètre convenable pour recevoir le plongeur b.

« L'embase du cylindre a est percée au centre d'un trou qui admet librement la tige en fer c. Cette tige est tournée parfaitement cylindrique, depuis la tête jusqu'à l'épaulement, contre lequel vient porter le plongeur b, qui se trouve serré entre l'épaulement et l'écrou taraudé à l'extrémité de la tige. La tête de cette tige ou boulon, qui se trouve au-delà de l'embase, en venant porter contre, empêche le plongeur de sortir complétement du cylindre a.

« Le plongeur b est une pièce circulaire en fonte, tournée cylindriquement à l'extérieur, de manière à entrer juste, mais librement, dans la saillie alésée du cylindre a; cette pièce porte à l'autre bout une bride ou embase circulaire entaillée en partie dans le bois de la tête du tampon, auquel elle est fixée par des vis et boulons.

« $hhhh$ sont des rondelles de caoutchouc vulcanisé, séparées par trois plaques métalliques formant le ressort du tampon.

« La figure 14 n'est qu'une modification du ressort représenté, fig. 12, et peut s'appliquer également aux tenders, locomotives, wagons, ou autres voitures de chemin de fer.

« Dans cette disposition, l'encaissement circulaire a, portant un rebord à sa base, et boulonné au tampon, avance avec lui lorsque la pression a lieu.

« b est une pièce de fonte portant, d'un bout, une embase rectangulaire qui se fixe par quatre boulons à l'extrémité des longrines du châssis. L'autre extrémité de cette pièce se termine par une plaque circulaire qui se trouve entourée par l'encaissement a, dans lequel elle entre librement; une partie cylindrique et creuse et quatre nervures extérieures forment l'intervalle entre la plaque circulaire et l'embase (fig. 15, section de cette pièce.)

« Le collet de la tige cylindrique c porte au fond de la boîte ou encaissement a, et une rivure extérieure la rend solidaire avec cette pièce, dont elle suit, par conséquent, tous les mouvements. Deux trous, de diamètre différent, sont percés, l'un dans la plaque, l'autre dans l'embase de la pièce b, pour recevoir la tige c : un écrou taraudé à l'extrémité de cette tige, et serré en dehors de l'embase, empêche le tampon de rétrograder au-delà du point déterminé. Les rondelles en caoutchouc et les plaques sont dans l'intérieur de la boîte a, et portent contre la plaque cylindrique de la pièce b. Un trou longitudinal est pratiqué au centre des longrines pour admettre la tige c et son écrou.

« La figure 16 représente en élévation la partie postérieure d'un tender avec un axe et son ressort de suspension.

« a est le bout du réservoir.

« bc, les longrines supérieure et inférieure du châssis, tenues à intervalle par les montants dd.

« e est la boîte d'essieu qui se meut verticalement dans la coulisse en fonte f, servant de chaque côté, de guide-axe, et se terminant dans la partie supérieure, par une plaque qui s'applique sous la longrine inférieure. Les boulons gg traversent les deux longrines et la plaque, et réunissent le tout ensemble.

« h est une rondelle en fonte, percée au centre, au diamètre de la tige i, et entrant juste dans l'extrémité supérieure de l'enveloppe en tôle j, qui remplit en hauteur l'intervalle entre les deux longrines et garantit les rondelles en caoutchouc.

« k est une forte rondelle en fonte, du même diamètre que les plaques d'intersection et portant, comme elles, une partie conique au centre. L'extrémité inférieure de la tige i, porte sur la boîte d'essieu e, et le surcroît de diamètre de la partie intermédiaire forme un épaulement qui porte la rondelle k et la fait agir contre les rondelles en caoutchouc, lorsque la voiture prend sa charge.

« La figure 17 représente, au repos, une barre de traction, rigide, c'est-à-dire qu'elle ne s'allonge pas sur elle-même, bien qu'elle n'ait de communication avec la voiture qu'elle met en mouvement que par un intermédiaire élastique.

La figure 18 représente la même barre pendant qu'elle est en action, la force de traction venant du côté droit.

« *aa* sont deux traverses en fer qui réunissent les longrines à l'intérieur du châssis, ou de simples plaques de fer, dans le cas où ces traverses sont en bois.

« *b* est une tringle cylindrique en fer forgé, dite barre de traction, et terminée à chaque bout en dehors des traverses extrêmes du châssis, par le crochet ordinaire qui sert à réunir les voitures entre elles.

« *cc* sont deux bagues en fonte, terminées extérieurement par une partie conique, qui s'emboîte exactement dans les traverses *aa*; l'une de ces bagues portant aussi intérieurement un cône plus petit et conforme à celui des plaques d'intersection ; c'est entre ces deux bagues que se trouvent placées les rondelles en caoutchouc vulcanisé et les plaques d'intersection auxquelles la tringle *b*, qui les traverse, sert de guide.

« *dd* sont deux manchons en fer qui portent contre les bagues *cc* et sont rendus solidaires avec les tringles, au moyen de clavettes qui traversent les deux pièces.

« On comprendra facilement que, lorsque la traction vient du côté droit, le manchon de ce même côté quitte la douille qui l'avoisine et qui se trouve retenue par la traverse droite, tandis que le manchon de gauche entraîne, au contraire, avec lui, la bague contre laquelle il appuie, la fait quitter la traverse gauche et comprimer les rondelles élastiques.

« L'effet contraire a lieu d'une manière symétrique, lorsque la traction s'opère du côté opposé.

« Les figures 19 et 20 représentent deux barres de

traction élastiques, c'est-à-dire qu'elles s'allongent lorsque la traction a lieu.

« Fig. 21, tampon disposé principalement pour des wagons, et qui ne diffère de ceux représentés fig. 12 et 14 que sur les points suivants.

« 1° La forme des plaques d'intersection A est un peu modifiée à leur circonférence, et à la projection conique qu'elles portaient au centre, d'un côté seulement, et répétée de l'autre, de telle sorte que, les deux côtés étant uniformes, il n'y a plus à rechercher un sens particulier pour les mettre en place ; il en résulte encore l'avantage que la rondelle en caoutchouc se trouve supportée des deux côtés et maintenue en conséquence dans une position plus concentrique.

« 2° La tige conductrice des plaques b, au lieu d'être en fer forgé et fixée au plongeur par un écrou, sera en fonte et à la même place que le plongeur ; un trou conique, pratiqué au centre, lui donnera de la légèreté sans lui rien retirer de sa force.

« 3° La course des tampons est limitée, lorsque le ressort est comprimé, par l'embase circulaire c, tournée sur la base du plongeur, et lorsque le ressort se détend, le plongeur est retenu à la fin de sa course par un simple anneau en fil d'acier d, qui se loge dans la rainure circulaire, tournée à l'extrémité de la tige ; il est retenu dans cette rainure par les parois intérieures de la cavité e, pratiquée dans le centre du cylindre pour le recevoir. Cet anneau est fendu sur un point de la circonférence, de manière à pouvoir l'entr'ouvrir pour le loger dans sa rainure ; lorsqu'il est en place, son élasticité le fait se refermer sur lui-même.

« La figure 22 est une modification de la figure 21, en ce sens que la tige b est en fer forgé ; mais elle sera placée dans le moule, lorsque l'on coulera le plongeur, les rainures circulaires tournées vers la partie conique de la tige, et que la fonte vient remplir, unissent mieux les deux pièces qui, malgré la nature différente du métal, n'en font réellement plus qu'une seule.

« Ce même tampon, modifié dans ses dimensions, peut s'appliquer également aux locomotives et aux tenders.

« La figure 23 représente un tampon de voiture de voyageurs; il ne diffère de celui que nous avons representé ci-dessus, fig. 4, que par la tige conductrice a et la disposition particulière du plongeur b. Dans le dernier brevet, cette pièce était un simple tube en tôle brute, dont le seul but était de garantir les rondelles en caoutchouc; aujourd'hui, ce plongeur est en fonte, tourné cylindriquement à l'extérieur, et de diamètre convenable pour entrer juste dans la partie alésée à l'orifice du cylindre en fonte c, qui se fixe, comme auparavant, à l'extrémité des longrines du châssis. Un trou conique, alésé dans le fond du plongeur, suivant l'explication du plan, reçoit une des extrémités de la tige a, qui s'y ajuste avec précision et s'y trouve serrée et maintenue par les écrous et le contre-écrou dd. Une rondelle e, serrée contre l'épaulement de l'autre extrémité de la tige, par les écrous et contre-écrous ff, limite la course rétrograde du plongeur.

« Il va sans dire qu'un trou longitudinal est pratiqué au centre des longrines, pour admettre la tige a avec sa rondelle et ses écrous, lorsque le tampon est mis en action.

La figure 3 représente un ressort de suspension modifié.

« *a* est une partie de châssis au-dessous des roues. *bb*, les guide-axes ordinaires, tels qu'ils se trouvent dans la plupart des voitures de chemin de fer.

« *c*, la boîte d'essieu.

« *d* est une pièce en fonte, dont la forme sera mieux indiquée en plan, fig. 2; aux points *aa*, elle porte deux entailles remplies par les guide-axes, qui empêchent la pièce de varier en aucun sens, et *v* sont deux oreilles traversées par les boulons *ee*, qui fixent la pièce *d* au châssis ; les autres parties sont circulaires, la plus centrale *u*, destinée à soutenir la compression des rondelles élastiques, et la partie extérieure, servant de recouvrement pour garantir la rondelle supérieure.

« *f* est une plaque d'intersection à double cône au centre et à recouvrement inférieur seulement.

« *h* est une bague en fonte placée entre la boîte d'essieu et la première rondelle élastique; cette bague porte un petit cône dans sa partie supérieure, pour maintenir la concentricité de la première rondelle, et, par dessous, une projection circulaire qui entre dans la boîte d'essieu, pour maintenir sa propre concentricité.

« Les pièces *dfgh* sont en fonte brute, avec le jeu nécessaire pour pouvoir se mouvoir, sans obstacle, les unes dans les autres, lorsque le ressort est en action. »

Les figures 13 à 15, pl. II, représentent d'autres dispositions imaginées par M. Craig, inspecteur des locomotives des chemins de fer du Monmouthshire, et réalisées pratiquement par le mécanicien Coleman. Il y en a trois modèles.

« La figure 15 représente le premier modèle, qu'on applique comme ressort de suspension aux locomotives. Ce ressort consiste en un cylindre de caoutchouc préparé AA de 22^{cent}.5 de longueur et autant de diamètre, percé au milieu d'un trou de 30 millim. pour le passage de la cheville, porté par un plateau en fer forgé, d'une épaisseur de 28 millim. qui repose sur un épaulement de la cheville et recouvert par un autre plateau et une traverse à travers laquelle passent les tirants de ressort attachés par le bas au châssis extérieur et assujettis dans le haut par des écrous et contre-écrous. On prévient toute dilatation latérale du caoutchouc au moyen de deux anneaux en fer de 18 millim. d'épaisseur, et on obvie à la pression et au frottement à l'intérieur sur la cheville par un ressort à boudin en fil métallique très fort ou mieux avec de grosses viroles en fer.

« Afin d'éviter l'inconvénient dont on se plaint souvent lorsque les convois franchissent des points de la voie qui sont raboteux ou qui ont perdu leur niveau, c'est-à-dire les soubresauts de la machine à raison de la grande élasticité des ressorts, on a jugé utile d'insérer entre le plateau du bas et la face supérieure du châssis un autre petit cylindre de caoutchouc BB afin d'absorber le recul ou la réaction du ressort et empêcher que le mouvement ne soit retransmis du ressort au bâti. Cette introduction a produit l'effet désiré et l'on a remarqué que la machine a marché ensuite d'une manière uniforme et ferme à toutes les vitesses, quelque considérables que fussent les inégalités de la voie.

« Dans les machines à châssis intérieur et où l'on n'a que peu d'espace à accorder aux ressorts, on emploie **deux et parfois trois cylindres**.

« Dans l'application de ce même modèle de ressort à un tender, le caoutchouc a 16^{cent}.25 de diamètre, 17^{cent}.50 de longueur, avec percement au milieu de 43 millim. Il porte sur une chaise en fonte boulonnée sur le châssis du tender, le plateau qui sert de base étant soutenu par des boulons de serrage sur la cheville qui passe librement à travers un trou percé dans la chaise et repose sur une plaque de fer forgé de 15 millim. d'épaisseur disposée pour s'adapter sur le haut de la boîte d'essieu.

« La figure 14, même pl. présente une disposition semblable appliquée aux wagons.

« Dans les voitures à voyageurs on emploie deux de ces ressorts par couples afin d'obtenir un plus haut degré d'élasticité sans augmenter la distance entre le centre de l'essieu et le châssis, et en même temps on introduit une boîte d'essieu modifiée pour satisfaire à ce qu'exige le double cylindre en caoutchouc.

« La figure 13, toujours même pl., montre le modèle perfectionné actuel de ressort de suspension de machine. On le désigne sous le nom de ressort hydropneumatique. L'objet de ce modèle est d'obtenir le même degré d'élasticité avec une moindre quantité de caoutchouc, et on y parvient en amincissant le cylindre de caoutchouc AA à l'intérieur et plaçant, dans la capacité ainsi laissée vide, un liquide B (on s'est servi jusqu'à présent de l'eau pour cet objet) qui, agissant par pression hydrostatique, distribue également la pression sur toutes les parties de la surface interne, ce qui fournit une bien plus grande étendue de surface portante que si la pression eût été bornée aux extrémités, et produit en réalité exactement le même effet qu'un cylindre solide homogène de caoutchouc.

« Le liquide ne remplit pas entièrement la cavité du caoutchouc, du moins au moment où on l'introduit, mais on l'ajuste pour qu'il n'en soit ainsi que lorsque le ressort éprouve le maximum d'effort de la part des forces vives. L'air qui avait simultanément occupé l'espace laissé vide par le liquide se retire alors dans la chambre C, percée à cet effet dans la portion supérieure des pièces en fonte, et là, soumis à une condensation considérable, il exerce une réaction élastique puissante qui vient en aide au ressort pour reprendre son état d'équilibre.

« On s'oppose à la fuite de l'air et du liquide par dessous le cylindre en caoutchouc en disposant la pièce moulée inférieure en forme de cuvette, avec une rainure sur le fond, de manière que lorsqu'on applique une pression sur le caoutchouc, celui-ci s'engage dans les moindres fissures et procure ainsi une fermeture hermétique sans qu'il soit nécessaire d'interposer aucune autre matière.

« Ces ressorts perfectionnés en caoutchouc ont été appliqués sur le chemin de fer de Monmouthshire ainsi que sur le *London and North Western railway*, où l'on ne monte plus les locomotives que sur ces sortes de ressorts. L'auteur, en les présentant à l'institution des ingénieurs constructeurs de Birmingham, est entré dans des détails étendus sur les avantages qu'ils présentent, nous donnerons ici un résumé de son mémoire.

« Le chemin de fer du Monmouthshire, sur lequel on a appliqué pour la première fois ces ressorts, est un tronçon de 40 kilomètres de développement, du genre de ceux dits *tramway* ou à rails plats, d'une structure tout à fait grossière, à voie inégale, raboteuse, présentant une série de courbes extrêmement brusques et de pentes et contre-pentes se succédant sans interruption. Sur un pareil chemin les ressorts en acier, les roues et les pièces de fatigue du matériel roulant n'avaient qu'une durée extrêmement limitée, et il n'était guère possible de faire un choix plus convenable pour soumettre à des épreuves les ressorts perfectionnés en caoutchouc de M. Craig. Or une expérience de six mois, avec un service d'hiver des plus rudes, ayant permis d'apprécier le mérite de ces ressorts, l'inventeur a pu résumer ainsi qu'il suit les avantages qu'ils ont présentés :

« 1° *Réduction du poids mort.* — Cette réduction est beaucoup plus considérable qu'on ne l'imagine au premier abord, parce que la réduction du poids ne se borne pas aux ressorts eux-mêmes, mais s'étend à un degré plus ou moins grand à beaucoup d'autres pièces de la locomotive, de la voiture ou du wagon, à raison de la douceur de leur action. Cette circonstance est particulièrement avantageuse dans le cas de la fonte, qui est sujette à casser non pas seulement à raison du poids qu'elle peut porter que parce qu'elle est impropre à résister à un effort, à un soubresaut et aux effets d'une force vive, qui se trouve en grande partie annulés par l'emploi de ces ressorts ; de manière qu'un mouvement d'une douceur uniforme et ferme remplace un mouvement très préjudiciable au matériel roulant et surtout aux locomotives ; et comme les pièces d'une locomotive qui fatiguent reçoivent en général une force extra pour pouvoir résister aux effets de ces forces vives quand on se sert de ressorts en acier, il en résulte que, lorsqu'on supprime ceux-ci, ces pièces peuvent être rendues plus légères sans nuire le moins du monde à leur résistance et à leur bon service. Toutefois, la réduction dans les ressorts eux-mêmes est considérable, et le poids gagné ainsi a cela d'avantageux dans les wagons qu'on peut l'utiliser pour le tonnage. L'étendue de cette réduction varie, ainsi qu'on peut le voir par le tableau suivant, mais en moyenne on peut la fixer de 170 à 250 kilog. par machine et autant par wagon.

Poids comparé des ressorts en caoutchouc et des ressorts en acier.

NATURE DES RESSORTS	Caoutchouc.	Acier.	Réduction du poids.
	kil.	kil.	kil.
Ressorts de suspension pour locomotives.			
Caoutchouc........ 62^{kil}.50	212.50	»	»
Pièces en fer........ 150 »			
Ressorts d'acier remplacés.....	»	425.00	212.50
Ressorts hydro-pneumatiques pour locomotives.			
Caoutchouc........ 50^{kil}. »	350.00	»	»
Pièces en fer........ 300 »			
Ressorts d'acier remplacés.....	»	425.00	75.00
Ressorts de suspension et de traction pour tenders.			
Caoutchouc........ 37^{kil}.50	137.50	»	»
Pièces en fer........ 100 »			
Ressorts d'acier remplacés.....	»	550.00	412.50
Ressorts de suspension, de traction et de tampon de voitures	225.00	»	»
Ressorts d'acier remplacés.....		487.50	262.50
Ressorts de suspension, de traction et de tampon de wagons	175.00	»	»
Ressorts d'acier remplacés.....	»	437.50	262.50

« 2° *Fermeté dans le mouvement.* — On en a déjà expliqué la cause, et l'on doit ajouter que cette fermeté dans les locomotives à ressorts de caoutchouc est telle qu'elle étonne tous ceux qui sont témoins de leur travail sur la voie imparfaite où elles fonctionnent.

« 3° *Durée.* — Quoiqu'il ne se soit pas encore écoulé un temps suffisant pour éprouver la durée absolue de ces ressorts, cependant depuis le moment où l'on a commencé à les appliquer sur le chemin en question et où le service a été extrêmement rude, s'il y avait eu la moindre trace de détérioration, il aurait été facile de s'en apercevoir. Mais, parmi le nombre considérable de cylindres en caoutchouc qui ont été examinés après avoir fonctionné plus ou moins de temps, variant de quatre à six mois, tant sur les locomotives que sur les voitures et les wagons, pas un n'a présenté la plus légère altération depuis le premier jour où ils ont été mis en service, ni la moindre contraction permanente sur la longueur, ou une augmentation sensible dans le diamètre. On peut donc en conclure, avec quelque probabilité, que leur durée excédera de beaucoup celle des ressorts qu'ils remplacent et qui, sur le chemin en question, ont besoin d'être renouvelés très fréquemment.

« 4° *Economie dans les réparations.* — La structure très simple de ces ressorts fait présumer qu'il est bien difficile qu'il leur arrive des accidents; par conséquent ils n'auront besoin que de peu de réparations. Les frais de réparation pour les ressorts en acier de quinze locomotives sur le chemin en question s'élevaient autrefois pour six mois à 6.020 fr.; ceux pour réparer les ressorts en caoutchouc de ces quinze machines pendant six mois ne se sont élevés qu'à 45 fr. L'économie dans les frais de réparation ne se borne pas d'ailleurs aux ressorts seulement, elle s'étend à la locomotive elle-même, aux voitures et aux wagons auxquels ils sont appliqués et à la voie elle-même. On a observé qu'il y avait bien moins de coussinets de rompus, de rails courbés, moins de graisse et d'huile dépensées pour les fusées, et que les dépenses d'entretien des wagons étaient réduites par l'emploi des ressorts en caoutchouc. On en a conclu qu'il était infiniment probable que par suite de l'absence de toute action de martelage ou de choc, la tendance du fer à la cristallisation ou à s'altérer dans sa nature, et par suite à se rompre subitement, devait presque disparaître par l'emploi des ressorts en caoutchouc, et que les essieux resteraient sains pendant une bien plus longue période, surtout parce que, sous l'influence de ces sortes de ressorts, les essieux ne montrent aucune disposition à s'échauffer.

« 5° *Dépense de premier établissement.* — Un ressort en caoutchouc n'excède dans aucun cas, pour dépense de premier établissement, un ressort en acier de même force Le principe hydro-pneumatique est meilleur marché, surtout pour les locomotives, et procure en moyenne une économie de 20 pour 100 sur l'ancien système.

« Les considérations précédentes ont été formulées principalement en vue des ressorts de suspension, mais elles s'appliquent tout aussi bien à ceux de tampon et de traction, et plus est considérable la proportion dans laquelle le caoutchouc remplace l'acier, plus il y a perfectionnement dans le matériel roulant et plus il y a avantage dans cette application.

« Dans le tableau suivant, on va présenter l'augmentation dans l'affaissement des différentes espèces de ressorts en caoutchouc à mesure qu'on ajoute de nouvelles charges.

Tableau des Affaissements croissants des Ressorts.

CHARGE en tonnes anglaises.	RESSORT DE LOCOMOTIVE			RESSORT de wagon.	RESSORT de tampon.	RESSORT de traction.
	simple.	triple.	hydro-pneumatique.			
	mèt.	mèt.	mèt.	mèt.	mèt.	mèt.
1/2 tonne (508 kilog.)	0.02116	0.00635	0.01587	0.02222	0.00476	0.02541
1ʳᵉ tonne (1016 kilog.)	0.01264	0.01264	0.02222	0.03175	0.01905	0.03804
2ᵉ »	0.00952	0.01264	0.00635	0.01587	0.00952	0.02540
3ᵉ »	0.00952	0.00952	0.00317	0.01264	0.00476	0.01587
4ᵉ »	0.00952	0.00635	0.00158	»	0.00317	»
5ᵉ »	0.00952	0.00635	0.00158	»	0.00476	»
6ᵉ »	0.00952	»	»	»	0.00476	»

« Avant l'application des ressorts de traction en caoutchouc aux locomotives et aux tenders, les chaînes d'attache ainsi que la traverse de châssis étaient fréquemment brisées, mais depuis leur adoption on n'a rien observé de semblable.

« En général, les ressorts ordinaires en acier laissent beaucoup à désirer dans leur travail sous le rapport de leur élasticité, de leur durée ou de leur économie. Est-ce la concurrence dans leur fabrication qui est cause qu'on n'apporte pas des soins convenables à leur fabrication, ou bien est-ce la dureté du service et le travail considérable qu'on en exige aujourd'hui qui dépasse les limites de leur capacité ? C'est ce qu'on ne saurait encore décider ; mais ce qu'il y a de certain, c'est qu'un genre de ressort qui paraît réunir les avantages de ceux dont on vient de donner la description mérite l'attention sérieuse des ingénieurs et des constructeurs.

« On a reproché à l'origine à ces ressorts d'être trop élastiques et de produire un rebondissement fort étendu ; mais aujourd'hui on y a pourvu au moyen du petit cylindre BB, qu'on a introduit, et qui présente assez de résistance pour faire disparaître entièrement tout rebondissement.

« L'action du froid sur ces ressorts a été nulle jusqu'à présent, et l'hiver ils ont fonctionné tout aussi bien que dans toute autre saison. La chaleur n'a pas paru non plus les affecter, et M. Craig a cité deux locomotives où les ressorts ont été exposés à une très haute température (peut-être 100° C.), dans le voisinage de la boîte à feu, sans qu'il en soit résulté aucune altération ou imperfection dans le service.

« Le caoutchouc employé est uni à la magnésie calcinée ou au carbonate de magnésie ; celui à l'état brut ne résisterait pas à une température un peu élevée ou à une pression et à une action élastique constantes. Pendant le travail des locomotives, la pression verticale sur les ressorts en caoutchouc paraît s'élever à environ 12 kilog. par centimètre carré. Dans les ressorts hydro-pneumatiques, elle est un peu plus considérable de 1/3 ou de 16 kilog. »

CHAPITRE XIV

Objets divers.

§ 1. — PARCHEMINE.

Réduit en feuilles très minces et vulcanisé, le caoutchouc remplace avec avantage le papier ciré, la peau fine, la baudruche et le parchemin, pour coiffer et recouvrir les flacons et les vases des parfumeurs, des droguistes, des pharmaciens et des fabricants de produits chimiques, application à laquelle le rendent éminemment propre sa souplesse, son extensibilité et son imperméabilité.

C'est à un produit de ce genre que M. Eug. Turpin, de Paris, a donné le nom de *parchemine*, et il en a amené la fabrication à un degré de perfection véritablement remarquable. Il est obtenu par l'incorporation au caoutchouc de Para de divers sulfures en poudre fine. Les feuilles sont ensuite vulcanisées à froid par le chlorure de soufre dissous dans le sulfure de carbone.

La parchemine est blanche ou diversement colorée en couleurs vives. On lui donne la teinte voulue en ajoutant au mélange, avant sa conversion en feuilles, des matières colorantes appropriées.

§ 2. — ECHELLES POUR LES THERMOMÈTRES.

MM. W. Mackensie et G. Blair, de Glasgow, ont imaginé d'imprimer les échelles graduées des thermomètres et autres instruments sur des bandes de caoutchouc vulcanisé, pour qu'on puisse allonger ou contracter à volonté ces échelles et les adapter aux longueurs comprises entre deux points extrêmes variables pour chaque instrument. Cette impression a lieu sur les bandes, soit à leur état naturel, soit à leur état de tension. On les adapte alors sur le tube à mercure entre les points de la glace fondante et de l'ébullition de l'eau, pour que les divisions correspondantes sur l'échelle s'y ajustent exactement.

Le caoutchouc vulcanisé n'est pas matériellement affecté par les changements thermiques de l'atmosphère, et quand il est sali, on peut le nettoyer. Les avantages de ces échelles imprimées, c'est qu'on peut sans beaucoup de frais y donner un bien plus grand nombre d'indications que sur celles ordinaires écrites à la main, et qu'on peut obvier en partie au défaut de calibrage des tubes en enlevant un peu de la largeur de la bande vulcanisée pour qu'elle cède davantage que les autres points à l'extension.

§ 3. — VERNIS AU CAOUTCHOUC VULCANISÉ.

« Les déchets de caoutchouc vulcanisé, qui sont des mélanges de caoutchouc et de soufre que livrent en abondance les fabricants d'objets en caoutchouc durci, peuvent fournir, en opérant ainsi qu'il suit, un excellent vernis qui sèche promptement, dont on peut faire varier la couleur depuis le jaune d'or jusqu'au brun le plus mat, qui adhère très bien surtout sur les métaux, et peut être employé pour les appareils électriques.

« Ces rognures sont déposées dans un pot en terre profond, dont le sommet est couronné d'un couvercle fermant exactement et qu'on pose sur des charbons ardents. Au bout de cinq minutes, on retire le pot du feu, et on regarde si les matières sont déjà fondues. Pendant que ce pot est sur le feu, il faut se garder de lever le couvercle, parce que les vapeurs qui se dégagent prennent feu aisément. Dès que le caoutchouc est suffisamment fondu pour qu'on puisse le verser, et qu'il n'y a plus de morceaux entiers, chose dont on peut s'assurer avec un gros fil de fer qui sert à tâter, on verse le contenu fondu, du pot dans une cuvette plate de fer-blanc qu'on a préalablement enduite de graisse pour que la masse, après le refroidissement, se détache facilement. Cette masse est brisée en morceaux, introduite dans un flacon, et on verse dessus du benzole ou de l'essence rectifiée de térébenthine, et l'on brasse à plusieurs reprises le mélange. La solution étant complète, on décante la liqueur pour la débarrasser des impuretés que contient toujours le caoutchouc durci, et qui restent au fond, et l'on obtient un beau et excellent vernis bien limpide. » (*Gewerbe-Zeitung*).

QUATRIÈME PARTIE

CAOUTCHOUC DURCI.

AVANT-PROPOS

Quand, dans la préparation du caoutchouc vulcanisé, on augmente notablement la proportion du soufre, on obtient un produit d'un aspect tout différent et possédant des propriétés spéciales, entre autres une dureté considérable qui permet de le travailler comme le bois, l'ivoire, la corne, et de l'appliquer aux mêmes usages. Ce produit a reçu, en France, le nom de *caoutchouc durci*. En Angleterre, on l'appelle *ébonite*, lorsqu'il est noir, ce qui est sa couleur naturelle, et *vulcanite*, lorsqu'il a reçu une coloration artificielle.

CHAPITRE PREMIER

Préparation du caoutchouc.

NOTIONS PRÉLIMINAIRES

Tous les caoutchoucs ne sont pas également bons pour la préparation du caoutchouc durci.

On emploie exclusivement les sortes de l'Inde et de Java, parce qu'elles sont les plus nerveuses.

Le caoutchouc du Para ne possède pas cette qualité au même degré ; il est d'ailleurs d'un prix trop élevé.

Parmi les caoutchoucs d'Afrique, celui du Gabon a été plusieurs fois expérimenté ; mais la pratique a toujours fait reconnaître qu'il ne saurait recevoir cette destination, même en mélange avec des gommes de qualité supérieure. Entre autres défauts, on lui reproche de donner aux produits une grande sécheresse qui les rend cassants, c'est-à-dire de leur communiquer une propriété précisément contraire à celle qui fait généralement rechercher le caoutchouc durci.

§ 1. — ÉPURATION OU NETTOYAGE.

Les caoutchoucs de l'Inde et de Java étant toujours très impurs, il faut nécessairement commencer par les nettoyer. Cette opération doit être faite aussi complétement que possible, parce que la moindre trace d'un corps étranger produirait un défaut dans les objets confectionnés. Elle s'effectue d'ailleurs comme il a été dit en parlant du caoutchouc ordinaire, et par les mêmes moyens.

En conséquence, après avoir pris le nombre de blocs ou de pains qu'on veut travailler à la fois, on les met dans de l'eau tiède, c'est-à-dire maintenue à la température de 45 à 50 degrés, et on les y laisse pendant 48 heures environ. Au bout de ce temps, ils se trouvent suffisamment ramollis.

Aussitôt après le ramollissage, les pains sont débités, soit en morceaux à peu près gros comme un œuf, soit en fragments du poids de 500 grammes à

1000 grammes, mais épais seulement de 10 à 12 centimètres, après quoi on procède au déchiquetage.

Ce déchiquetage se fait, tantôt c'est l'ancien système, à l'aide de la *pile*, (voy. pag. 51), tantôt c'est le nouveau système, au moyen des *cylindres déchiqueteurs* (voy. pag. 52).

Quand on se sert de la pile, on obtient pour résultat de l'opération une espèce de pulpe qui surnage, et qu'on distribue sur des châssis en toile pour la faire sécher dans une étuve. Quand on emploie les cylindres, la matière est livrée sous la forme d'une lame mince, d'une certaine longueur, qui est criblée d'une infinité de trous. Dans ce cas, le séchage se fait en étendant les lames sur des cordes (voy. pag. 53).

§ 2. — PÉTRISSAGE.

Le caoutchouc étant épuré et desséché, il s'agit d'y incorporer le soufre : on en travaille ordinairement 6 kilogrammes à la fois. On le prépare à cette incorporation de soufre par un malaxage soigné entre des cylindres mélangeurs, qui tournent à des vitesses différentes, afin de produire un frottement énergique et inégal. Il dure au moins une heure. Les cylindres sont creux, en acier, d'un diamètre de 30 à 35 centimètres, et on les maintient chauffés à 50 ou 60 degrés par une injection interne de vapeur d'eau.

A ce moment, le caoutchouc a une consistance pâteuse qui est éminemment propre à l'absorption du soufre. Ce dernier est du soufre en canons, parfaitement pur, très finement pulvérisé et passé au travers d'un tamis de laiton, dont la toile est telle qu'un carré de 27 millimètres de côté ne présente pas moins de 90, 100 ou 110 fils, tant en trame qu'en chaîne.

Le travail se fait dans les mêmes cylindres broyeurs, et sans en sortir la matière ; il dure cinquante à soixante minutes, et l'on n'introduit le soufre que peu à peu. La pâte gommeuse est d'abord d'un marron foncé ; mais, à mesure que la proportion du soufre absorbé augmente, elle devient d'un jaune d'ocre, et elle conserve cette nuance jusqu'à la cuisson, où elle prend une couleur noir intense qu'elle ne perd plus.

La proportion du soufre varie suivant la nature des objets qu'on veut fabriquer. Pour ceux qui veulent de la souplesse et de l'élasticité, comme la baleine factice, les cannes, etc., elle doit être moindre que pour ceux, tels que les règles, les disques de machines électriques, etc., qui, au contraire, réclament de la rigidité. L'on a reconnu qu'elle ne doit être ni inférieure à 20 pour 100, ni supérieure à 35 pour 100. Au-dessous de 20 pour 100, le durcissement ne se produirait pas ; avec 33 pour 100 on obtient du caoutchouc dur de très bonne qualité, et il n'y a aucune utilité à dépasser 35 pour 100. Au-dessus de ce dernier dosage, le caoutchouc présente une dureté supérieure, mais il est très cassant.

Une fois le mélange du soufre et du caoutchouc opéré, la matière est prête à recevoir toutes les formes, soit par le moulage, soit par tout autre procédé, et ce n'est qu'après que les objets ont été confectionnés qu'on effectue la vulcanisation proprement dite, qu'on appelle communément *coction*. Toutefois, comme c'est sous forme de plaques que le caoutchouc durci est presque exclusivement mis en œuvre, nous allons dire, avant d'aller plus loin, comment on obtient ces dernières, dont la préparation n'est d'ailleurs qu'une suite de l'opération qui vient d'être décrite.

La pâte sort de l'appareil mélangeur sous la forme d'une plaque dont on fait varier l'épaisseur à volonté en rapprochant les cylindres à l'aide des vis de pression dont ils sont toujours pourvus. Pour les objets usuels, l'épaisseur est habituellement de 2 à 7 millimètres.

A mesure qu'une plaque est laminée, on la découpe en tablettes de la dimension voulue, par exemple de 60 centimètres de longueur sur 40 centimètres de largeur. Ces tablettes sont encore molles. On les recueille sur des châssis garnis de canevas mouillé, et on les plonge, pendant quelques instants, dans de l'eau tiède : d'une part, afin de les rendre plus fermes en les débarrassant de l'excès de chaleur ; d'autre part, pour leur permettre d'effectuer un certain retrait qui se produirait pendant la vulcanisation, et les déformerait. Enfin, on les essuie, on les range sur des plateaux de verre ou de fer-blanc, préalablement enduits d'une couche mince de saindoux, on passe dessus, pour assurer leur contact avec les plateaux, un rouleau de fer bien poli que l'on saupoudre de talc pour éviter l'adhérence, et on les laisse en repos, pendant vingt-quatre heures, dans une position horizontale. Dans cet état, elles sont prêtes pour la sulfuration.

§ 3. — COCTION DU CAOUTCHOUC.

On vient de voir que la vulcanisation du caoutchouc durci porte communément le nom de *coction*. Elle se fait à l'aide de la vapeur. On emploie généralement pour cela une chaudière cylindrique en forte tôle, et hermétiquement close, qui a le plus souvent 6 mètres de longueur et 1 mètre de diamètre. Cette chaudière (figures 33 et 34, pl. III), se ferme au moyen d'un obturateur en fonte, portant une saillie circulaire qui s'engage dans une rainure pratiquée autour du cylindre et à demi-remplie, pour que la fermeture soit parfaite, par un boudin formé de 25 parties de filasse et 75 parties de caoutchouc souple alcalin. Enfin, un petit chemin de fer, installé dans l'appareil et se prolongeant à l'extérieur, sert à faciliter l'introduction et la sortie des pièces.

Les objets à vulcaniser se placent sur des châssis en fer diversement construits, et montés sur des chariots à roulettes. Les châssis destinés à recevoir les tablettes sont disposés de manière que celles-ci soient toujours inclinées sous un angle d'environ 45 degrés. Cette inclinaison est nécessaire pour qu'elles ne puissent couler quand la chaleur les aura ramollies, et que l'eau qui s'y condensera pendant l'opération n'y puisse séjourner.

Lorsque les chariots ont reçu leur chargement, on les pousse dans la chaudière, dont on met l'obturateur en place en l'assujettissant au moyen de brides, d'agrafes, de charnières et de boulons. Enfin, on introduit la vapeur sous une pression qui ne doit pas dépasser 4 atmosphères et demie.

La vapeur pénètre dans la chaudière par un tube criblé de petits trous, qui règne dans sa partie inférieure, d'une extrémité à l'autre. L'on règle son introduction de manière à élever très graduellement la température intérieure jusqu'à 135 degrés et, à partir de ce moment, à la soutenir pendant un temps déterminé. Quelques degrés de plus feraient brûler les matières; quelques degrés de moins, ainsi qu'un défaut de régularité, obligeraient à tout recommencer.

Le temps au bout duquel la température doit atteindre le degré voulu, varie avec l'épaisseur des objets ; il en est de même de la durée de la cuisson, à partir du moment où ce degré est atteint.

Pour des épaisseurs de 9 millimètres et au-dessous, la température doit arriver à 135 degrés en deux ou trois heures, et la cuisson ne pas dépasser sept heures.

Pour les épaisseurs de 10 à 12 millimètres et au-dessus, la température doit être élevée plus lentement à la hauteur voulue, en quatre heures environ. Quant à la cuisson, elle doit être prolongée, toujours à partir de ce moment, pendant huit, neuf, dix et même jusqu'à douze heures.

« Cette marge de deux à douze heures, fait observer un éminent industriel, pourrait sembler assez élastique (elle correspond, en effet, à 33 pour 100), mais il faut dire qu'aucune base fixe n'a pu jusqu'ici être établie pour la cuisson du caoutchouc durci. Ainsi, à plusieurs reprises, il a été fait, dans le même appareil, des cuissons de pièces ayant les mêmes épaisseurs, formées de mêmes matières avec les mêmes proportions de soufre, en maintenant la température et la surveillant identiquement au même degré, et l'on a obtenu, après huit heures, des pièces parfaitement cuites, tandis que d'autres fois, après dix heures on avait des pièces qu'il fallait remettre à la cuisson pendant deux ou trois heures. Souvent, d'ailleurs, on trouve, dans la même cuisson, des pièces de plus fortes épaisseurs assez cuites et d'autres de moindres épaisseurs non cuites. »

Dans tous les cas, lorsqu'on juge que la cuisson

est terminée, on arrête l'arrivée de la vapeur, on laisse refroidir un peu, puis on enlève l'obturateur, on retire les chariots et l'on attend, pour dégarnir les châssis, que le refroidissement des pièces soit à peu près complet.

———

Quand la cuisson a été faite à point, le caoutchouc est très résistant et d'un beau noir. Quand il n'est pas assez cuit, il est mou, sans nerf, ressemble à du cuir bouilli, et a une couleur verdâtre d'autant plus intense qu'il se rapproche davantage de sa cuisson parfaite ; on peut obvier à ces défauts en le faisant cuire une seconde fois. Quand, au contraire, la cuisson a été poussée trop loin, que le caoutchouc est *brûlé* comme on dit, il reste spongieux et offre la plus grande ressemblance avec la suie. Dans cet état, il est entièrement perdu et n'est propre à aucun usage.

Un inconvénient se montre plus particulièrement quand on opère sur le caoutchouc en plaques ou tablettes. « La vapeur en se condensant fait retomber des gouttes d'eau sur les tablettes encore très molles, l'eau entraînant de la rouille (oxyde de fer), formée aux dépens de la tôle de la chaudière, ces corps pénètrent parfois assez avant pour introduire des bulles et des taches dans l'épaisseur des tablettes et déprécier beaucoup les objets que l'on en fabrique. On parviendrait probablement à prévenir ces altérations, soit en maintenant les lames de caoutchouc verticales entre deux feuilles de fer-blanc, soit en plaçant, au-dessus du bâti qui tient les châssis inclinés, deux lames de fer-blanc en forme de toit à double pente : cette sorte de toit interposé recevrait au-dessus les gouttelettes d'eau de condensation et les ferait écouler au-delà des tablettes. » (Payen).

§ 4. — MISE EN ŒUVRE DU CAOUTCHOUC DURCI

Le caoutchouc durci est d'un très beau noir, mais on peut lui communiquer artificiellement un assez grand nombre de couleurs, en procédant comme il a été dit pour le caoutchouc ordinaire, c'est-à-dire en incorporant dans la pâte, avant la vulcanisation, des poudres d'oxyde de zinc, de vert de chrome, de vermillon, de bleu d'outre-mer, etc. En outre, il prend un poli très brillant sans le secours d'aucun vernis, et son éclat ne fait qu'augmenter par l'usage.

Pour travailler le caoutchouc durci, on se sert des mêmes procédés et des mêmes outils qu'on emploie pour la corne, l'écaille, l'ivoire et, en général, tous les corps durs. La scie, le tour, le rabot, la lime, la râpe, le burin, le grattoir, etc., etc., sont d'un usage général.

Le moulage combiné avec la pression, est également très usité, et le caoutchouc durci s'y prête avec d'autant plus de facilité qu'il possède la propriété de se ramollir par une courte exposition à la chaleur, et, quand il est retiré des moules, le refroidissement lui fait conserver intactes toutes les empreintes qu'il a reçues.

Cette propriété de se ramollir sous l'action d'une faible chaleur donne un moyen très simple de faire prendre au caoutchouc les formes les plus variées sans qu'il soit nécessaire de recourir au moulage. Veut-on, par exemple, courber une pièce confectionnée ? il suffit, soit de la chauffer légèrement dans une étuve, soit de la plonger, pendant quelques instants, dans l'eau bouillante. Au sortir de l'étuve ou du bain bouillant, on lui donne la courbure voulue et, aussitôt après, on l'immerge dans l'eau froide : elle prend alors une raideur superficielle qui maintient, sans aucune altération, la forme acquise.

CHAPITRE II

Usages du caoutchouc durci.

NOTIONS PRÉLIMINAIRES

Le caoutchouc durci s'emploie sous quatre états fort différents : en *plaques*, en *poudre*, en *pâte*, en *dissolution*. Peu de mots suffiront pour en faire connaître les applications les plus importantes.

§ 1. — CAOUTCHOUC EN PLAQUES.

A l'état de plaques, le caoutchouc est une matière précieuse pour le tabletier, qui l'emploie pour la confection d'un nombre considérable d'objets aussi différents par leurs formes et leurs dimensions que par leurs usages, tels que peignes, démêloirs, buscs et baleines de corsets, baleines d'ombrelles et de parapluies, montures de lunettes, règles, équerres, cannes, manches de brosse et de couteau, plumes, chausse-pieds, couteaux à papier, boutons, bracelets, colliers, porte-plumes, etc.

Tous ces objets sont obtenus en découpant, dans des plaques ou des tablettes, à l'aide de scies appropriées et en suivant des contours tracés à la pointe sèche, des morceaux de grandeur convenable que l'on évide ensuite et fend comme il est nécessaire. Quand ils ont reçu leur forme définitive, on les polit en les frottant avec de la pierre ponce en poudre impalpable agglomérée à l'aide du suif, ou comme s'ils étaient en écaille.

Parmi ces objets, ceux qui sont droits et entièrement plats sont les plus faciles à fabriquer. Quand ils ont besoin d'être amincis vers les bords, comme c'est le cas des couteaux à papier, des peignes et des démêloirs, on y parvient à l'aide de la lime, ou du rabot, ou bien en les frottant sur une ardoise.

Quant aux objets qui doivent avoir une ou plusieurs parties plus ou moins courbes, comme les montures de lunettes, les chausse-pieds, les busc de corsets, etc., on les fait d'abord plats, puis on les chauffe à l'étuve ou dans l'eau bouillante et, lorsqu'ils sont suffisamment ramollis, on les bombe en les appliquant sur un moule où ils se refroidissent rapidement en conservant la courbure qu'on leur a donnée.

A l'aide des mêmes procédés, on fabrique des tabatières, des boîtes et des étuis de toute espèce, des tubes de télescope, des coffrets, etc. Les faces planes ou bombées de tous ces objets se font séparément, après quoi on les réunit entre elles. Pour effectuer cette réunion, on se sert de moules intérieurs et extérieurs, disposés de manière à laisser entre eux des vides ayant exactement les dimensions des objets à produire. On place dans ces vides, aux endroits convenables, les différentes faces déjà préparées, et aux points de contact de ces faces, là où elles doivent être soudées, on met de la poudre fine obtenue en râpant du caoutchouc durci. Les moules ainsi garnis sont chauffés fortement et, en même temps, soumis à une pression énergique. Ces deux actions amènent la réunion forcée des pièces renfermées dans les moules, et entre lesquelles la poudre joue le rôle de soudure.

On peut également tirer parti de cette double propriété que possède le caoutchouc durci de se ramollir légèrement par la chaleur et de recevoir, par la pression, des empreintes diverses, pour produire sur les plaques des dessins en reliefs d'une grande délicatesse. On obtient ainsi des plaques gaufrées que les relieurs peuvent employer à la place des cartons ordinaires, et sans qu'il soit nécessaire, comme c'est obligatoire pour ces derniers, de les recouvrir de parchemin, de peau ou de toile, attendu qu'elles sortent des moules et matrices avec la coloration et l'aspect qu'elles doivent conserver.

On a essayé d'utiliser les mêmes propriétés pour substituer le caoutchouc durci aux cylindres métalliques gravés dont on se sert dans les ateliers d'impression sur tissus. Si, disait, en 1855, un savant chimiste, au sujet de cette application, la résistance mécanique du caoutchouc est suffisante, il est certain qu'il présentera plus d'économie que le cuivre, qui est la matière universellement en usage, et il aura, de plus, l'avantage d'être moins altérable que ce métal par les agents chimiques que l'impression dépose sur les étoffes en même temps que les couleurs. Il ne paraît pas que cette innovation ait eu, jusqu'à présent, un succès pratique réel, que les praticiens regardent d'ailleurs comme impossible à obtenir, du moins dans des conditions suffisantes de durée.

§ 2. — CAOUTCHOUC EN POUDRE.

On vient de voir que le caoutchouc durci réduit en

poudre par le râpage sert à souder les différentes faces des boîtes et des coffrets.

On l'emploie journellement dans le même état, et par le procédé du moulage, pour produire une multitude d'objets de formes compliquées ou délicates, tels que statuettes, broches, camées, boutons, poignées de cannes, de portes, d'ombrelles ou de parapluies, manches de couteaux et de serpettes imitant ceux de cornes de cerf, navettes de tisserand, ornements pour cadres, etc. En s'agglomérant sous l'influence de la pression et de la chaleur, les grains de cette poudre forment une matière cohérente qui épouse parfaitement toutes les délicatesses des moules, et qu'on peut enjoliver d'incrustations métalliques et autres, absolument comme l'écaille.

§ 3. — CAOUTCHOUC EN PATE

Quand le caoutchouc a été simplement converti en pâte et mêlé avec le soufre, on peut le travailler par le moulage, et c'est pendant qu'il est dans les moules qu'on procède à sa cuisson. Mais alors se présente un inconvénient d'une extrême gravité. En effet, comme la matière des moules, laquelle est généralement l'étain ou le laiton, et le caoutchouc ont des dilatations différentes, il se produit, dans les objets, soit pendant la cuisson, soit pendant le refroidissement, des défectuosités et des ruptures, qu'il est à peu près impossible, du moins très difficile d'éviter. Aussi a-t-on rarement recours à ce mode d'emploi.

C. Cowper a publié à ce sujet un mémoire dont nous allons reproduire les parties principales, quoiqu'elles soient un peu anciennes, et qui s'applique à la gutta-percha durcie tout aussi bien qu'au caoutchouc.

« Une des méthodes pour fabriquer les objets en caoutchouc ou en gutta-percha durcis consiste en ceci : le composé préparé, encore à l'état mou et consistant en caoutchouc ou gutta-percha combinés au soufre ou autre ingrédient, est enveloppé avec une feuille mince d'étain et mis en presse dans des moules ou formes en laiton, avant de le soumettre à l'action de la chaleur. Avec des articles dont l'épaisseur ne dépasse pas 4 ou 5 millimètres, ce moyen réussit assez bien, mais les objets présentant des surfaces convexes, concaves ou inégales, qui dépassent cette épaisseur, se contractent et se déforment au point d'être hors de service, à moins qu'on ne leur applique beaucoup de travail. Pour obvier à cet inconvénient, on a augmenté l'épaisseur de la feuille d'étain, mais quoique ce moyen diminue le retrait des pièces, il s'y manifeste des fissures et la surface est raboteuse et inégale. Pour rendre ces articles marchands, il faut les travailler à la lime, à la râpe, à la scie, au couteau, les polir, etc., ce qui exige un grand surcroît de main-d'œuvre.

« En raison de ces résultats peu satisfaisants, la fabrication du caoutchouc et de la gutta-percha durcis s'est trouvée bornée principalement aux articles qui exigent une faible épaisseur, ou à des articles creux, ou à des produits qui n'exigent pas une surface bien nette, ou enfin à des objets d'un prix peu élevé. Mais la plus grande partie des articles pour la fabrication desquels le caoutchouc et la gutta-percha sont si éminemment propres, tels que manches de couteaux ou de fourchettes, cannes, fouets, fourreaux de sabres, de poignards, montures de parapluies, boutons de portes, de fenêtres au autres, crosses de pistolets et de fusils, ballons, tubes, etc., n'ont pu être fabriqués sur une grande échelle à raison des défauts du procédé et des frais auxquels il entraine. En procédant ainsi qu'on va l'expliquer, on évite et on corrige ces inconvénients de la fabrication actuelle.

« En premier lieu le caoutchouc et la gutta-percha sont préparés au durcissement par les moyens ordinaires ; on les place dans des moules d'étain, de laiton, etc., et on les soumet à l'action de la vapeur ou de l'air chaud pendant une période de temps de demi-heure à trois heures, et qui varie avec la proportion du soufre mélangé aux matières et autres circonstances. Par exemple lorsqu'on combine 500 grammes de soufre à 1 kilogramme de caoutchouc et que la chaleur est portée de 140° à 148° C., le temps qu'on laisse dans le moule est d'environ une heure. Si le soufre est en proportion moindre, on laisse proportionnellement plus longtemps. Enfin si la chaleur dépasse 148°, il faut moins d'une heure.

« On retire les objets du feu, et l'on enlève le caoutchouc et la gutta-percha, qui sont lors en partie à l'état durci. Toutes les soufflures, les cavités et autres imperfections à la surface sont humectées avec une dissolution de caoutchouc ou de gutta-percha, puis remplies et unies avec le composé primitif, après quoi les objets sont pressés de nouveau dans le moule en ayant soin que les faces de contact de ce dernier soient imperméables à l'eau pendant qu'on chauffe, en insérant de petites bandes de caoutchouc entre les faces ou par tout autre moyen. Les pièces du moule sont alors fortement pressées les unes sur les autres au moyen de vis, et le tout est exposé de nouveau à la chaleur pendant environ une demi-heure à trois heures. Le caoutchouc n'est encore que partiellement durci. On l'enlève, on le démoule. Si la forme est encore imparfaite, on la rectifie ainsi qu'on vient de l'expliquer, mais si elle est satisfaisante, il est placé dans une boîte sans être dans un moule. Cette boîte qui renferme les articles moulés est fermée hermétiquement et exposée à la chaleur jusqu'à ce que les articles soient complétement durcis, ce qui peut exiger six à huit heures d'exposition à la chaleur, après quoi on retire la boîte, on l'ouvre et l'opération est terminée. La forme des articles est alors parfaite quoique un peu plus petite que la masse contenue primitivement dans le moule.

« Quand on a l'habitude, il suffit de retirer une seule fois les objets du moule pour les réparations ; presque tout dépend du reste du moule particulier, de la forme, ainsi que de l'épaisseur de l'article, et un peu de pratique permet de décider si une seule réparation est suffisante. Les articles d'une faible épaisseur, les peignes par exemple, sont durcis en partie et les imperfections réparées ainsi qu'on vient de le décrire, mais on les replace dans le moule et on complète la vulcanisation pendant qu'ils sont renfermés dans celui-ci.

« Les articles d'une grande épaisseur présentent une forte contraction pendant la première partie du chauffage. Dès ce moment, les objets n'étant plus en contact avec le moule, la contraction marche d'une manière uniforme.

« La méthode que nous venons de décrire est en particulier applicable à la production de surfaces planes ou à des formes comportant relativement de grands ornements. Toutefois, lorsque l'article doit recevoir des ornements délicats et compliqués, on peut la modifier en se servant de deux moules, un pour le corps principal et l'autre pour les impressions et les ornements. Le moule pour le corps est employé pour pouvoir opérer les réparations de la manière décrite, et l'on obtient dans ce moule la moitié ou les trois quarts du degré complet de dureté. Cette dureté doit être telle que le caoutchouc ou la gutta-percha puissent encore recevoir des impressions à la surface sous une pression modérée. L'article est alors enlevé de l'appareil chauffeur et du moule et déposé dans l'autre moule, contenant les ornements finement gravés, et l'on presse fortement dans ce moule pour imprimer les ornements sur le caoutchouc.

« Quand on réunit deux ou plusieurs pièces des moules, il faut avoir soin, comme on l'a dit plus haut, que l'eau ne pénètre pas en interposant des bandes de papier de caoutchouc doux entre les faces de contact. Enfin, les moules chargés sont soumis de nouveau à l'action de la chaleur jusqu'à ce que le travail du durcissement soit terminé, après quoi les impressions sont très nettes et très distinctes. »

§ 4. — CAOUTCHOUC EN DISSOLUTION.

En employant le caoutchouc durci en dissolution, on obtient, par le procédé du moulage, des médailles, des objets d'art, des natures mortes ou vivantes, des pièces d'anatomie, etc., qui reproduisent avec la finesse et la netteté la plus remarquable les moindres détails du modèle, et auxquels on peut communiquer les couleurs les plus variées. M. G. Gérard, l'un des inventeurs de cette très remarquable application, en a donné une description succincte que nous allons reproduire.

« L'objet que l'on veut reproduire est moulé en plâtre de façon à obtenir un creux dit, en terme de moulage, creux perdu. Ce moule, comme on le sait, est toujours d'une excessive finesse de détail, et si l'épreuve faite dans ce creux par le coulage du plâtre ou d'autres matières, ne représente pas toutes les délicatesses premières du modèle, c'est que l'huile et le savon employés pour empêcher l'adhérence, empâtent ces détails qui, de plus, sont altérés par le frottement du pinceau qui sert à étendre le corps gras. Cet inconvénient n'existe pas pour la reproduction à l'aide du caoutchouc.

« Le moule en plâtre étant bien séché à l'étuve, on applique à la surface intérieure une très légère couche liquide de caoutchouc dissous dans le sulfure de carbone, et contenant, en même temps que le soufre nécessaire pour son durcissement lors de la vulcanisation, les substances colorantes destinées à donner la nuance voulue à l'objet reproduit.

« Quand cette première couche est sèche, ce qui a lieu au bout d'une heure ou deux, on en donne une seconde avec une dissolution renfermant moins de dissolvant, et étant par conséquent moins claire. On laisse sécher, et l'on continue ainsi jusqu'à ce que l'épaisseur des différentes couches soit jugée suffisante.

« Lorsque le moule est garni de son caoutchouc, on le met dans une chaudière à vulcaniser, où on le soumet, pendant huit à dix heures, à l'action de la vapeur, sous une pression de quatre atmosphères. Le caoutchouc se vulcanise et devient complétement dur, résistant, analogue à la corne ou à l'ivoire, ayant de plus, comme on sait, l'avantage de ne pas être sensible à l'action de l'humidité.

« Au sortir de la chaudière, on trempe le tout dans l'eau, puis on enlève le plâtre et l'on nettoie la surface de l'objet avec une brosse mouillée très dure. »

§ 5. — CAOUTCHOUC DURCI ET MÉTAUX.

Dans plusieurs des objets en caoutchouc durci, la matière plastique est combinée avec des métaux qui sont tantôt placés à l'extérieur et tantôt à l'intérieur. Charles Goodyear, l'inventeur du caoutchouc durci, s'est beaucoup occupé de la fabrication des objets de cette sorte. Voici ce qu'il en dit dans l'un de ses brevets :

« La forme des articles qu'on peut fabriquer ainsi est très variée, et chaque article peut être couvert entièrement ou partiellement de métal. Le but est de réunir les propriétés légères, solides et résistantes des composés durcis de caoutchouc, à l'éclat, à la richesse et aux propriétés des métaux. Ainsi, supposons qu'il s'agisse de décorer une coupe d'un ornement à jour en or ; voici comment on procède. On prend une feuille mince de métal dans laquelle on découpe l'objet de décoration, puis au moyen d'un estampage ou autrement, on lui donne une forme propre à l'adapter dans le moule où l'on façonnera l'article en caoutchouc. Après avoir disposé dans le moule le métal en une ou plusieurs pièces, on introduit le composé plastique de caoutchouc et on le soumet à la pression dans ce moule qui lui donne la forme, et en même temps incruste complètement ou en partie seulement le métal dans le composé plastique.

« Il n'est pas nécessaire que le métal soit découpé à jour, il peut être en relief, en ronde bosse, mais il est utile qu'il présente des saillies ou des perforations dans les points où il est en contact avec le composé plastique de caoutchouc, la liaison entre le métal et le caoutchouc en est plus intime, ou bien la pièce en métal peut être en filigrane, en toile métallique, ou bien une pièce moulée, etc.

« Quand le métal doit être placé à l'intérieur de l'article en caoutchouc, les pièces de ce métal sont d'abord façonnées, puis le caoutchouc pressé dans le moule, le doublé en métal introduit, et la pièce remise au moule qui fixe celui-ci par la pression.

« Si c'est à l'extérieur que le métal doit être appliqué, celui-ci, qui a reçu préalablement la forme et le creux désirés, est déposé dans le moule dans lequel on introduit ensuite le caoutchouc durci, puis on réunit et moule le tout par la pression, en ayant toujours soin que les ornements en métal présentent une surface rugueuse ou des saillies pour que le caoutchouc, que la pression y fait pénétrer, et qu'on durcit par la chaleur, s'attache fortement au métal et ne puisse plus s'en détacher.

« Il est bon d'avertir que lorsque le métal dont on se sert peut être attaqué ou détérioré par le soufre, on en étame toutes parties qui doivent être en contact avec le caoutchouc, ou bien on les enduit d'une couche de caoutchouc pur ou d'un vernis sans soufre, avant de combiner dans le moule.

« On doit avoir soin, dans tous les cas, pourvu toutefois que l'article le permette, de le retenir dans le moule où il a été façonné, pendant tout le temps qu'il est soumis à la chaleur.

« Le composé auquel on donne la préférence est celui dans lequel il entre deux tiers en poids de caoutchouc et un tiers de soufre. On peut y ajouter d'autres matières, par exemple des couleurs comme on l'a fait jusqu'à présent, et la chaleur est appliquée graduellement ainsi qu'il suit.

« La température est élevée lentement pendant une demi-heure environ jusqu'à 110 degrés centigrades, on la maintient à ce taux pendant deux heures, puis on l'élève graduellement pendant le restant des six heures jusqu'à 140 et 150 degrés. La plus basse de ces températures produit une matière d'un caractère plus dur ou corné, et la seconde un produit qui se rapproche davantage de la baleine. »

§ 6. — CAOUTCHOUC DENTAIRE.

L'application du caoutchouc durci à la chirurgie dentaire est un des progrès les plus saillants qui aient été réalisés à notre époque dans l'art du dentiste. On a recours à cette substance non seulement pour servir de base aux dents artificielles, mais encore pour remplacer des os ou des parties molles de la bouche et remédier ainsi à des difformités ou déformations naturelles ou accidentelles qu'aucun autre moyen ne pourrait faire disparaître avec la même facilité et la même perfection. On emploie avantageusement le caoutchouc durci, dit à ce sujet le docteur Thomas William Evans, soit quand les molaires doivent être très hautes dans un dentier pour l'une des deux mâchoires ; soit quand l'absorption a été très considérable dans la mâchoire inférieure ; soit quand, par suite de cette absorption, il est devenu nécessaire de remodeler et de restaurer la conformation primitive de la bouche et de la face ; soit quand, par suite de blessures ou d'opérations chirurgicales, un fragment d'os a été emporté ou enlevé, et qu'il faut remédier à ce défaut par quelque moyen artificiel ; soit enfin, quand l'os ayant été fracturé, il s'agit de le remplacer par une substance ayant la consistance de l'os, afin de donner un appui suffisant aux parties molles.

Ce qui rend précieux le caoutchouc aux dentistes et, en général, à tous les chirurgiens, c'est qu'on peut le pétrir et le mouler à froid. On peut aussi, suivant le degré de chaleur auquel on l'expose, lui donner de la dureté ou de l'élasticité. C'est, en outre, une substance inoxydable et incorruptible, de sorte qu'il reste inaltérable au contact de la chair, qu'il n'envenime pas. En outre, il prend par le moulage la forme exacte des os ou des parties que l'on se propose de remplacer. Enfin, il s'assimile parfaitement plusieurs matières colorantes, ce qui permet de lui donner la couleur de la chair, à laquelle il ressemble alors presque à s'y méprendre.

Le caoutchouc des dentistes, ou *caoutchouc dentaire*, est également appelé *caoutchouc rose* à cause de sa couleur, que l'on peut d'ailleurs plus ou moins foncer, à volonté. D'après le docteur déjà cité, on obtient un caoutchouc durci bien foncé avec un mélange de 44 parties de caoutchouc pur, 23 de soufre et 23 de vermillon.

Pour avoir des nuances plus claires, on diminue la quantité de vermillon ou bien l'on ajoute de l'oxyde de zinc ou des matières terreuses. Le vermillon renfermant du plomb, il convient de le remplacer par l'une des couleurs inoffensives dont nous avons parlé ailleurs.

Dans certains cas, on emploie, pour la confection du même objet, le caoutchouc durci et le caoutchouc ordinaire. Ainsi, par exemple, à l'imitation des dentistes américains, on fait la partie inférieure des palais artificiels avec le premier, et la partie supérieure avec le second.

Pour les parties apparentes, plusieurs dentistes se servent de caoutchouc couleur de chair coloré par l'oxyde d'or, et que l'on rend, au besoin, plus pâle, en le plongeant dans l'alcool. Pour les parties non apparentes, ils emploient du caoutchouc rouge foncé coloré par le vermillon. Quand ce dernier est bien préparé, il est, dit-on, sans danger; mais, pour la raison ci-dessus, il est prudent de lui donner la teinte voulue autrement qu'avec le vermillon.

APPENDICE

CAOUTCHOUC FOSSILE

Le caoutchouc est un produit d'origine exclusivement végétale, dont l'élasticité constitue l'un des plus importants caractères. Or, comme on a reconnu l'existence de cette propriété dans une variété de bitume, l'analogie a fait donner à cette matière les noms de *Caoutchouc fossile* et de *Caoutchouc minéral,* que l'on remplace souvent par ceux de *Dapêche* et d'*Élatérite*.

Le caoutchouc fossile a été trouvé, pour la première fois, près de la ville de Castleton, en Derbyshire (Angleterre, au milieu des fissures d'un schiste argileux. Plus tard, on en a signalé la présence dans des veines de quartz et de calcaire qui traversent les couches de houille de Montrelais, près d'Angers (Maine-et-Loire). Plus tard encore, on a reconnu qu'il existe aussi aux États-Unis, dans un calcaire bitumineux des environs de Woodsburg (Connecticut).

C'est une substance d'un brun noirâtre ou jaunâtre, tirant quelquefois sur le verdâtre. Naturellement molle et élastique, elle fond et devient visqueuse quand on la soumet à une température peu élevée. Enfin, elle brûle à la manière de tous les bitumes, c'est-à-dire en donnant une fumée noire et épaisse, en répandant une odeur bitumineuse.

Chimiquement parlant, le caoutchouc fossile est un hydrocarbone dont la composition atomique est représentée par la formule CH^2. En poids, il renferme 75 p. 100 de carbone et 25 p. 100 d'hydrogène.

Le caoutchouc fossile n'a aucun emploi. Il est, du reste, trop peu abondant pour qu'on puisse lui chercher quelque application. Bien qu'il ne soit qu'une curiosité scientifique, nous avons cru devoir en dire quelques mots, afin que notre ouvrage soit aussi complet que possible.

TABLE DES MATIÈRES

CONTENUES DANS LE TOME PREMIER

PREMIÈRE SECTION

MANUEL

FABRICANT

DE

CAOUTCHOUC

PREMIÈRE PARTIE

INTRODUCTION

Histoire du Caoutchouc.

	Pages
Nature du caoutchouc. — Son origine. — Son extraction. — Ses lieux de production. — Ses principales sortes commerciales. — Ses propriétés chimiques et physiques.............	1
CHAPITRE Ier. **Lieux de production, végétaux producteurs, sortes commerciales.** — Notions préliminaires...........	13
ARTICLE Ier. *Caoutchoucs d'Amérique*....	14
§ 1. Caoutchoucs du Brésil.............	14
§ 2. Caoutchoucs des Guyanes...........	17
§ 3. Républiques espagnoles............	18
ART. II. *Caoutchoucs d'Asie*............	19
§ 1. Caoutchoucs de l'Inde.............	20
§ 2. Caoutchouc de la Malaisie..........	21
ART. III. *Caoutchoucs d'Afrique*........	21
ART. IV. *Caoutchoucs de l'Océanie*......	23
CHAP. II. **Extraction.** — Notions préliminaires...............................	24

Caoutchouc.   17

ARTICLE Ier. *Caoutchoucs d'Amérique*.... 24
  § 1. Brésil.............................. 25
    1. Ancien procédé.................... 25
    2. Nouveau procédé................... 28
    3. Procédé Strauss................... 29
  § 2. Républiques espagnoles............ 30
ART. II. *Caoutchoucs d'Asie*............ 34
ART. III. *Caoutchoucs d'Afrique*........ 36
ART. IV. *Caoutchoucs liquides*.......... 36

CHAP. III. **Composition et propriétés du caoutchouc**.............................. 38
  § 1. Composition du caoutchouc........ 38
  § 2. Propriétés du caoutchouc......... 40
    1. Généralités....................... 40
    2. Structure......................... 40
    3. Action de l'eau................... 41
    4. Action de l'alcool................ 42
    5. Action des dissolvants............ 42
    6. Action des acides................. 44
    7. Action des alcalis................ 44
    8. Action du chlore.................. 44
    9. Action du soufre.................. 44
    10. Action de l'iode................. 45
    11. Action du froid.................. 45
    12. Action de la chaleur............. 46
    13. Action de l'air.................. 47

DEUXIÈME PARTIE

Caoutchouc naturel.

CHAPITRE Ier. **Régénération du caoutchouc.** — Notions préliminaires........... 48
  § 1. Ramollissage..................... 50
  § 2. Découpage........................ 50
  § 3. Déchiquetage..................... 50
    1. Ancien procédé.................... 51
    2. Procédé nouveau................... 52
  § 4. Séchage.......................... 53

TABLE DES MATIÈRES.

Procédés divers	54
1. Procédé Goodyear	54
2. Procédé A. G. S. Day	55

CHAP. II. Agglomération ou pétrissage du caoutchouc. — Notions préliminaires.. 59
- § 1. Pétrissage 59
  - 1. Ancien procédé 59
  - 2. Nouveau procédé 62
- § 2. Blocage 64
  - 1. Blocs cubiques 64
  - 2. Blocs cylindriques 65

CHAP. III. Usages, matières accessoires, coloration 66
- § 1. Usages 67
- § 2. Matières accessoires 68
- § 3. Coloration et teinture 68

CHAP. IV. Préparation des dissolutions. — Notions préliminaires 73
- § 1. Dissolvants 73
- § 2. Purification des dissolvants 75
  - 1. Sulfure de carbone 75
  - 2. Benzine 77
  - 3. Essence de térébenthine 77
- § 3. Préparation des dissolutions 78
  - 1º Procédé général 78
  - 2º Procédés divers 80
    - A. Procédé G. Gérard 80
    - B. Procédé Fr. et Ch. Hurtzig 82
    - C. Procédé Humfrey 83

CHAP. V. Fabrication des feuilles de caoutchouc. — Notions préliminaires 85
- § 1. Feuilles sciées 85
  - 1. Cas des blocs cubiques 86
  - 2. Cas des blocs cylindriques 87
- § 2. Feuilles laminées ou en caoutchouc étiré 88
  - 1. Procédé ordinaire 89
  - 2. Procédé Gérard 90
- § 3. Feuilles relevées 90

CHAP. VI. Fabrication des fils. — Notions préliminaires 93
- § 1. Fils carrés ou coupés 94

   1. Fils de caoutchouc normal....... 94
   2. Fils en caoutchouc régénéré...... 96
   3. Procédé Gérard................. 97
 § 2. Fils ronds ou tirés................. 99
 § 3. Dévidage et étirage des fils......... 101
CHAP. VII. **Objets moulés.** — Notions préliminaires............................ 104
 § 1. Objets pleins..................... 104
 § 2. Objets creux..................... 105
CHAP. VIII. **Balles et Ballons.** — Introduction............................... 106
 § 1. Balles pleines.................... 106
 § 2. Balles creuses.................... 107
 § 3. Ballons.......................... 108
CHAP. IX. **Tissus élastiques**.............. 110
CHAP. X. **Tubes et tuyaux.** — Notions préliminaires............................ 112
 § 1. Tubes en caoutchouc scié 113
 § 2. Tuyaux en tissus caoutchoutés..... 114
 § 3. Tubes sans fin.................... 114
CHAP. XI. **Tissus imperméables.** — Notions préliminaires 115
 § 1. Tissus en caoutchouc étiré......... 116
 § 2. Tissus en caoutchouc dissous...... 117
 § 3. Tissus pour chaussures américaines 123
CHAP. XII. **Vêtements en caoutchouc**... 126
CHAP. XIII. **Pâtes, huiles de graissage, mastics**............................... 130
 § 1. Pâtes............................ 130
 § 2. Glu marine, glu translucide........ 131
 § 3. Mastics.......................... 133
 § 4. Huiles à graisser................. 134
 § 5. Vernis et peintures............... 134
CHAP. XIV. **Objets divers**................ 135
 § 1. Sacs, coussins, matelas à air, ceintures de sauvetage................ 135
 § 2. Tapis de pied 136
 § 3. Bateaux insubmersibles........... 137
 § 4. Bouchons en caoutchouc 138
 § 5. Kamptulicon..................... 139
 § 6. Calfatage au caoutchouc.......... 139

§ 7. Courroies......................... 140
§ 8. Bonneterie........................ 140
§ 9. Reliure au caoutchouc............. 144
§ 10. Manière de fixer le caoutchouc aux métaux et aux bois............... 152
§ 11. Ivoire artificiel.................... 153

TROISIÈME PARTIE

Caoutchouc vulcanisé.

Notions préliminaires...................... 155
CHAPITRE Ier. **Propriétés**................. 156
   1. Action du froid................... 156
   2. Action de la chaleur.............. 156
   3. Action des dissolvants........... 157
   4. Action de l'air................... 157
   5. Altérations...................... 157
   Observations complémentaires........... 158
CHAP. II. **Pratique de la vulcanisation.**
— Notions préliminaires................... 163
  § 1. Procédé Goodyear.................. 164
  § 2. Procédé Hancock 165
  § 3. Procédé Parkes.................... 168
  § 4. Procédés Gérard................... 170
    1er Procédé........................ 170
    2° Procédé (*Caoutchouc alcalin*).... 171
  § 5. Procédé Burke..................... 172
  § 6. Procédé Humphrey 173
  § 7. Procédé Gaultier de Claubry....... 174
  § 8. Procédé Schwanitz................. 175
  § 9. Désulfuration et désinfection du caoutchouc vulcanisé, utilisation des déchets....................... 176
CHAP. III. **Usages du caoutchouc vulcanisé.** — Notions générales.............. 183
  § 1. Principaux usages 183
  § 2. Matières accessoires 185
    1° Pâtes pour tapis de pied......... 186

2° Pâtes pour tubes, balles et ballons à parois épaisses 186
3° Pâte pour produits poreux, spongieux et doux, propres à rembourrer les fauteuils, matelas, coussins, selles, tampons, etc... 186
§ 3. Coloration et teinture.............. 187

CHAP. IV. **Balles et Ballons à jouer.** — Notions préliminaires..................... 187
   § 1. Balles........................... 187
      1. Balles pleines.................... 187
      2. Balles creuses 188
   § 2. Ballons.......................... 188
      1. Ballons ordinaires 188
      2. Ballons à gaz hydrogène......... 189

CHAP. V. **Tubes et tuyaux**.............. 192

CHAP. VI. **Meules et pierres artificielles à aiguiser.** — Notions préliminaires...... 192
   § 1. Fabrication des meules 193
   § 2. Fabrication des pierres à aiguiser . 196

CHAP. VII. — **Tapis de pied**.............. 196

CHAP. VIII. — **Lanières et courroies.** — Notions préliminaires..................... 198
      1. Ancien procédé.................. 199
      2. Nouveau procédé................ 199

COMPARAISON DES COURROIES DE TRANSMISSION EN CAOUTCHOUC VULCANISÉ, AVEC LES COURROIES ORDINAIRES EN CUIR....... 204
      1. Mode d'expérimentation.......... 207
      2. Courroies en cuir 208
      3. Courroies en gutta-percha 209
      4. Courroies en caoutchouc.......... 210
      5. Courroies en caoutchouc et tissu.. 210
      6. Courroie en caoutchouc et quatre épaisseur de tissu anglais intérieur 211
      7. Courroie en caoutchouc et deux épaisseurs de tissu anglais intérieur 211
      8. Courroie en caoutchouc et six épaisseurs de tissu anglais intérieur 212

TABLE DES MATIÈRES. 291

9. Courroie en caoutchouc et trois épaisseurs de tissus français intérieur	212
10. Courroie en caoutchouc et trois épaisseurs de toile, tissu anglais apparent	212
11. Courroie en caoutchouc et six épaisseurs de toile, tissu anglais apparent	213
12. Courroie en caoutchouc et trois épaisseurs de toile, tissu français apparent	213
13. Essais faits sur toile seule	213
14. Influence du tissu interposé	214
15. Conclusions	216

CHAP. IX. **Rouleaux d'encrage pour impressions typographiques et lithographiques** ... 219
CHAP. X. **Semelles de chaussures** ... 222
CHAP. XI. **Obturateurs pour fusils** ... 225
CHAP. XII. — **Tampons pour chemins de fer** ... 228
CHAP. XIII. **Ressorts pour voitures** ... 234
CHAP. XIV. **Objets divers** ... 258
  § 1. Parchemine ... 258
  § 2. Echelles pour les thermomètres ... 259
  § 3. Vernis au caoutchouc vulcanisé ... 259

QUATRIÈME PARTIE

Caoutchouc durci.

AVANT-PROPOS ... 261
CHAPITRE Ier. **Préparation du caoutchouc.** — Notions préliminaires ... 261
  § 1. Épuration ou nettoyage ... 262
  § 2. Pétrissage ... 263
  § 3. Coction du caoutchouc ... 265
  § 4. Mise en œuvre du caoutchouc durci. 269

CHAP. II. Usages du caoutchouc durci.
— Notions préliminaires.................... 270
§ 1. Caoutchouc en plaques............. 270
§ 2. Caoutchouc en poudre............. 272
§ 3. Caoutchouc en pâte................ 273
§ 4. Caoutchouc en dissolution......... 277
§ 5. Caoutchouc durci et métaux...... 279
§ 6. Caoutchouc dentaire............... 281
APPENDICE. — Caoutchouc fossile............ 283

www.ingramcontent.com/pod-product-compliance
Lightning Source LLC
Chambersburg PA
CBHW071422150426
43191CB00008B/1010